Franca
Bauernfeind

BLACK BOX UNI

Franca Bauernfeind

BLACK BOX UNI

Biotop linker Ideologien

LMV

Für meine liebe Mutter Martina

Umschlaggestaltung: Sabine Schröder
Umschlagfotos: Daniel Beck
Innengestaltung: Sibylle Schug
Satz: Langen Müller Verlag, Ralf Paucke
Druck und Binden: Friedrich Pustet GmbH & Co. KG, Regensburg
Printed in Germany
ISBN: 978-3-7844-3697-5
www.langenmueller.de

Inhalt

Das moralisierende Damoklesschwert

»Halt die Fresse, Franca!« – Eine ehemals gute Freundin und Kommilitonin schrieb mir diese Nachricht auf Instagram. Grund dafür war meine Haltung zur Frauenquote in Parteivorständen. Ich bin dagegen. Ihr passte mein Standpunkt anscheinend nicht. Sie meinte, ich würde den Akteuren, die für Gleichstellung kämpfen, in den Rücken fallen.

»Nazischlampe« – Das tönte mir an anderer Stelle entgegen. Auf dem Campus hatte ich gerade meinen Infostand für die Hochschulwahlen aufgebaut, und jemand aus der vorbeilaufenden Menge hatte etwas gegen meine politische Einstellung. Jemand, der offenbar nicht in der Lage ist, mit einer Christdemokratin zu sprechen bzw. differenziert zu denken. Kurzum: jemand, der die inhaltliche Auseinandersetzung verweigert und scheut.

»Wie ist es eigentlich möglich, so dermaßen zu bullshitten?« – Auf einen Social-Media-Beitrag, in dem ich mich gegen einen Genderzwang in Prüfungsleistungen an Hochschulen aussprach, sah sich eine Kommilitonin veranlasst, mir – sagen wir einmal, in der Wortwahl eher simpel – solcherart zu widersprechen. Die junge Frau kennt mich seit mehr als fünf Jahren, vermied es aber bislang, persönlich auf mich zuzugehen. Es scheint für sie aber dennoch im Rahmen des Machbaren, einen ausführlichen Facebook-Kommentar zu formulieren. Wie es möglich wäre, einen so wissenschaftsfernen und inhaltlich falschen Beitrag zu präsentieren. Sie kenne sehr viele Sprachwissenschaftler*innen, die mir Gegenteiliges erzählen würden, brachte sie in die »Debatte« auf meinem Facebook-Profil ein. Nun, wenn man natürlich nur Personen anführt, deren Thesen einem selbst genehm sind, kann

man sich auf vollkommen sinnbefreite Assoziationsstudien berufen. Dass ich außerdem keinen wissenschaftlichen Beitrag lieferte, sondern meine politische Meinung äußerte, war ihr offensichtlich entgangen.

»Sie sollten solche Aussagen besser nicht treffen. Das grenzt an Verschwörung.« – Auf dem Höhepunkt der Coronapandemie, der Zeit der Verschwörungstheoretiker, saßen wir Studenten in unseren kleinen Wohnheimzimmern und lauschten den Online-Veranstaltungen. Das Seminar, welches ich zu dieser Zeit besuchte, beinhaltete die empirische Analyse der Wahlergebnisse der US-Wahlen 2020. So geschah es, dass wir just in der Woche des Sturms auf das US-Kapitol zu Beginn des Seminars über dieses Ereignis diskutierten. Ein Kommilitone äußerte laut denkend, es sei etwas merkwürdig, dass ein hoch gesichertes Staatsgebäude derart leicht erobert werden könne. Er hielt es für vorstellbar, dass einige Personen des Sicherheitspersonals eingeweiht gewesen sein mussten, anders sei der Sturm auf das Kapitol für ihn nicht erklärbar. Allein aufgrund dieser Aussage wurde mein Kommilitone vom Professor (!) in eine Ecke mit Verschwörungstheoretikern gestellt. Wegen eines spekulativen, aber nachvollziehbaren Gedankengangs. Das war wenige Tage nach dem 6. Januar 2021.

»Diese Sätze könnten wir nie vor den anderen Studenten sagen.« – Mit diesen Worten lachten wir einander zu. Ein Kommilitone und ich (er ist politisch links eingestellt) saßen in meiner Wohnheimküche und aßen Kartoffeln mit Butter und Salz. Ein schnelles, günstiges und leckeres Studentengericht und – neben Nudeln mit Pesto – bis heute mein Lieblingsessen. Wir redeten offen, diskutierten die Flüchtlingspolitik der Bundesregierung unter Angela Merkel und sprachen auch über gesellschaftliche Folgen. Eines kam zum anderen, und wir landeten bei der Klimakrise. An der Atomkraft als recht klimafreundliche Energiegewinnung sollte festgehalten werden, waren wir uns einig. Wir rissen viele Themen an, hatten unterschiedliche Ansichten und Meinungen, überzeugten den jeweils anderen mit Argumenten oder scheiter-

ten damit. Aber wir debattierten. Und das ohne moralisierendes Damoklesschwert über uns. Dabei ertappten wir uns gegenseitig bei Aussagen, die vollkommen legitim sind, jedoch auf dem Campus unerwünscht. Hier öffentlich für Kernkraftwerke zu plädieren, würde einem den Ruf einbringen, »rechts« zu sein. Wir machten aus dem Anreißen von angeblichen »No-Go-Themen« ein Spiel – das war zwar unterhaltsam, aber im Grunde alles andere als witzig. Denn wir beide litten darunter, in Gesprächen mit Kommilitonen gegen den ständigen Impuls zur Selbstzensur ankämpfen zu müssen.

Egal, welche politische Einstellung man hat: Atomkraft und Klimaschutz in einem Satz zu nennen, hat sich zu einem Kamikazeunternehmen in Bezug auf sachliche Argumente entwickelt. Ebenso die ganze Flüchtlingsproblematik. Dass einem Flüchtling nur bedingt damit geholfen ist, wenn er zwar Asyl bekommt, die Bedingungen für Integration aber nicht funktionieren, müsste man doch ansprechen und diskutieren können. Auch dass Segregation entsteht und es wenig mit humanitärer Verantwortung zu tun hat, wenn Menschen jahrelang in Containern ohne Ausbildungsperspektiven leben, liegt auf der Hand.

Bis zu diesem Diskussionspunkt dringt man am Campus jedoch gar nicht erst vor. Denn schon der Begriff »Flüchtling« bereitet Probleme. Wenn man dann auch noch auf sachlicher Grundlage und faktenbasiert unkontrollierte Massenmigration infrage stellt, um damit den Diskurs zu öffnen, bekommt man den Rücken der anderen zugewandt. Denn die *Political Correctness* hat auf dem Campus längst Einzug gehalten und ist dabei, sich auszubreiten. Sie durchdringt die Seminare, meinungsbildende Instanzen wie Medienhäuser und Parteien und hat auch schon die Schulen erreicht.

Wie konnte es so weit kommen? Wieso werden Menschen beschimpft, verunglimpft, ausgeschlossen und als moralisch schlecht herabgewürdigt, deren Meinungen vom breiten Mainstream abweichen? Wie kann es sein, dass ausgerechnet der Ort des freien

Denkens – die Universität – erkennbar zu einer Quelle dieses Trends mutiert ist?

***

Ich bin Studentin der Staatswissenschaften an der Universität Erfurt. Ich liebe den Sommer auf dem Campus und die Gespräche mit meinen Kommilitonen bei kalten Getränken im Campuscafé. Die große Wiese in der Mitte, auf der jedes Jahr das Campus-Festival stattfindet. Ringsherum Bäume und Lehrgebäude. An richtig warmen Tagen aber ist der einzige Ort, an dem man sich aufhalten kann, die kühle Bibliothek. Heiß war auch der Sommer 2023. In dieser Zeit entstand mein Buch – zu großen Teilen in der Universitätsbibliothek Erfurt.
Ich möchte einen Einblick geben in meinen Alltag an der Universität, in Themen, die diskutiert oder gerade nicht diskutiert werden, und in universitäre Strukturen; ich möchte zu Problemen des Hochschulbetriebes und den schwierigen Facetten des Campus-Umfelds Stellung beziehen. Dass ich dieses Buch schreibe, habe ich Menschen zu verdanken, die mich unterstützen. Aber auch meiner Arbeit als Studentenpolitikerin in Berlin. Vielleicht auch ein Stück weit meinem Selbstbewusstsein, selbst bei »Gegenwind« Probleme anzusprechen und unpopuläre Positionen zu beziehen: wenngleich damit nicht die Sicherheit des gefälligen Beifalls verbunden ist und es aussichtlos erscheint, dadurch in einer Debatte im studentischen Umfeld zu punkten.
»Black Box ***Uni***«: Ein Ort, für den sich die breite Öffentlichkeit nicht wirklich interessiert. Der aber mehr ist als nur eine Bildungseinrichtung. Hochschulen sind Räume, in denen sich wie in keinen anderen die Zukunft abspielt. Hier werden die Lehrer, Journalisten, Führungskräfte, Mediziner, Juristen und auch Politiker von morgen ausgebildet. Hier knüpfen sich Seilschaften und Netzwerke, die manchmal für ein ganzes Leben halten. Hier entstehen Innovation und Technologie, werden geistige Errungenschaften zu Papier gebracht. Hier spielt buchstäblich Zukunfts-

musik. An der Universität können aber auch Bewegungen und Kulturen entstehen, die später großen Einfluss auf die Gesellschaft nehmen. Der Blick in die Geschichte beweist das:
Es waren Studenten aus elf Universitäten, die 1817 mit dem Wartburgfest der Idee eines geeinten deutschen Staates, Forderungen nach einer liberalen Verfassung, Freiheitsrechten des Einzelnen und Mitwirkung des Volkes am politischen Geschehen Ausdruck verliehen. Die später vom Paulskirchenparlament in Frankfurt erarbeitete Verfassung mit ihrem eindrucksvollen Grundrechtskatalog fußte auf diesen Forderungen. Wenngleich sie nie in Kraft trat, waren parlamentarische Debattenkultur, der Ruf der Frauen nach Emanzipation und vieles mehr in der Welt; was 1848 erdacht wurde, ließ sich nicht mehr aus den Köpfen der Menschen löschen. In einem starken Bekenntnis zu diesen Werten bezieht sich unsere Bundesflagge in Schwarz – Rot – Gold auf diese Farben der studentischen Einheitsbewegung.
»Unter den Talaren der Muff von tausend Jahren« skandierten später die 1968er ausgehend von Universitäten und Hochschulen und gingen gegen überkommene Autoritäten und Strukturen in den Clinch. Ihr Protest löste politisch wie gesellschaftlich Prozesse aus, die sowohl dauerhafte Veränderungen brachten als auch bekanntermaßen bis heute nachwirken.
»***Black Box*** Uni«: Der innere Aufbau und die innere Funktionsweise der Universitäten sind für die meisten Menschen weitgehend unbekannt oder werden im gesellschaftlichen Gesamtkontext als irrelevant erachtet. Die Metapher von der »Black Box« bringt zum Ausdruck, dass der Alltag, die Themen und Veränderungen an Universitäten von der Öffentlichkeit unerkannt bleiben. Gesellschaftliches Desinteresse oder vermeintlich elitäres Nischendasein könnten Gründe dafür sein.
Damit möchte ich mich kritisch auseinandersetzen. Was auf dem Campus passiert, ist Teil unserer Gesellschaft und von enormer Bedeutung für die Zukunft. Wir erleben in Deutschland einen Umbruch der Debattenkultur, einen moralisierenden Zeitgeist

und die Entstehung politisch korrekter Meinungsvorgaben. Kurz: den Aufbau eines Mainstreams, der alles erfasst. Dies ist mitnichten nur ein Frame, den sich die AfD ausgedacht hat oder gar Sahra Wagenknecht. Weder der ehemalige SPD-Kulturreferent der Stadt München, Julian Nida-Rümelin, noch FDP-Bundestagsvizepräsident Wolfgang Kubicki sind in ihren Reihen Einzelkämpfer gegen die grassierende *Cancel Culture*. Dieser Zeitgeist existiert auch nicht erst, seitdem ein Audi-Mitarbeiter vor zwei Jahren gegen seinen Arbeitgeber klagte, weil er nicht gendern möchte.

Nein, als Startrampe dieser neuen moralisierenden Diskussionskultur fungierten der Campus und sein Umfeld. Vor rund zehn Jahren, noch bevor ich selbst dort hingelangt war. In diesem Buch beschreibe ich meine persönlichen Erfahrungen, greife Debatten aus vielen Gesprächen auf, erzähle von meiner Arbeit als Studentenpolitikerin, von den Meinungen einer liberal-konservativen jungen Christdemokratin und der Berliner Politikblase – ohne Garantie auf Vollständigkeit. Die Bestandsaufnahme beginnt im Jahr 2016.

1 – Erste Schritte auf dem Campus

Als ich mit 18 Jahren auf dem Campus der Universität Erfurt stand, konnte ich mein Glück kaum fassen. Endlich anfangen zu studieren, grenzenlos Vorlesungen und Seminare besuchen und sich »finden«, wie der persönliche Reifeprozess gerne auch salopp umschrieben wird. Die Stadt kennenlernen, mit neuen Freunden die Kneipenszene auskundschaften, neues Wissen erwerben und sich weiterbilden.

Und endlich aus dem Elternhaus ausziehen! Ich verstehe mich zwar sehr gut mit meiner Familie, aber wie viele Gleichaltrige wollte ich einfach raus, weg von zu Hause und so richtig auf eigenen Beinen stehen. Die Freiheiten des Lebens spüren und austesten.

Meine Eltern hatten immer von ihrer Studentenzeit geschwärmt. In den letzten Jahrzehnten hat sich aber einiges geändert. Während man im Magisterstudium gefühlt »ewig« studieren und fachfremde Vorlesungen besuchen konnte, ohne den eigenen Stundenplan völlig umwerfen zu müssen, herrschen seit »Bologna« straffe Zeitvorgaben. »Bologna-Prozess«, damit meint man die 1999 gestartete Europäische Studienreform, die die Studienstrukturen europaweit vergleichbarer machen soll. Bachelor- und Masterabschlüsse wurden flächendeckend eingeführt, für Studiengänge herrschen gemeinsame Standards, Benotungen und Richtlinien, um ein möglichst homogenes und somit europaweit durchlässiges Studiensystem zu erreichen.

Die Kehrseite ist ein fast schon verschultes Studium mit vor allem einer Prämisse: schnell fertig werden. Als ich in meinem Bachelorstudium am Ende des letzten Regelstudiensemesters ankam, fischte ich aus dem Briefkasten ein Schreiben meiner Universität. Der Betreff lautete: »Nichterfüllung der Studienauflagen zum

Ende der Qualifizierungsphase.« Weiter unten stand der Satz: »Leider muss ich Ihnen mitteilen, dass Sie die Bachelorprüfung in einem Bereich nicht bestanden haben« – damit war gemeint, dass ich bis zum Ende der Regelstudienzeit noch nicht alle meine Leistungspunkte für mein Nebenfach erfüllt hatte. Das war mir bewusst – genau wie die Tatsache, dass ich die Regelstudienzeit durchaus überschreiten darf. Ich solle im Dezernat vorsprechen und könne gegen diesen Bescheid Einspruch erheben.

Ich war verwirrt und besorgt zugleich, hatte ich etwas in der Prüfungsordnung übersehen? Ich fragte erst einmal bei einer Kollegin aus der Hochschulpolitik nach: »Das ist nur eine Formalie, den Brief erhält jeder. Mach dir keinen Kopf, Franca«, antwortete sie mir. Trotzdem, es war ein Schockmoment. Der Brief sollte Druck ausüben.

Es hat sich also einiges geändert, was die zelebrierten Freiheiten des Studiums betrifft. Meinen Entschluss zu studieren tangierte dieser Umstand aber in keiner Weise. Schließlich wollte ich auf zu neuen Ufern und etwas erleben. Ich komme aus Nürnberg, wo ich 2016 mein Abitur ablegte. Schon länger stand im Raum, Staatswissenschaften zu studieren. Das ist mittlerweile ein ziemlich einzigartiger Studiengang in Deutschland. Er kombiniert mehrere Disziplinen mit Bezug auf die Themen Gesellschaft, Demokratie und eben den »Staat«, Jura und Wirtschaft, Soziologie und Politik.

An meiner alten Schule mussten wir im Rahmen des »Berufs- und Studienbasars« drei Vorträge zu Studiengängen oder Ausbildungsberufen besuchen. Etwas, das pubertierende Schüler überhaupt nicht gern machen. Da mich Politik aber seit Jahren interessierte, tat ich mir die (wie sich herausstellte, durchaus interessante) Vorstellung des Studiengangs Staatswissenschaften der Universität Passau an. Nachdem ich den Teilnahme-Stempel für meinen Schulzettel abgeholt hatte, suchte ich zu Hause mit unserem – gerade neu an das Internet angeschlossenen – Computer nach Universitäten. Leider war die Suche nicht ganz so ergiebig, wie ich sie mir vorgestellt hatte, denn neben Passau hatte lediglich Erfurt den Studiengang im Portfolio.

Liberale Erziehung

Meine Schwester und ich wurden liberal erzogen. Natürlich mit festen Regeln im Handeln, im Denken aber grenzenlos. Mit fünfzehn fing ich an, mich für Politik zu interessieren. Ich löcherte meine Eltern mit Fragen und wollte wissen, wie Politik funktioniert. Was ist eine Partei? Was ist die Finanzkrise? Wer ist dafür verantwortlich? Wieso spricht die Nachrichtenmoderatorin von der Griechenlandrettung? Wie soll man denn überhaupt einen Staat retten können? Staaten können bankrottgehen?!
Zu vielen Themen hatten auch meine Eltern unterschiedliche Meinungen. Beide würde ich der Gruppe der Wechselwähler zuordnen. Jedenfalls entstanden seit dieser Zeit immer rege Diskussionen am Esstisch, jede Meinung war willkommen, keine wurde missbilligt, geschweige denn verurteilt!
Später war auch meine drei Jahre jüngere Schwester alt genug, um bei unseren Diskussionen mitzureden. Teilweise flogen die Fetzen, daran hat sich auch bis heute nichts geändert. Es prallen manchmal Überzeugungen aufeinander, die schwer auf einen gemeinsamen Nenner zu bringen sind. Das müssen sie auch nicht, denn in der politischen Auseinandersetzung darüber, wie die vielfältigen Problemstellungen auf unserem Planeten gelöst werden können, geht es nach meiner Überzeugung nie um einen Konsens. Das würde auch gar nicht funktionieren, wie man allein schon an meiner vierköpfigen Familie sieht. Politik ist niemals ein Konsens, sondern immer ein Kompromiss.
Noch zu Schulzeiten trat ich dann auch einer politischen Jugendorganisation bei. Zu Beginn meines Studiums war ich bereits Mitglied der Jungen Union (JU), der Jugendorganisation der beiden Schwesterparteien Christlich Demokratische Union (CDU) und Christlich Soziale Union (CSU). In Bayern ist eine Mitglied-

schaft keine große Sache, eher erwartbar. Mit 16 Jahren bin ich aus einem einfachen Grund eingetreten: Meine Mutter war genervt von meinen Fragen. Sie sagte, ich solle mich doch direkt informieren, in welchen Strukturen und Logiken eine Partei agiert. Zu diesem Zeitpunkt hatten wir niemanden (mehr) in unserer Familie, der sich mit Parteien und deren Jugendorganisationen auskannte bzw. sich aktiv in einer Partei engagierte.

Lediglich mein schon lange vor meiner Geburt verstorbener Urgroßvater war bis zu ihrem Parteiverbot Mitglied der Kommunistischen Partei Deutschlands (KPD). Der oberfränkische Korbmacher aus höchst bescheidenen Verhältnissen trat in ihrem Gründungsjahr nach dem Ersten Weltkrieg ein. Zufällig fiel uns sein Mitgliedsausweis samt dem Parteibuch vor ein paar Jahren in die Hände. Meine Mutter und ich mussten schmunzeln, denn kurz bevor wir den KPD-Ausweis in einer Schublade im Haus meines Großvaters fanden, war ich über ein paar Ecken und eher zufällig bei der JU in Nürnberg gelandet.

Der Vorsitzende des dortigen JU-Kreisverbandes war sehr aufgeschlossen. Er hatte mir trotz meiner Jugend damals eine Chance gegeben, mitzuarbeiten. Ehrlich gesagt habe ich in dieser Zeit die Organisationsstruktur des Parteigefüges nie gänzlich durchdrungen. »Vorstand«, das klang für mich damals nach DAX-Konzern, aber nicht nach Parteijugendorganisation. Gleichwohl wurde ich freundlich aufgenommen und eingebunden. Schließlich gehörte ich selbst dem Kreisvorstand der JU Nürnberg-Süd an. Zwei Jahre lang war ich dann Mitglied in Bayern.

Umzug in ein neues Leben

Für mich war klar – und andere Franken werden mich in dieser Haltung womöglich unterstützen: Als Fränkin geht man nicht nach Niederbayern! So entschied ich mich gegen Passau als Studienort und zog in die thüringische Landeshauptstadt, um dort Staatswissenschaften zu studieren.

Der Freistaat Thüringen ist noch jung. Die Wiedervereinigung war 2016 nicht einmal drei Jahrzehnte her. Mir wurde erst später so richtig klar, dass dreißig Jahre eine echt kurze Zeit sind. Was mich an Thüringen aber sofort faszinierte, war die politische Gemengelage. Eine rot-rot-grüne Landesregierung mit einem Linken-Politiker als Ministerpräsident. Das fand ich damals extrem spannend.

So kam es, dass ich am 30. September 2016 meinen Wohnheimschlüssel vom Studentenwerk abholte. Dort lernte ich auch meine erste neue Freundin Maja auf dem Gang kennen. Umgezogen bin ich mit einem Koffer voller Schuhe und Klamotten sowie zwei Umzugskartons: Mehr besaß und brauchte ich zu diesem Zeitpunkt nicht.

Da waren sie: Meine eigenen zwölf Quadratmeter in der Donaustraße! Flur, Küche und Bad hatten kein Tageslicht, die Dreier-WG lag im Erdgeschoss, alle Zimmer umrissen zwischen acht und zwölf Quadratmeter. Ich hatte also für meine 150 Euro monatlich noch das größte abgestaubt.

Die komplette Wohnung war mit welligem Laminatboden verlegt, Bett, Schrank und Tisch wurden gestellt: Klassische Wohnheimausstattung eben. Man muss sich das ein bisschen so wie in einer Jugendherberge vorstellen: klobige Holzmöbel mit abwischbarem und funktionalem Bodenbelag. Immerhin hatte jeder sein eigenes Zimmer, das ist in anderen Ländern in Studentenwohnheimen nach wie vor eher die Ausnahme. Und ehrlich gesagt störte mich das alles überhaupt nicht. Ich bezahlte nicht viel und hatte meine eigenen vier Wände. Das war für den Start in einen neuen Lebensabschnitt genau das Richtige!

»Dachte nicht, dass du so 'ne Konservative bist!«

In der sogenannten Ersti-Woche traf ich dann das erste Mal auf meine Kommilitonen. Die Woche vor Vorlesungsbeginn richtet sich an die Neuankömmlinge auf dem Campus, also die Erstsemester. In dieser Woche werden ihnen die Hochschule, ihre Einrichtungen wie Mensa oder Bibliothek gezeigt, und man hat die Möglichkeit, bereits vor Vorlesungsbeginn ein paar Leuten aus seinem Jahrgang zu begegnen.

Die meisten kommen allein in eine neue Stadt, Kommilitonen kennenzulernen ist daher unentbehrlich, aber auch anregend. Alle Erstsemester werden in Grüppchen nach Studienfach eingeteilt. Nach einer allgemeinen Einführung wird die Bibliothek besucht, die studentischen Selbstverwaltungsgremien stellen sich vor, und gemeinsam wird ein Stundenplan erstellt. Wie es der Zufall wollte, war auch Maja in meiner Ersti-Gruppe. Wir kamen sofort ins Gespräch, unterhielten uns über die neuen Mitbewohner in unseren WGs. Maja hatte ein sehr schönes Zimmer in einem der neuen Wohnheime direkt auf dem Campus bekommen. In den folgenden zwei Jahren haben wir dort viele Partys gefeiert, zusammen zu Abend gegessen und gelernt.

Aber auch die anderen Kommilitonen aus der zusammengewürfelten Runde schlossen sich dem Gespräch bald an. In meiner Ersti-Gruppe wurde viel politisiert.

Nach ein bisschen Small Talk wurden die Fronten abgesteckt. »Ach, ihr seid auch politisch aktiv? Wo denn?« Tristan und Fabian waren bei den »Jusos«, also den Jungsozialisten, der Jugendorganisation der Sozialdemokratischen Partei Deutschlands (SPD). Die Mutter von einem engen Schulfreund von Tristan war zu diesem Zeitpunkt auch SPD-Landtagsabgeordnete in Niedersachsen. Philipp und Charlotte waren beide schon Mitglied bei »Linksjugend Solid«, einem politischen Jugendverband in Deutschland, der der Partei Die Linke nahesteht. Gemeinsam mit Leo war Charlotte zwischendurch auch bei der linken satirischen Hochschulgruppe von »Die Partei« aktiv. Jasmin engagierte sich unter anderem intensiv bei »Amnesty International«, wo auch Maja zeitweise mitmachte. Sie interessierte sich später auch für »Campus Grün«: Der Bundesverband grün-alternativer Hochschulgruppen ist ein bundesweiter studentischer Zusammenschluss in Deutschland, der der Partei Bündnis 90/Die Grünen nahesteht. Annalena war überzeugtes Gewerkschaftsmitglied bei Verdi. Sie brach später ihr Studium ab, denn früher als gedacht hatte sie dort eine feste Stelle in Aussicht gestellt bekommen, die sie direkt annahm.

»Und du, Franca?« – »Ich bin bei der JU, Junge Union, kennt ihr das?«, antwortete ich freundlich lachend in die Gruppe. »JU, ernsthaft jetzt?!«, kam es mir von mehreren Seiten verachtend entgegen. »Dachte nicht, dass du so 'ne Konservative bist!« »Wessi und JU, das passt ja.« »Und dann aus Bayern, CSU, das ist ja noch schlimmer!«

Die Stimmung war mir gegenüber auf einmal sehr verhalten. Mich irritierte das, hatte ich meinerseits deren Mitgliedschaft in einschlägigen Jugendorganisationen doch auch nicht abwertend kommentiert. Das hätte ich mir auch niemals angemaßt. Noch dazu bei Leuten, die ich erst seit wenigen Stunden kannte. Darüber hinaus war ich auch noch nicht so bewandert im parteipolitischen Spektrum, als dass ich über die anderen Organisationen überhaupt hätte urteilen können. Außerdem – das macht Demokratie ja aus – kann sich jeder doch so positionieren, wie er mag. Wieso also ist Sozialismus etwas moralisch »Besseres« als liberale, christlich-soziale oder konservative Politik? Wieso war ausgerechnet mein Unionsbackground fragwürdig oder ungewöhnlich, in jedem Falle aber verpönt?

In der ersten Woche an der Universität Erfurt bekam mein Erfahrungsfundament Risse. Die Werte und Gesetzmäßigkeiten einer Debatte über Politik oder Gesellschaft, wie ich sie bislang kannte, galten hier nicht. Irgendetwas war anders. Ich fühlte mich abgestempelt und fragte mich: »Aber wieso ist christdemokratisch sein etwas Negatives?« Das war doch in Nürnberg – übrigens eine Stadt mit langer sozialdemokratischer Tradition und über Jahrzehnte hinweg als »rote Hochburg« apostrophiert – auch kein Verdikt? Noch bemerkenswerter fand ich, dass mir nur aufgrund

einer Mitgliedschaft (ich bin auch in anderen Vereinen Mitglied) solch großes Misstrauen entgegengebracht wird und Menschen zudem denken, mich aufgrund dieser spezifischen Mitgliedschaft genau einschätzen zu können und zu kennen. Ja, auf dieser Grundlage ihr Urteil über mich praktisch schon gebildet haben.
Ich weiß noch ganz genau, wo diese Unterhaltung damals stattfand. Wir sind mit unseren Tutoren über den Campus der Universität zur Bibliothek gelaufen. Ein Weg, den ich heute beinahe noch jeden Tag gehe. Das war mein erster Tag an der Universität und eine große persönliche Zäsur.

Schwarz-Weiß-Malerei

Das Bedenkliche war, dass ich zuerst bei mir den Fehler suchte. Schon immer war ich meinungsfreudig und an verschiedenen Themen interessiert. Ich vertrete Meinung und Argumente nach außen nachdrücklich, bin aber auch zugänglich, wenn andere Argumentationen klüger, vernünftiger oder logischer erscheinen. Und natürlich – nur so funktioniert demokratisches Zusammenleben – lasse ich mich von besseren Ideen überzeugen. Ich würde mich als selbstbewusst beschreiben, aber auch als fair und überlegt.
Im Oktober 2016, zu Beginn meines Studiums, war die Flüchtlingskrise in vollem Gange. Sie war das politische Leitthema, welches alle anderen überwog. Die Flüchtlingskrise war auch die erste große Debatte, die ich als junger Mensch vollkommen bewusst wahrnahm und erlebte. Angefangen mit den Bildern vom Münchner Hauptbahnhof im Herbst 2015, der deutschen »Willkommenskultur«, die zunächst überall in den deutschen Medien zelebriert wurde. Später dann die Videos von Pegida-Demonstrationen und Anschlägen auf Asylheime.
Die sozialen Netzwerke spielten zu diesem Zeitpunkt bereits eine große Rolle bei der Berichterstattung. Man wurde tagtäglich mit neuem Bild- und Videomaterial über die verschiedenen Kanäle versorgt und mit unterschiedlichen Meinungen konfrontiert.

Nachrichten und Äußerungen fesselten also nicht nur aufgrund ihrer Inhalte, sondern entfalteten auch eine ganz neue Art der moralischen und emotionalisierenden Informationsvermittlung: Durch die Bilder und Videos toter Kinder oder von Brandanschlägen entstand – gerade in meiner Generation, die soziale Medien mehr nutzten als ältere Jahrgänge – eine enorme emotionale Fesselung.

Im Jahr 2016 war die Frage der (weiteren) Flüchtlingsaufnahme zu der zentralen Debatte im Alltag geworden. So auch bei uns am Campus. Meine ersten Tage waren daher immer eng verknüpft mit den Gesprächen rund um die Flüchtlingskrise. Alles drehte sich um diese eine Frage: Aufnahme aller Migranten, ja oder nein? Etwas dazwischen gab es nicht. Ist man Befürworter einer gesteuerten Migration – also keiner ungeordneten Einwanderung, wie sie 2015 und in den Folgejahren stattfand –, landet man in einer Schublade. In diesem Fall in der Schublade der Rechten und Ausländerfeinde. Dort hineingesteckt werden möchte niemand.

Das studentische Umfeld ist ein sehr polarisiertes Milieu. Eindeutig überwiegt in der Außenwahrnehmung die linke, antikapitalistische Szene, die Grenzen jeglicher Art ablehnt. In diesem Umfeld sind wir, die Aufnahmegesellschaft, die Bösen, die aufgrund von Kolonialgeschichte und Ressourcenraub in heute ärmeren Ländern dafür gesorgt haben, dass es uns sehr gut geht und andere Menschen hungern müssen.

Hinzu kommt der Klimawandel, der durch die Industrieländer verursacht wurde und Menschen beispielsweise in Afrika ein Leben mehr und mehr unmöglich macht. Auch diese Menschen kommen als sogenannte Wirtschaftsflüchtlinge zu uns. Folgt man der Meinung der weit überwiegenden Zahl meiner Kommilitonen, sollten wir aufgrund unserer »Schuld« für diese Gruppen pauschal die Grenzen öffnen. Das ist das Mindset, das die Auseinandersetzung mit der Flüchtlingsdebatte im Jahr 2016 vorgab und in dem ich die Diskussionen um Migration erstmals mitverfolgte.

Von meinem Leben als Studentin erwartete ich eigentlich eine breite und differenzierte, faktengestützte Debatte, in der sich Argumente nicht nur plakativ und eindimensional »für« oder »gegen« – in diesem Fall – Migration aussprechen. Gerade in diesem studentischen Umfeld, so dachte ich, werden komplexe Sachverhalte nicht herunterskaliert, wie vielleicht an irgendwelchen Stammtischen.

Als ich erfuhr, dass meine Kommilitonen anderen Parteiorganisationen angehörten und daher vermutlich eine andere politische Einstellung vertraten, war ich umso gespannter. Den Seitenhieb vom Vortag bezüglich meiner JU-Mitgliedschaft hatte ich mittlerweile verkraftet. Das war sicher nicht so gemeint. Vielleicht hatte ich es auch falsch wahrgenommen? »Nein«, so dachte ich, »mit meinen Kommilitonen kann ich die Fragen, die mir unter den Nägeln brennen, richtig diskutieren.« Gerne ambitioniert und laut, aber eben auch differenziert.

Ich wollte darüber sprechen, dass die Behörden und Kommunen 2015 bereits nach wenigen Wochen überfordert waren, dass erst einmal Strukturen aufgebaut werden müssten, bevor man wieder Menschen aufnehmen könnte. Stattdessen wussten die Kommunen nicht mehr, welche Turnhalle noch als Flüchtlingsunterkunft aktiviert werden könnte. Wie also sollte diesbezüglich eine funktionierende Organisation aussehen? Wie könnte z. B. der Bund die Kommunen entlasten?

Menschen Asyl zu gewähren ist richtig, das hat mir nicht zuletzt auch meine von einem christlichen Menschenbild ausgehende Sozialisierung vermittelt. Aber sollte man nicht erst humane Voraussetzungen, einen echten Integrationsrahmen für Kinder und Erwachsene schaffen, Schul-, Ausbildungs- und Studienplätze verlässlich bereitstellen und auf diese Weise einer humanitären Verantwortung annähernd gerecht werden? Kann man überhaupt grenzenlos Menschen aufnehmen oder ist das für eine Gesellschaft überfordernd? Letzteres meint weniger die »kulturelle Überforderung« als vielmehr die tatsächliche Überforderung

an Ressourcen wie Wohnungen oder Kindergartenplätzen (diese Liste könnte nahezu endlos fortgeführt werden). Ist Menschen geholfen, wenn sie nach vielen Jahren immer noch in Containern als ursprüngliche Übergangslösung leben? Wie könnte man Terroranschläge verhindern, die durch Attentäter verübt werden, welche über die Flüchtlingsroute zu uns gekommen sind? Wieso haben Menschen hierzulande Angst um ihre Existenz, auch wenn die Flüchtlingswelle erst einmal keine reale »Bedrohung« darstellt, die Angst aber eine gefühlte ist?
Diese Fragen interessierten mich brennend, und sie sind zudem noch zentrale Fragen der Staatswissenschaften, also der Disziplinen, mit denen wir uns ab jetzt intensiv beschäftigen sollten. Natürlich würden unsere Gespräche keine Berge versetzen, wir sind keine Entscheidungsträger. Aber diese Dinge müssen klar angesprochen und diskutiert werden.
Das hätte ich nur allzu gern mit meinen Kommilitonen erörtert. Leider kam es gar nicht dazu, dass wir Argumente auf Augenhöhe austauschten. Meine Fragen wurden mit der Unterstellung diffamiert, sie seien gegen Menschen gerichtet. »Wie kannst du es in Zweifel ziehen, dass Menschen in dieser absoluten Notsituation geholfen werden muss. Egal wie!«, hieß es.
Das tat ich doch gar nicht! Ich hatte dies doch mit keiner einzigen Silbe in Zweifel gezogen. Oder doch?!
Schon wieder war es da, dieses Gefühl, ich wäre realitätsfern oder das, was ich sagte, wäre Irrsinn und verachtenswert. Mein Versuch, eine sachbezogene Diskussion einzuleiten, zu einem Thema, das zu diesem Zeitpunkt ganz Deutschland, die Medienlandschaft, die Wirtschaft, die sozialen Träger, die Kirchen, die Vereine, die Schulen und Kindergärten und auch das akademische Umfeld bewegte, scheiterte kläglich mit der Unterstellung, ich wäre gegen Flüchtlinge, gegen Menschenrechte und gegen Humanität.
Soweit ich mich erinnere, habe ich erst viel später meine erste konstruktive Diskussion zur Flüchtlingskrise geführt. Im Jahr 2016 war die Stimmung so aufgeheizt, dass man allein das Wort

»Flüchtling« nicht mehr aussprechen konnte, ohne beargwöhnt zu werden. Wenn man im nächsten Satz nicht hinterherschob »und natürlich bin ich nicht ausländerfeindlich«, war man bereits als solches stigmatisiert.

Die Schwarz-Weiß-Malerei war in dieser Zeit en vogue. Und sie wird es bleiben. In den sozialen Netzwerken verbreiteten pöbelnde Nutzer Kommentare unter Posts von Politikern, in denen sie diese beleidigten und aufgrund des Migrationsstroms des Volksverrats bezichtigten. Am Campus gab es diese radikale Vereinfachung der Flüchtlingsthematik ebenfalls. Auch hier zählte nicht das sachliche Argument, dafür aber ein anderes: das moralisch rechtmäßige Argument. War man für die unbegrenzte Aufnahme von Migranten, gehörte man zu den »Guten«, war man z. B. aus Gründen der Sicherheit für eine Überprüfung von Menschen und ihrem tatsächlichen Fluchtgrund und war man bereit, Menschen, die keine Bedrohung im Heimatland nachweisen können, kein Asyl zu gewähren, galt man als »schlecht«.

Das als »moralisch gut« definierte ist also das richtige Argument. Auf irgendeine Weise hatte sich auch schon etabliert, was dazugehört: Man könnte es als Mainstream oder Zeitgeist bezeichnen. Vor allem aber sind es immer politisch linke Forderungen, die entlang der Maximen der Gesinnungsethik verlaufen; die Grünen sind in dieser Richtung Vorreiter. Das ist dann politisch korrekt. Moralisch schlechte Äußerungen gipfeln nach dieser Logik meistens in einem Vergleich mit Nationalsozialisten oder anderen rechtsradikalen Gruppierungen.

Der Schutz seiner Bürger ist eine der wichtigsten Aufgaben des Staates. Man hätte wenigstens einmal darüber reflektieren können, welches positive oder eben negative Potenzial in einem nicht hinreichend kanalisierten Migrationszustrom steckt. Aber ich wurde eines Schlechteren belehrt. Statt Gegenposition zu beziehen, weshalb man Menschen eben doch bedingungslos, schnellstmöglich und ohne polizeiliche Erkennung aufnehmen sollte, selbst mit dem Risiko, dass Personen in Deutschland untertauchen, wurden meine Beiträge einfach nur abgebügelt. Und zwar nicht mit sachlichen Gegenargumenten, sondern mithilfe der moralischen Instanz: Es war einfach politisch nicht korrekt, was ich mich selbst und die Runde gerade fragte.

Und langsam dämmerte mir, was es mit meiner JU-Mitgliedschaft auf sich hatte. Der damalige Ministerpräsident des Freistaats Bayern und CSU-Chef Horst Seehofer hatte eine Obergrenze für Flüchtlinge gefordert. Da war ich als Mitglied in der Unionsfamilie und auch noch gebürtig aus Bayern stammend natürlich mit im »Obergrenzen-Boot«. Plötzlich verstand ich die Denklogik meiner Kommilitonen, denn sie unterstellten, dass ich aufgrund meiner vermeintlich offensichtlichen politischen Einstellung als Mitglied der JU gegen Migration und damit gegen Menschen und derer nach ihrer Ansicht in Deutschland bedingungslosen Rechte sei. Sie steckten mich also in eine Schublade. Aber nicht in die »böse CSU«-Schublade, sondern direkt in die der Ausländerfeinde. Dort war die gesamte CSU ohnehin schon drin. »Wahnsinn, die Welt kann so einfach sein«, dachte ich ernüchtert.

Die Flüchtlingsdebatte wurde also fast ausschließlich moralisierend diskutiert. Aber die Unterkomplexität der Debattenkultur auf dem Campus blieb nicht nur ein Schock der ersten Woche. Sie grundierte mein gesamtes Studium. Sie war nicht nur geknüpft an die Flüchtlingskrise, auch wenn diese die Schwarz-Weiß-Malerei vielleicht befeuert hatte. Und die sozialen Netzwerke hatten sicher auch einen Anteil daran. Aber es lag auch an einer schleichenden Veränderung der Debattenkultur, mit der ich bereits an meinem ersten Tag als Studentin konfrontiert wurde und die auch weiterhin völlig unabhängig von der Migrationsdebatte verläuft.

Debatten(un)kultur

Allein der Begriff Debattenkultur passt nicht mehr zur Situation. Diskursive Standards hatten ihre Gültigkeit schon lange verloren bzw. wurden über den Haufen geworfen. Probleme wurden nicht mehr als solche benannt. Stattdessen bestanden die Gespräche nur noch aus einem Austausch ähnlicher Meinungen und – im Sinne ihrer Vertreter – korrekter Einschätzungen. Heute weiß ich, dass es Political Correctness war, die mich unerwartet erreichte. Für mich fühlte es sich vom einen auf den anderen Tag wie eine andere Welt an.

Es war Nonsens: Ich bezichtigte meine Kommilitonen, die heute unter anderem in Landesvorständen der Partei Die Linke sitzen, doch auch nicht der Mittäterschaft mit den Aussagen einer Sahra Wagenknecht. Die ist nach deren Ansicht mehr oder weniger rechtsradikal geworden, die Unterstellung einer inhaltlichen Übereinstimmung mit ihr käme einer immensen Provokation gleich.

Konnte ich also nicht einfach ich sein, Franca Bauernfeind, 18 Jahre alt und aus politischem Interesse JU-Mitglied? Mit meinen eigenen Meinungen und Erfahrungen, die inhaltlich nicht einmal mit der Union gänzlich übereinstimmten? Und selbst wenn: In einer Zeit, in der der Individualismus seinen Höhepunkt erreicht, sollte jedem Einzelnen doch eine individuelle Meinungs- und Willensbildung zugestanden werden. Dass Political Correctness jedoch rein gar nichts mit Individualismus zu tun hat, sondern vielmehr mit Grüppchenbildung und Schubladendenken (also eher die sozialistische Denkschule anstrebt) agiert, wurde mir erst sehr viel später bewusst.

Man lernt irgendwann, was erwünscht ist und was nicht. Ganze Themenfelder werden ausgeklammert. Atomkraft und Klimapolitik in einem Satz zu nennen ist in diesem Umfeld nicht erwünscht. Es hört sich immer so einfach an, zu sagen: »Halte doch dagegen und lass dir deinen Mund nicht verbieten.« Sich den Mund verbieten zu lassen, kam für mich nie infrage. Andere dazu ebenfalls aufzumuntern, war mir stets wichtig. Viele verfallen aber in Selbstzensur. Es ist wahnsinnig unangenehm, dem moralischen Zeitgeist zu widersprechen, dieser vermeintlichen Korrektheit entgegenzutreten und sich davon nicht beirren zu lassen. Der Mensch ist ein soziales Wesen und möchte dazugehören. Jeder will Teil einer Gruppe sein, niemand möchte ausgeschlossen oder ignoriert werden. Dieser Wunsch führt zu solchen Äußerungen wie dem in der Einleitung schon zitierten »Diese Sätze könnten wir nie vor den anderen Studenten sagen« zwischen einem Kommilitonen und mir in meiner Wohnheimküche. In die rechte Ecke gestellt zu werden, ist nie schön. Das kann schnell die Konsequenz sein, wenn man ab und an auch einmal Gedanken jenseits des vorgegebenen Meinungskorridors ausspricht. Oder aufgrund einer Mitgliedschaft bei der JU. In die Ecke gestellt zu werden, das passierte mir in den kommenden Jahren noch sehr oft. Es funktioniert als Mechanismus, andere mundtot zu machen. Denn wer will schon als »Nazi« bezeichnet werden?

Bereits in dieser ersten Woche, an den ersten beiden Tagen dachte ich mir: »Das kann doch gar nicht sein, das muss doch irgendjemand mitbekommen!« Ich hielt es für ziemlich ausgeschlossen, dass so eine Debatten(un)kultur überhaupt jemand für gut befinden könnte. Wenn es nicht meine Kommilitonen waren, dann vielleicht die Gesellschaft, die politische Öffentlichkeit »außerhalb« des Campus. Ein Trugschluss, wie sich im Nachhinein herausstellte. FUNK, der Online-Kanal der öffentlich-rechtlichen Sender, verglich Ende Juni 2023 in einer Instagram-Story mit dem Video »Was ist rechts?« die Union mit der AfD. Politiker beider Fraktionen wurden gleichermaßen als »rechts« bezeichnet.

Die Entschuldigung ließ zwar nicht lange auf sich warten, der Beitrag entspreche nicht journalistischen Standards. Allein aber der Satz des FUNK-Programmgeschäftsführers in seiner Erklärung ist ein Affront: »Wir von Funk verstehen, dass diese Darstellung problematisch ist, weil sie konservative demokratische Parteien mit extremistischen Haltungen auf eine Ebene stellt.« Nein, die Darstellung ist nicht nur problematisch, sie ist falsch! Christdemokratisch ist eben nicht rechtsextrem und keinesfalls nur rechts. Und die Union als Volkspartei beheimatet nicht nur

Wertkonservative, sondern auch Liberalkonservative, Christen wie Personen anderer Glaubensrichtungen – eben eine große gesellschaftliche Bandbreite. Im politischen Spektrum lässt sich die Union Mitte-rechts einordnen, aber nicht »rechts«. Sie vereint gleichermaßen die liberale, christlich-soziale und konservative Strömung.

Die Entschuldigung war eine Farce, die Aussagen der Verantwortlichen stehen für sich und zeigen ein eindeutiges Mindset. Die »fehlerhafte« Instagram-Story ist auch nicht auf eine Unachtsamkeit im journalistischen Gewerbe zurückzuführen. Dort arbeiten offensichtlich Personen, die der Überzeugung sind, dass Politiker der Union rechts im Sinne von rechtsextremistisch sind. Diese Position wird ohne Scheu auf einem Kanal des öffentlich-rechtlichen Rundfunks präsentiert. Und da wundere ich mich noch, weshalb ich als Mitglied einer demokratischen Partei am Campus als rechtsaußen klassifiziert werde.

Die Legitimation solcher Sichtweisen nahm aber genau dort ihren Anfang: an der Universität. Im akademischen Umfeld, das diesen Zeitgeist forcierte. Auf dem Campus sind die Führungskräfte von morgen. Das sind die angehenden Lehrer, die ihren Schülern später einmal eine politisch »korrekte« Gendersprache beibringen werden, wie ich es bereits im Jahr 2020 bei meiner Schwester in der Oberstufe mitbekommen habe. Es sind die Richter und Anwälte, die Abteilungsleiter in den Behörden dieses Landes, die informierenden und meinungsmachenden Journalisten (die ersten Anzeichen lassen sich bei FUNK ablesen), und es sind die vielen Teamleiter, die in mittelständischen Unternehmen einmal angestellt sein werden.

In die Öffentlichkeit wurde dieser Zeitgeist also erst in jüngster Zeit getragen. Aber so richtig interessiert das scheinbar niemanden. Ich selbst gehöre nicht der antikapitalistischen Studenten-Szene an. Ich lehne Grenzen nicht ab. Aber ich strebe nach Pluralität und Vielfalt, die sich eben nicht diesem Mainstream anpasst. An der Universität gehöre ich damit neben einigen anderen zu einer Minderheit. Jedenfalls unter denjenigen, die ihre eigene Position aktiv bekennen. Und plötzlich legt sich die Kultur einer Political Correctness wie Mehltau über die Szenerie. Man hängt in einer Schublade fest und fragt sich: »Wie bin ich denn hier gelandet?« Dieser Prozess ist nicht greifbar und dringt gleichwohl in die Breite der Gesellschaft vor.

»Ich hätte links werden können!«

»Ich hätte links werden können!«, das kommt mir immer in den Sinn, wenn ich über meine erste Woche an der Universität nachdenke. Ich war politisch unvoreingenommen, offen für Neues, für Perspektiven, die ich noch nicht von zu Hause oder der Schule kannte. Logisch, das hatte ich mir ja auch von Erfurt und meinem Umzug erhofft. Mir war auch klar, dass ich mit 18 Jahren noch viele Erfahrungen sammeln musste. Dinge kennenlernen, von denen ich vorher nicht wusste, dass es sie gibt. Oder Sichtweisen, die ich als Nürnbergerin meines Alters einfach nicht haben kann; weil ich z. B. nicht im diktatorischen System der DDR aufgewachsen bin.
Zwar hatten mich trotz meiner »westdeutschen«, besser gesagt süddeutschen Herkunft familiäre Gespräche mit meiner Tante Rita sehr geprägt. Sie wurde noch zu Kriegszeiten geboren, wuchs in der DDR auf und hatte sich trotz einer systemkritischen Haltung mit dem Leben und den politischen Gegebenheiten so gut es ging arrangiert. Tätig war sie in der Handelsorganisation, dem staatlichen Einzelhandel der DDR; später konnte sie sogar ein Wirtschaftsstudium absolvieren, das nach dem Zerfall des Unrechtsstaats allerdings nichts mehr wert war: Denn Studieninhalte waren insbesondere Lenin, Marx und Planwirtschaft.
Sie berichtete mir von den scheußlich schmeckenden »Zitrusfrüchten« aus Kuba und den genau abgezählten Schokonikoläusen. Je nachdem, wie viele Kinder in einem Bezirk lebten, so viele Nikoläuse wurden den einzelnen Filialen zugestanden. Pro Kind ein Nikolaus. Planwirtschaft eben, die mir durch die Debatten

mit meiner Tante Rita sehr nahegebracht wurden. Die Schokonikoläuse bestanden übrigens nicht einmal aus Kakao, ebenso wie die Zitrusfrüchte keine saftigen Orangen waren.
Diese Gespräche prägten meine Perspektiven und sensibilisieren meine Wahrnehmungen noch heute. Dennoch habe ich nie selbst erlebt, wie unterschiedlich individuelle und vor allem auch kollektive Demokratieerfahrungen sein können. Und ich finde es auch nicht problematisch, dass nicht jeder die Sichtweisen von jedem auf Anhieb kennen, einnehmen oder verstehen kann und will. Aber ein Interesse zu haben und offen zu sein, das finde ich wichtig. Und daher auch die Lust an Erfurt und Thüringen.
Leider hatte ich seit Tag eins den JU-Stempel auf der Stirn. Davon unbeirrt ließ ich mich auf intensive Debatten mit meinen Kommilitonen aus der Ersti-Gruppe ein. Wir wurden tatsächlich zu einem engen Freundeskreis. Vielleicht lag es daran, dass ich eher der lockere Typ bin, man kann mit mir streiten, ich sage meine Meinung, aber ich denke mir auch manchmal: »Da rein, da raus.« Wir zofften uns hart in der Sache, danach aber konnten wir auch entspannt ein Bier trinken gehen.
Wochenlang hatten wir Positionen ausgetauscht. Zunehmend funktionierte es auch mit den »echten« Debatten, wobei der unsichtbare moralische Filter immer präsent blieb. Kein Mittagessen in der Mensa kam ohne politische Diskussion aus. Wir waren alle um die 20 Jahre alt, manche älter, manche – so wie ich – jünger. Und wir hatten alle einen unheimlichen Wissens- und Erfahrungsdrang. Jeder wollte seine Standpunkte klarmachen, und so führten wir teilweise heftige Auseinandersetzungen miteinander. Nach einigen Wochen schworen wir uns auf dem Weg von der Vorlesung zur Mensa: »Heute wollen wir einfach nur gemeinsam essen und nicht wieder in politische Debatten abschweifen.« Keine fünf Minuten später saßen wir am Tisch und argumentierten zu allen möglichen Themen gegeneinander. Das waren die besten Erfahrungen, die ich zu dieser Zeit hätte machen können. Man lernt in solch impulsiven Debatten viele neue Ideen und Fakten

kennen, verschiedene Perspektiven zu unterschiedlichen Themen, über die man vielleicht noch nie zuvor nachgedacht hat. Und man lernt die Argumentationsstrategien anderer. Jeder bringt ein anderes Beispiel, um seine These zu untermauern. Und man ist nicht von Jasagern umgeben. Man schwimmt nicht in seiner eigenen politischen Blase. Man ist auf sich, sein Wissen, seine Argumente angewiesen und muss sich behaupten. Meine Empfehlung: Jeder sollte sich solchen Auseinandersetzungen einmal stellen. Es schult das gegenseitige Verständnis, das Nachvollziehen anderer Positionen, verbessert und verfeinert das eigene Argumentieren.

Allmählich gelangte ich allerdings zu der Erkenntnis, dass mich die anderen nicht überzeugten. Sicher, wir wollten alle die Welt verbessern und gerechter machen, Benachteiligten helfen und nachhaltige Projekte vorantreiben. Was vielen jungen Menschen eben wichtig ist. Die Herangehensweisen und Lösungsvorschläge dafür aber klafften weit auseinander. Mein Standpunkt war z. B. immer, dass Geld endlich sei und man es pragmatisch ausgeben sollte. Es muss erst erwirtschaftet werden, bevor es an anderer Stelle für beispielsweise soziale Projekte eingesetzt werden kann.

Zudem gingen unsere Meinungen auch zu essenziellen Politikbereichen wie Sicherheit und Bildung diametral auseinander. Für mich war das vermeintliche Problem eines strukturellen (!) Rassismus in der deutschen Polizei nicht nachvollziehbar. Auch bin ich keine Befürworterin der Einheitsschule alias Gesamtschule, sondern halte ein durchlässiges, gegliedertes Schulsystem mit unterschiedlichen Schularten für die richtige bildungspolitische Herangehensweise. Nur so kann auf die verschiedenen Lerngeschwindigkeiten und Kompetenzverteilungen von Kindern adäquat eingegangen werden.

Am abwegigsten war für mich allerdings, dass meine Kommilitonen das Prinzip des Förderns und Forderns bei der sozialen Absicherung abschaffen wollten. Es würde zu viel »gefordert«, es gäbe zu viele Auflagen, denen sich Empfänger von Sozialhilfe stellen müssten. Das sei unzumutbar. Außerdem gäbe es viele

Menschen, die keine staatliche Unterstützung bekämen, obwohl sie eigentlich zu wenig Geld zum Leben hätten.
Interessiert fragte ich: »Wieso kriegen die Menschen denn dann keine Sozialhilfe, wenn sie darauf angewiesen sind? Wo hakt es denn genau?« »Weil der Staat sie nicht als arm anerkennt und ihm das wahrscheinlich auch ganz lieb ist!«, wurde mir vorgehalten. Und außerdem würden die Reichen gleichzeitig immer reicher, daher brauche es eine Reichensteuer und mehr Umverteilung.
Na ja, also das reichte mir nicht als Antwort auf meine Frage. Mich überzeugte dieses »Über-einen-Kamm-Scheren« nicht. Ich empfand die Forderungen nach Enteignung großer Konzerne und mehrfacher Immobilienbesitzer, nach Planwirtschaft und Gleichmacherei dann doch als sehr irrsinnig und utopisch. Das war jedenfalls nicht meine Form von Gerechtigkeitsempfinden.
Kurzum, die ganzen SPD-, Grünen- und Linken-Argumente überzeugten mich nicht. Schritt für Schritt kam ich zu dem Entschluss, dass ich – ohne es vorher definitiv gewusst zu haben – doch bereits bei der für mich richtigen Organisation war. Bei der Union. Pragmatismus und »Politik mit Augenmaß« – so der Slogan – sprachen mich an. »Ich hätte links werden können, tat es dann aber doch nicht.«
Die zweiwöchige Prüfungsphase im Wintersemester 2016/2017 mit acht Klausuren brachte ich gut hinter mich. Dem vorausgesetzt waren gemeinsame Lerneinheiten mit meinen Kommilitonen in der Bibliothek. Für einige Wochen waren wir dort Stammgäste, wie viele andere Studenten. Vom dritten Stockwerk der Bibliothek hat man einen sehr schönen Blick auf den Campus und über Erfurt. Heute – sieben Jahre später – sind mir diese Gebäude sehr vertraut, ja quasi ein Mikrokosmos meiner zweiten Heimat.

2 – Sind Studenten wirklich links?

Erfurt ist ein vergleichsweise kleiner Hochschulstandort. Es gibt weder eine Medizinische noch eine Juristische Fakultät. Auch eine reine Wirtschaftswissenschaftliche Fakultät existiert nicht. Jura und Wirtschaft sind zwar im Studiengang Staatswissenschaften impliziert, vor allem aber überwiegt der Anteil derjenigen Studenten, die sich für Sozialwissenschaft, Soziologie und Politikwissenschaft interessieren. Im Gegensatz zu vollständigen Jura- und Wirtschaftsfakultäten, wo der Anteil an Studenten mit liberalen oder konservativen Ansichten klassischerweise hoch ist (es sind Studiengänge, die sich – salopp formuliert – mit »Recht und Gesetz« bzw. mit »Kapitalismus« beschäftigen), sieht das bei den geisteswissenschaftlichen Studiengängen wie Politik und Soziologie schon anders aus. Dort tummeln sich vor allem diejenigen, die ich als politisch links bezeichne: Sozialdemokraten, Sozialisten, Kommunisten, Grüne und andere Menschen aus diesen politischen Denkrichtungen.

Männer in Latzhosen und mit bunt lackierten Fingernägeln, Frauen mit rasierten Haaren und Schlabberpullover – Second Hand versteht sich – prägen die ungezwungene Szenerie. Im Campuscafé wird bei Kamillentee über die Lösung der Klimakrise philosophiert. Der Chai-Latte mit Sojamilch und die Club-Mate, ein koffeinhaltiges Kaltgetränk auf Basis von Blättern des Matebaums, sind Statussymbole des antielitären Lifestyles geworden. Im Sommer sind viele in den Gebäuden barfuß unterwegs. Wenn es doch eines festen Schuhwerks bedarf, so sollen ausgelatschte Sandalen der Marke Birkenstock das akademische Understatement unterstreichen.

Und doch: So gänzlich natürlich wirkt dieses antikapitalistisch erscheinende Setting nicht, holen doch viele ihre Apple-Geräte aus den lässigen Wildledertaschen oder unterhalten sich über den letzten Frankreichurlaub am Meer.

Da Erfurt also weder Jura noch Wirtschaftswissenschaften als einzelne Studiengänge anbietet, überwiegt der Anteil an politisch linken Studenten spürbar, insbesondere in den Staatswissenschaften. Entsprechend war ich in den ersten Semestern immer unter eher politisch links Orientierten.

Aber: Nicht der Studiengang oder die Berufswahl prägen die spätere politische Ausrichtung. Vielmehr orientieren Menschen in den meisten Fällen ihre zukünftigen Tätigkeiten an ihren bereits bestehenden Interessen und Einstellungen. Aus diesem Grund sollte man einen Blick auf die Denkmuster meiner Generation werfen, über den Tellerrand des Campus hinaus. Mit wenigen Ausnahmen tummeln sich an den Hochschulen Studenten innerhalb einer Altersspanne von 18 und 29 Jahren – also junge Erwachsene, die alle derselben Generation angehören.

Unlängst bin ich auf eine Schweizer Studie des Forschungsinstituts Sotomo aufmerksam geworden. Die Auswertung zeigt, dass sich junge Menschen politisch selten so uneins waren wie heute. Demnach positionieren sich immer mehr junge Frauen links der Mitte, während sich junge Männer zunehmend rechts der Mitte verorten. Die Entwicklungen sind beachtlich: Während sich 2010 noch 35 Prozent der Frauen zwischen 18 und 29 Jahren als links bezeichneten, sind es nun mit 52 Prozent mehr als die Hälfte. Von den gleichaltrigen Männern fühlt sich nur jeder dritte dem linken Spektrum nahe.

Ein Grund für das Auseinanderdriften der Geschlechter könnte ein verändertes Verständnis davon sein, was »links sein« bedeutet. Früher, so resümiert die Studie, hieß »links sein«: Klassenkampf und Fabrikarbeit. Heute verstehen viele darunter auch den Kampf gegen Rassismus und Sexismus. Eine Befragte äußert: »Feministin sein und links sein ist für mich megaeng miteinander verbunden.« Bei manchen jungen Männern führe das zu einer Gegenreaktion.

Aber gilt das, was für die Schweiz zu gelten scheint, auch für Deutschland? Natürlich ist der Alpenstaat mit der Bundesrepublik nur bedingt vergleichbar. Die Bevölkerungsstruktur ist eine andere, und auch die politischen Themen differieren. Immerhin wurde das Frauenwahlrecht im letzten Kanton der Schweiz erst 1991 eingeführt. Ausschlaggebend für die politische Einstellung bei jungen Frauen in der Schweiz ist auch die neue Frauenbewegung gewesen.
Ein Punkt verbindet Deutschland und die Schweiz und viele andere Länder wie Frankreich, die USA oder Großbritannien aber gleichermaßen: Die öffentlich wahrnehmbare Relevanz der Themen Rassismus und Sexismus – gerade in der jungen Generation. Und zuvorderst im studentischen Milieu.

Unitoilette oder Schwarzes Brett?

Es fällt schwer, die Unitoiletten nicht mit einem Schwarzen Brett zu verwechseln. Es werden Abreißzettelchen für Minijobs mit Telefonnummern ausgehängt, Tandempartner zum Erlernen von Fremdsprachen gesucht, QR-Codes zur Teilnahme an Online-Befragungen (meist von Masterabschlussarbeiten) aufgehängt und jede Menge Sticker verklebt.
Die Toilettenwände sind voll von politischen Botschaften. Die Themen Sexismus und sexuelle Orientierung spielen dabei eine überragend große Rolle. Eine Gruppe, die ambitioniert ihre Sticker und Flyer fixiert, nennt sich »campus mackerfrei«. Nach eigener Angabe handelt es sich dabei um »ein selbstorganisiertes Kollektiv aus (ehemaligen) Student*innen in Erfurt«.
Was »Macker« eigentlich bedeutet, wird auf der dazugehörigen Homepage so beschrieben: »Macker meint zumeist cis Männer, die toxisch männliche ‚mackerhafte' Verhaltensweisen aufweisen, die ihre Machtposition und ihre Privilegien in unserer patriarchal strukturierten Gesellschaft bewusst oder unbewusst aufrechterhalten und ausnutzen. Dass Macker mackern können,

ist also Teil eines Zustands, den wir überwinden wollen, der aber aktuell noch standhält.« Und zum politischen Ziel der Gruppierung heißt es: »Wenn wir mackerfrei sagen, meinen wir damit also nicht einen ‚männerfreien' Campus. Vielmehr geht es uns um die strukturelle Veränderung von Ungleichheiten und Machtverhältnissen. Uni findet ja nicht im luftleeren Raum statt. Diese Verhältnisse herrschen an unserem Campus vor, weil sie in dieser Gesellschaft vorherrschen: Sexismus, Misogynie, Queerfeindlichkeit und Diskriminierung von trans*, inter* und/ oder nicht-binären Menschen.«

Auf der Seite wird auf einen weiteren Verein verwiesen, der ebenfalls fleißig stickert: Das »FEMFO«, die Abkürzung steht für »Feministisches Frauenforum Erfurt«, das sich dem Instagram-Kanal nach erst im Dezember 2022 gegründet hat. Es sei genügend Raum für alle da, eigene Ideen, Wünsche und feministische Utopien mit einzubringen und bald mit dem FEMFO zu verwirklichen. Der Hauptteil des ersten Treffens stünde allen interessierten Menschen offen. Anschließend wolle man zu einem Nachgespräch für FLINTA* zusammenkommen. FLINTA*, das sind alle Frauen, Lesben, intergeschlechtliche, nicht-binäre, trans und agender Personen. Das Nachgespräch solle allen patriarchal diskriminierten Personen die Möglichkeit bieten, sich und die Situation in einem sicheren Raum zu reflektieren. Es soll also ein sogenannter Safe Space geschaffen werden.

Campus mackerfrei verteilte darüber hinaus Flyer, die über die sexuellen Übergriffe eines ehemaligen Philosophieprofessors gegenüber Studentinnen berichten. Er wurde erst beurlaubt und landete dann vor Gericht. Er wurde verurteilt, später legte er gegen das Gerichtsurteil Berufung ein. Ich erinnere mich an den Fall, er wurde bekannt, als ich anfing zu studieren. Den Professor kannte ich allerdings nicht. Es ist richtig, diesen Fall an die Öffentlichkeit zu bringen und auch dort zu halten. Solche Taten dürfen nicht unter den Teppich gekehrt und müssen verurteilt werden.

Den Schlusssatz des Papiers empfinde ich aber als äußerst bedenklich. Dort steht: »Machtmissbrauch durch Lehrende und patriarchale Gewalt bleiben aber weiterhin Teil des Campus-Alltags.« Diese Aussage ist schlichtweg eine nicht belegte Behauptung und unterstellt beinahe allen (in diesem Fall) Männern, die entweder Mitarbeiter, Dozenten oder auch Studenten sind, in veralteten Strukturen festzustecken oder – wenn man es zuspitzen möchte – den nächsten sexuellen Übergriff zu planen. Das sind nicht nur pauschale Unterstellungen und die gezielte Verunglimpfung eines Geschlechts, sondern es zielt auf Angstpolitik ab. Viele Professoren lassen bei Sprechstunden mit Frauen die Türe zum Gang offen, gleichwohl sich Menschen dort laut unterhalten und die Geräuschkulisse beim Besprechen der anstehenden Hausarbeit für beide – auch für die Studentin – sehr störend ist. Sie machen es absichtlich, damit sie nicht in einen unbegründeten Verdacht geraten, präventiv eben.

Es ist aber nicht das Ziel von campus mackerfrei, der Campusrealität gerecht zu werden. Vielmehr sollen grundsätzlich Männer, insbesondere der Cis-Mann (also der Typus des weißen, heterosexuellen Mannes, der lange Zeit Frauen und Homosexuelle strukturell unterdrückt hat und dies auch heute immer noch tue), bekämpft werden. Auch der sogenannte Studierendenrat der Universität Erfurt sprang in seiner Stellungnahme von März 2023 anlässlich des gerichtlichen Berufungsverfahrens des Philosophieprofessors auf diese argumentative Schiene auf: »Professor:innen, insbesondere cis-männlichen Professoren, kommt im universitären Lehrbetrieb eine herausragende Autorität und Machtposition zu. Diese patriarchalen Machtstrukturen ermöglichen es Beamt:innen, ihre Position zum Schaden von Studierenden auszunutzen. Der Verbleib eines derart übergriffigen und sexistischen Mannes in seiner Stellung ist Ausdruck dieses nicht hinnehmbaren Zustands«, urteilte der Rat.

Unterdessen wurden WhatsApp-Nachrichten in Chatgruppen geteilt. Aufgerufen wurde zu einer »prozessbegleitenden, kritischen und feministischen Kundgebung«. Der erste Satz war erweckend: »Teilt diesen Aufruf nicht öffentlich!!« Wieso denn nicht öffentlich teilen, wenn es doch eine Kundgebung mit einem berechtigten Ziel war? Hatten die Verfasser also doch Bedenken hinsichtlich der pauschal diffamierenden Botschaft? Denn weiter in der Chatnachricht hieß es: »Doch es ist kein Einzelfall, sondern Ausdruck fest etablierter patriarchaler Verhältnisse. Sexualisierte Belästigung, Männer, die ihre Macht missbrauchen und Gewalt gegen Frauen und Queers ausüben, sind nach wie vor ‚Alltag' in unserer Gesellschaft – und auch Universitäten bilden nicht den diskriminierungsfreien Raum, den sie gerne für sich beanspruchen.« Wenngleich es richtig ist, immer wieder auf einen solchen Vorfall hinzuweisen und aufzuklären, nichts unter den Teppich zu kehren, ist es nicht richtig, eine Gruppe von Menschen in eine Schublade zu stecken und ihr aufgrund ihres Geschlechts oder gar ihrer Sexualität etwas grundsätzlich Negatives, gar Böses zu unterstellen.

Die Schmähungen äußern sich hier nicht mehr nur anlassbezogen oder fallweise. Es wird gezielt der Eindruck vermittelt, dass der »Einzelfall« zwar Anlass der Kundgebung und der Aktionen ist, im selben Atemzug werden aber alle anderen Cis-Männer nach dem Gießkannenprinzip als potenzielle Täter verunglimpft. Das ist kein Umgang, den man mit Menschen pflegen sollte. Vor Gericht bekommt der Professor seine Strafe, so läuft es im Rechtsstaat. Berufung gegen ein Urteil einzulegen, ist sein gutes Recht. Alle Männer als vorstellbare Sexualstraftäter einzustufen mit dem Hinweis, dass dies in ihrer Natur veranlagt sei, zeugt hingegen nicht nur von einer abartigen Vorstellung von Welt und Schöpfung. Es grenzt auch an Verleumdung einer großen Gruppe von Menschen, die durch einen verbissenen Aktionismus an den Rand unserer Gesellschaft getrieben werden soll. Mit einer klaren, politischen Handschrift radikaler Linker.

Mittlerweile kann ich solche Kampagnen einordnen, wird man aber erstmals damit konfrontiert, verfehlen sie ihre Wirkung nicht. Vor einiger Zeit besuchte mich meine Schwester in Erfurt. Ihr fiel das Pamphlet gegen den Professor von campus mackerfrei zufällig in die Hände. Merklich irritiert hakte sie nach, warum an der Universität Erfurt so viele Gewalttaten gegen Frauen passieren würden. Ihr selbst seien von ihrer Hochschule in Nürnberg keine in dem hier suggerierten Ausmaß vergleichbaren Vorkommnisse bekannt.

»Wahnsinn«, dachte ich mir, »es macht den Menschen Angst, verharmlost damit gleichzeitig Opfer von sexuellen Übergriffen und diffamiert dazu auch noch die Hälfte der Kommilitonen.« So setzt auch das FEMFO in seiner Versammlungseinladung voraus, dass Opfer von »patriarchaler Diskriminierung« kommen würden. Dass ein Extra-Tagesordnungspunkt für diese Personen angesetzt wurde, suggeriert mir als Leserin, dass diese Form von Diskriminierung eine große Anzahl an Frauen betrifft, die nun in einem eigens dafür etablierten »sicheren Raum« darüber sprechen können.

Undemokratische Vorgehensweisen

Hinter dem Konzept der Safe Spaces steht die Idee, eine inklusive Umgebung, frei von diskriminierenden Äußerungen, zu schaffen. Dies soll insbesondere marginalisierte Gruppen schützen, damit sie sich willkommen und sicher auf dem Campus fühlen, egal welche »Identität« oder welchen Hintergrund sie haben.

Das Konzept der Safe Spaces etablierte sich in den USA in den 1960er-Jahren während der zweiten feministischen Bewegung. Damals ging es vor allem um Schutzräume für Frauen, die in Ruhe Geschlechtergerechtigkeit diskutieren wollten. In den letzten Jahren verbreitete sich das Konzept rasant – erst an US-amerikanischen Universitäten, später an britischen und deutschen. Gruppen fordern mittlerweile Safe Spaces als offizielle Richtlinie an Universitäten. Die heutigen sogenannten Schutzräume unterscheiden sich von den ursprünglichen aber in zwei Punkten. Erstens stellen identitätspolitische Aspekte das Konzept vor neue Fragen: Wie unterscheidet sich z. B. ein Schutzraum für weiße, homosexuelle Frauen von einem für schwarze, heterosexuelle? Zweitens versteht man Safe Spaces heute nicht mehr wie ursprünglich als Debattenräume für spezifische Fragestellungen, zu denen es unterschiedliche Ansichten gibt. Es handelt sich vielmehr um einen Raum, der einem Individuum Schutz vor sämtlichen psychischen Verletzungen – sei es durch Handlungen, Wörter oder Bilder – verspricht.

In diesem Zusammenhang steht die Methode, Einzelpersonen kein Rederecht zu gewähren. Hier spricht man von No-Platforming oder Cancelling. Prominente Beispiele aus der Vergangenheit sind die feministischen Autorinnen Caroline Fourest und Germaine Greer. Sie beide wurden bei Vorträgen in Berlin und Wales gecancelt – von linken Studenten. In ihrem Buch »Generation Beleidigt« geht Fourest, französische Feministin der ersten Stunde, mit der linken Selbstgerechtigkeit hart ins Gericht. Ihre Analyse, die sich vornehmlich auf die Verhältnisse in Frankreich bezieht, lässt sich auch in weiten Teilen auf die in Deutschland um sich greifende Cancel Culture übertragen, die kuriose Blüten treibt und nicht selten bitterernste Folgen hat.

In den sognannten Schutzräumen werden letztendlich keine Debatten mehr geführt. Es geht nicht mehr darum, gesellschaftliche Missstände zu diskutieren. Die Safe Spaces, die insbesondere im studentischen Umfeld verortet und in den USA und Großbritannien noch um ein Vielfaches radikaler sind, haben mehrheitlich zum Ziel, Einheitsmeinungen zusammenzuführen und gegen andere »böse« Gruppierungen vorzugehen. Für ihren kritischen Standpunkt zu diesen »Schutzräumen« wurde Fourest selbst gecancelt.

Eine andere Strategie zur Schaffung einer inklusiven Umgebung sind Triggerwarnungen. Bei einer Triggerwarnung handelt es sich grundsätzlich um eine Warnung vor Inhalten, die etwas Negatives in einer Person auslösen können. Ursprünglich kommt der Begriff »Trigger« aus der Psychologie. Er beschreibt Dinge, die Erinnerungen an traumatische Erlebnisse auslösen. Vor allem kennt man solche Warnungen aus dem Fernsehen. Wenn dort beispielsweise eine Vergewaltigungsszene gezeigt wird, sollen Menschen, die aufgrund von Erlebtem traumatisiert sein könnten, vorher darauf hingewiesen werden.

Diese »Warnungen« wurden im Kontext der Universität aber ad absurdum geführt. Unterrichtsmaterialien werden mit Hinweisen versehen, die vor besonders sensiblen Inhalten warnen sollen. Diese Triggerwarnungen beziehen sich aber nicht mehr nur auf Inhalte, die objektiv seelische Erschütterung hervorrufen können. Vielmehr wird vor allem gewarnt, was subjektiv als diskriminierend wahrgenommen werden könnte. Auch das Verbot gegnerischer Gruppen und beleidigenden Materials auf dem Campus fällt darunter.

In den USA führte das zu folgendem Szenario: Dozenten geben Triggerwarnungen heraus, bevor sie Studenten mit bestimmten Lehrinhalten konfrontieren – z. B. Gewaltdarstellungen in Filmen, aber auch rassistischer Sprache in Unterrichtstexten wie Literatur des 19. Jahrhunderts. Sogleich wird den Studenten die Entscheidung selbst überlassen, ob sie sich mit dem Lernstoff auseinandersetzen möchten – oder nicht.

Dasselbe auch in Großbritannien. Eine Studie, die zu Beginn des Jahres veröffentlicht wurde, registrierte 148 Dinge und Institutionen, die im vergangenen Jahr an britischen Universitäten verboten wurden, darunter Zeitungen, Musik und Studentenclubs. Hat eine Triggerwarnung »Erfolg«, also wird sich nicht mit einem Lehrinhalt beschäftigt, so wurde er allein aufgrund subjektiver Empfindungen vom Plan gestrichen. Dabei reicht es, wenn nur eine Handvoll an Personen so fühlen. Statt sich kritisch mit Inhalten auseinanderzusetzen, wird ein Safe Space geschaffen, der einen Wohlfühlmodus ohne Kontroversen schafft. In welcher Welt würden wir leben, wenn jeder nach seinem eigens Erlebten oder Gefühlten in die Position käme, Filme, Bücher, Aussagen

oder Gruppierungen mundtot zu machen und zu verbieten? Bei Inhalten, die gecancelt oder durch Triggerwarnungen gekennzeichnet werden, handelt es sich schon lange nicht mehr nur um extremistische bzw. radikale Äußerungen oder Personen.
Die Logik funktioniert so: Aufgrund meiner Identität als Frau empfinde ich die Anwesenheit eines Mannes als unzumutbar. Jahrhundertelang haben Männer uns Frauen (nicht mich, sondern meine weiblichen Vorfahren, aber das ist in dieser Vorstellung des schuldbehafteten Mannes das Gleiche) unterdrückt. Daher ist die Meinung des Mannes bei einer Debatte um Gleichberechtigung nicht erwünscht. Ich gebe ihm in meinem Safe Space, in dem ich mit anderen Frauen über diese Ungerechtigkeit debattenlos spreche, keine Plattform.
Selbst wenn der Mann mehr Feminist ist als ich (ich würde mich nie als »Feministin« bezeichnen, auch wenn ich mich für Gleichberechtigung einsetze), so bleibt er doch ein Mann. Und wenn ich eine Gesprächsbeteiligung dieses Mannes als meine Identität verletzend wahrnehme, dann ist das mein subjektives Empfinden und die Begründung dafür, weshalb No-Platforming legitim ist.
Mobbing – der Begriff liegt nicht fern, wenn es um das Thema Ausgrenzung geht. Und dennoch ist es ein Instrument, das für sich allein steht. Dass es an Schulen von Mitschülern immer wieder zu Mobbingvorfällen kommt, ist den meisten bekannt – leider. Als Mittel sicherlich bewusster eingesetzt als unter Schülern, werden andersdenkende oder andersauftretende Personen am Campus gezielt gemobbt. In Gestalt denunziatorischer Kettenbriefe oder anhaltender Protest- und Einschüchterungskampagnen kann auch campus mackerfrei des Mobbings überführt werden. Charakterisierend dafür ist eine krasse Verurteilung eines Menschen durch eine eigene, aber illegitime »Gerichtsbarkeit«.
Mobbing ist darüber hinaus ein Instrument, das den wohl verbreitetsten und wirksamsten Mechanismus für die Bedrohung der Meinungsfreiheit hervorruft: die Selbstzensur. Kostspielige soziale Sanktionen wie Ausschluss werden gegen diejenigen ver-

hängt, die kontroverse Überzeugungen zum Ausdruck bringen. In der Folge entwickelt sich die – an den deutschen Hochschulen mittlerweile ebenfalls erprobte – Schweigespirale. Je mehr sich selbst zensieren, desto schneller verschwinden auf diese Weise allmählich Minderheitsstandpunkte aus der öffentlichen Diskussion. Wenn alle schweigen, woher weiß ich, dass ich nicht die Einzige mit meiner Meinung bin? Lieber suche ich mir erst einen Verbündeten, ehe ich meine abweichende Position äußere. Und wenn ich diesen nie finde, weil sich niemand entsprechend äußert? Dann schweige ich.

Wie Julian Nida-Rümelin in seinem Plädoyer für eigenständiges Denken »Cancel Culture – Ende der Aufklärung?« beschreibt, ist die Praxis, unliebsame Meinungen zum Schweigen zu bringen, uralt. Seit der Antike hätten sich die unterschiedlichsten Formen entwickelt. In der Demokratie sei es unser aller Aufgabe, sich gegen diese Praxis des No-Platforming und der Verfolgung Andersdenkender zu wenden.

Denn die undemokratischen Vorgehensweisen drehen den diskursiven Standards den Hahn ab. Es ist nicht nur das persönliche Empfinden, welches Cancel Culture antreibt. Es ist auch die Auflösung bewährter Diskussionspraktiken, die als überholt abgelehnt werden und Methodiken wie Safe Spaces, Triggerwarnungen, Mobbing und in der Folge Selbstzensur hervorrufen. An ihre Stelle treten neue Begrifflichkeiten und Kategorien, die die Gesellschaft fragmentieren. Die angeblich am meisten marginalisierten Gruppen werden die bedeutsamsten.

Frisst die Revolution ihre eigenen Kinder?

Vermeintlich diskriminierte Minderheiten werden hauptsächlich aber dazu instrumentalisiert, politisch linke Narrative und Ansichten zu platzieren: etwa ein kollektivistisches Denkmuster. Um dies durchzusetzen, müssen Rassismus und Diskriminierung mit allen Mitteln sichtbar gemacht und im öffentlichen Gedächtnis in der Gegenwart gehalten werden. Diejenigen, die aktuell noch am sichtbarsten sind, die Mehrheit, werden als Feindbild definiert. Es dient der Abgrenzung: die gegen wir. Wie sonst soll man wissen, wer böse und wer gut ist? Das ist Identitätspolitik und der heutige Zeitgeist.

Ein paar Beispiele: Im Juli 2023 wurde an der Europa-Universität in Flensburg die Bronzeplastik des Künstlers Fritz During entfernt, die eine nackte Frau darstellt: Wegen ihres breiten Beckens fühlten sich Studentinnen unwohl. An ihrer Stelle steht nun ein Fragezeichen in Regenbogenfarben. Die Studentinnen haben die Skulptur aufgrund ihres subjektiven Empfindens moniert. In einem Meinungsbeitrag kommentierte eine Autorin kopfschüttelnd: »Die Frau wird zum Verschwinden gebracht, und alle anderen Geschlechter werden unter dem Regenbogen versammelt, damit niemand ausgegrenzt wird.«

»Mama«: Eines der ersten Worte – auch in wortverwandter Variante möglich – aus dem Mund eines Kleinkinds. Ob Mama oder Mutter, es sind Begriffe, die nicht nur im biologischen, sondern vielmehr im sozialen Sinne den Bezug zwischen Kind und Mutter formen und definieren.

Nicht aber im öffentlich-rechtlichen Rundfunk! In einem Bericht auf der Webseite der »Tagesschau« war Anfang April 2023 nur von »gebärenden« oder »entbindenden Personen« die Rede. Die ARD hatte mit der Absicht, Rücksicht auf eine sehr kleine Minderheit von Inter- und Transsexuellen zu nehmen, die halbe Menschheit einfach mal so marginalisiert. Indem Frauen auf solche Weise auf ihre reproduktive Biologie reduziert werden, werden sie unsichtbar gemacht.

Wieder einmal »Tatort« Unitoilette: Auf den Fliesen an der Wand finden sich mit schwarzem und gelbem Permanentmarker acht nebeneinander dargestellte gezeichnete Vulven. Sie versinnbildlichen die neuen Begriffe, mit denen eine Frau bezeichnet wird: Wir sind nun »menstruierende Personen« oder »Körper mit einer Vagina«. Diese Bezeichnungen für »Frau« fallen auch

in Gesprächen mit Kommilitonen immer wieder. »Als menstruierende Person finde ich das Thema des Seminars sehr gut«; solche Sätze fallen wirklich! Es ist ein weiteres Beispiel für die illiberalen Irrungen und Wirrungen an den Universitäten.
Die Reduktion von Frauen auf einzelne Körperteile bringt sie nicht nur zum Verschwinden, sondern hat auch existenzielle Folgen: Wenn Frauen, die nach wie vor viel häufiger als Männer Opfer von häuslicher Gewalt oder sexueller Nötigung sind, nicht mehr als solche benannt und sichtbar gemacht werden dürfen, wie kann ihnen dann noch geholfen werden? Die Tagesschau ist zurückgerudert und hinterließ eine Welle der Empörung und Fassungslosigkeit: Zu Recht – die Reduktion der Frau auf ihre Gebärmutter und ihre einzige Aufgabe, Kinder zu bekommen und großzuziehen, gab es viel zu lange. Verstaubter, beinahe mittelalterlicher geht es wohl kaum!
Die »Frau« musste der linken Identitätspolitik weichen, denn sie existiert in dieser Logik gar nicht mehr. Mitunter in der Denkweise des Queerfeminismus, einer Strömung des Feminismus, wurde die zweigeschlechtliche Aufteilung (Frau und Mann) komplett aufgelöst. Sie wäre eine Art gesellschaftliches Zwangskonstrukt, dass jeden in eine der beiden Geschlechterrollen stecken würde. Frisst die (feministische) Revolution ihre eigenen Kinder? Wenn es nach Fourest und Greer geht, dann würde diese Frage mit einem deutlichen »Ja« beantwortet werden.
Narrative setzen sich durch, die nicht mehr Individualität im Gemeinsamen als Messlatte anstreben, sondern bloßes Schubladendenken als Maxime ansetzen. Das ist linke, moralisierende Identitätspolitik, die von der deutschen Medienlandschaft ganz offensichtlich gefördert und forciert wird. Die Gesellschaft wird nach Kategorien wie der Hautfarbe, der Sexualität oder der Herkunft in Gruppen eingeteilt. Diese identitätspolitischen Auswüchse sind weniger Zeichen von Hyperindividualismus, wie es manche umdeutend postulieren, sondern Zeichen eines neuen Kollektivismus – eines Denkens in moralischen Hierarchien. Zu-

rück bleibt die vehemente Betonung der Unterschiede zwischen den Kategorien.

Im Instagram-Post vom FEMFO wird ein Teil dieser von der identitätspolitischen Logik abgedeckten Gruppen aufgezählt: Frauen, Lesben, intergeschlechtliche, nicht-binäre, trans und agender Personen. Alle Gruppen mögen in ihren »Identitäten« auch Überschneidungen haben. Im Grunde werden hier aber Kategorien abgebildet, die aufgrund ihrer Minderheitenstellung (es gibt weniger homosexuelle als heterosexuelle Frauen) überdurchschnittlich hohe Referenzen erhalten. Die Ansprüche jener Gruppierungen werden über die Interessen der Mehrheit gehoben. Denn es gelten nun Alleinvertretungsansprüche. Eine Kategorie repräsentieren, das können in dieser Welt nur Angehörige der betroffenen Gruppe.

Dabei handelt es sich nicht nur um eine reine Interessenvertretung. Natürlich können von Einschränkungen oder Ereignissen Betroffene am besten beschreiben, wie ihr Befinden ist oder wie sie ihren Alltag meistern.

Die »linken Identitären« gehen aber einen ganzen Schritt weiter. Eine Gruppe fühlt sich nicht von Personen repräsentiert, welche außerhalb dieser Kategorie stehen. Argumentiert wird, dass beispielsweise nur homosexuelle Menschen andere Homosexuelle und deren Interessen vertreten könnten. Wieso? Weil nur sie wissen, wie es ist, homosexuell zu sein. Daher dürfen nur Angehörige dieser Gruppe eine Meinung dazu haben.

Damit wird, wie die Journalistin Anna Schneider analysiert, eine unverrückbare Wahrheit beansprucht, die zudem unhinterfragbar ist. Denn sie resultiert aus subjektivem Empfinden. Nicht das sachliche Argument qualifiziert das Gesagte, sondern die Identität des Sprechers. Derartige Alleinvertretungsansprüche von Gruppen führen langfristig zum Erliegen des demokratischen Diskurses. Die Debattenkultur verändert sich.

Die Lösung von politischen Uneinigkeiten ist nun nicht mehr der Kompromiss, sondern ein Netz aus unhinterfragbaren Positionen

einzelner Gruppen und Grüppchen. Will man ihnen widersprechen oder dagegen argumentieren, wird man abgeblockt. Man könne gar nicht mitreden, da man nicht der Gruppe angehört oder mit seiner bloßen Anwesenheit Mitglieder dieses Kreises verletzen könnte. So wie bei der Versammlung vom FEMFO eben nur Personen der fünf angesprochenen Kategorien zum Nachgespräch eingeladen wurden. Andere sind nicht erwünscht.
So weit, so schlecht. Aber es geht noch weiter. Nicht nur subjektives Empfinden, der repräsentative Alleinvertretungsanspruch und die Auflösung von Strukturen, beispielsweise der Geschlechter, spielen eine entscheidende Rolle bei der Bildung von Kategorien und der Kategorisierung von Menschen. Auch gilt es ein Feindbild zu definieren, gegen das die Ansprüche nicht nur vehement vertreten werden, sondern welches auch bekämpft werden muss. Meistens ist es der (alte) »weiße, heterosexuelle Mann« – der sogenannte Cis-Mann (ich merke gerade, dass die Word-Rechtschreibkorrektur diesen Begriff sogar kennt. Uff!). So hat campus mackerfrei die auf dem Erfurter Campus vermeintlich existierenden patriarchalen Strukturen – alias fast alle Männer – als die »Bösen« ausgemacht, die bekämpft werden müssen.
Ist denn die Gruppe der homosexuellen Männer hiervon wirklich ausgenommen? Können sie denn nicht auch »trotz« ihrer sexuellen Orientierung patriarchalische Strukturen ausleben und durch ihr Verhalten stärken? Und was ist mit den transsexuellen Männern?
Bis auf die eine oder andere Unschärfe in der Beschreibung eines »Mackers« scheint dieser Fall relativ eindeutig, was die moralische Aufteilung in Gut und Böse betrifft. Aber wie sieht es mit der offenbar benachteiligten Gruppe der Frauen aus? Gegenüber Männern scheinen sie »die Guten« zu sein bzw. die Gruppe, welche man – nicht ganz unbegründet – zum Beispiel vor sexuellen Übergriffen schützen sollte. Was aber, wenn die Gruppe der Queerfeministen die Geschlechter einfach auflöst? Wie sollen dann »die Guten«, also sichtbar zu Machenden, bestimmt werden?

Die Ironie dieser Logik ist: Die Frauen werden unsichtbar gemacht, wie etwa im Falle der Skulptur aus Flensburg, und durch in Piktogrammformat gemalte Vulven an der Toilettenwand reduziert. Die Männer aber bleiben. Der Cis-Mann ist zwar das Feindbild. Im Gegensatz zur Frau wird er aber nicht symbolhaft abstrahiert.

Ich frage einmal mehr: Frisst die Revolution ihre eigenen Kinder?

»Halt die Fresse, Franca!«

Wenn Sie jeden Tag im Campus-Umfeld verbringen, gewöhnen Sie sich an die Atmosphäre und empfinden die geschilderte Szenerie als »normal«. Obwohl Sie genau wissen: Das ist nicht die Normalität, aber es ist die akademische Realität. Jedenfalls im studentischen Milieu.

Die kritische Auseinandersetzung mit Flüchtlingskrise und Asylpolitik im Jahr 2015 und den Jahren danach wird vielfach pauschal als rassistische Äußerung gegenüber Asylsuchenden und Migranten ausgelegt. Die Ablehnung von Quoten in Vorständen oder Parlamenten sei diskriminierend gegenüber jeder Frau – in der Logik linker Identitätspolitik sind Frauen unterrepräsentiert und werden gegenüber Männern daher als diskriminiert eingestuft. Weder sind aber Frauen eine Minderheit, noch sind sie »schwach«. Dass sie in Gremien immer noch gegenüber Männern unterrepräsentiert sind, ist richtig. Aber gibt diese Tatsache einen berechtigten Anlass dazu, im 21. Jahrhundert eine strukturelle (!) Diskriminierung der Frau zu unterstellen?

Ich gebe an dieser Stelle aber Entwarnung für die Männerwelt. Glauben Sie nicht, dass ich als Frau keinem Feindbild der linken Identitätspolitik ausgesetzt bin, nur weil mein Geschlecht mich schützen könnte. Denn selbst ich, die ich als selbstbewusst und durchsetzungsstark gelte, sehe mich damit konfrontiert, dass meine subjektive Empfindung (die ja in der Identitätspolitik eigentlich als Maxime gilt) keinen Geltungsanspruch hat. Denn

fatalerweise zähle ich als CDUlerin zu dem Klub, der mit seiner bösen konservativen Haltung jahrzehntelang dazu beigetragen hat, dass das Patriarchat in Deutschland herrschen konnte.
Ich hoffe, Sie verstehen die Ironie. Ich würde mich zwar nie als Feministin bezeichnen, denn meines Erachtens ist dieser Begriff politisch viel zu sehr aufgeladen und mit (parteipolitischen) Strömungen und Inhalten verknüpft, von denen ich Abstand halte. Aber natürlich setze ich mich als junge Frau für weitere Gleichberechtigung ein und möchte wirksame Impulse setzen.
»Halt die Fresse, Franca! Nur weil du dich nicht benachteiligt fühlst, heißt das nicht, dass einige Frauen* nicht benachteiligt sind. Und dann muss man eben mal gemeinsam für die Gleich stellung kämpfen und nicht den Kräften, die sich dafür einsetzen, in den Rücken fallen.« Meine ehemals gute Freundin und Kommilitonin, Charlotte, schrieb mir diese bereits anfangs zitierte Nachricht auf Instagram. Grund dafür war meine Haltung zur Frauenquote in Parteigremien. Ich würde patriarchale Strukturen verstärken und damit denen helfen, die es in meiner Partei ohnehin nicht so schwer hätten – also Männern.
Bei solchen Nachrichten muss ich schlucken. Denn auf der einen Seite setze ich mich genau für das gegenteilige Ziel ein: mehr Frauen in der Politik, in Führungspositionen, in der Wissenschaft, überall, wo es mehr von uns braucht. Auf der anderen Seite tue ich das auf meine Weise und mit meinen Mitteln und Strategien. Mein Handeln ist sicherlich nicht die Universallösung, aber möglicherweise ein konstruktiver Beitrag zu einer Verbesserung.
Und wieder erkennt man die Schwarz-Weiß-Malerei: Woher will Charlotte denn wissen, ob ich nie benachteiligt wurde? Ich habe in meinen wenigen Jahren als junge Erwachsene einige sehr unfaire Situationen erlebt, in denen mein Geschlecht eine Rolle gespielt hat. Das ändert aber nun einmal nichts an meiner Haltung zur Frauenquote. Wenn ich mich selbst dafür entscheide, Quoten abzulehnen, weil ich sie für überholt und falsch halte, dann nicht deshalb, um anderen in den Rücken zu fallen. Oder um Männern

die Unterdrückung der Frau zu ermöglichen. Sondern weil ich überzeugt von der gesellschaftlichen Wirkkraft meiner Position und Vorgehensweise bin.

Wenn eine Frau wie in meinem Fall aus der Frauen-Schublade mit vorbestimmten Handlungsanweisungen ausbricht, ist sie selbst Gegenstand der moralisierenden Ächtung. Denn sie sabotiert das gemeinsame Ziel, für das es eben nur den vermeintlich einen, vorgegebenen Weg gibt. Mein Weg ist es, herauszustellen, wo ich besser bin als andere – ob Mann oder Frau. Ich will keine Quote, die mich von vorneherein privilegiert. Individuelle Vorgehensweisen, alternative Ansätze, die einen anderen Weg gehen, aber dasselbe Ziel anstreben? Fehlanzeige, das sieht die Political Correctness nicht vor. Also obwohl ich genauso meine Erfahrungen »als Frau« mache, dennoch aber gegen die Frauenquote bin, gehöre ich nicht zu »den Guten«. Wahrscheinlich wäre ich auch beim Nachgespräch vom FEMFO unerwünscht gewesen.

Immer deutlicher wird für mich, dass es nicht um echte Berücksichtigung möglichst vielfältiger Interessen und Perspektiven geht, sondern um einen zunehmend engeren Meinungskorridor, der eingehalten werden muss (will man nicht zum Außenseiter, einem sogenannten Andersdenkenden werden). Er ist klar definiert, wie bei dem Politikwissenschaftler Wolfgang Merkel zu lesen ist:

Der Rahmen des moralisch »Sagbaren« wird von der Political Correctness definiert. Sie versucht, bestimmte sprachliche Ausdrücke bzw. Vorstellungen aus der Öffentlichkeit auszusondern, um andere Ziele wie Nichtdiskriminierung, Minderheitenrechte und Inklusion zu fördern. Bei Political Correctness handelt es sich nicht um Gesetze, sondern um eine Form sozialen Meinungsdrucks. Argumente werden nicht im argumentativen Widerstreit angeführt, sondern begrifflich als indiskutabel ausgewiesen. Politisch nicht korrekte Argumente, also solche der moralisch falschen Gesinnung, werden als schlecht oder diskriminierend skandalisiert und aus der Debatte ausgeschlossen. Die Person gilt öffentlich und auch im privaten Umfeld als moralisch schlechter Mensch. Ihr wird das Recht ihrer Meinung bzw. Stimme abgesprochen sowie die Möglichkeit genommen, an der Klärung von politischen Streitfragen mitzuarbeiten, etwa durch No-Platforming, Cancelling oder Safe Spaces. Darüber hinaus wird die Person aus dem politischen Diskurs ausgeschlossen, in dem über die Illegitimität ihrer sprachlichen Äußerungen verhandelt wird oder wurde.

Der Konformitätsdruck wird gleichzeitig größer. Das moralisch »Böse« – in diesem Fall das Patriarchat, das sowieso jede Frau und auch jeder Mann, der im Besitz eines rationalen, weltgewandten Bewusstseins und Verstandes ist, ablehnt – wird als Konsequenz aufgezeigt. Die Toleranzbereitschaft der Gesellschaft nimmt ab, immer öfter werden Debatten über »Vanilla-Girls« und andere angeblich diskriminierende Trends auch in der deutschen Presse geführt. Debatten, die mir surreal vorkommen.

Vanilla-Girls sind meistens blond oder blond gefärbt. Sie tragen Beige, Weiß oder Crème, flauschige Wolle und fellige Ugg-Stiefel. Alles ist pastellig, weich und lieblich. In diesen hellen Tönen gehalten sind auch ihre Wohnungen durchgestylt. Dort stehen Sofas mit Bouclé-Bezügen, Duftkerzen und getrocknete Blumen. Es werde das Bild vermittelt, so geht eine Kritik, dass eine Frau perfekt aussehen müsse. Makelloser Teint, strahlende Natürlichkeit. Das sehe einfach aus, in Wahrheit seien sie aufwendig ungeschminkt geschminkt.

Weil sie »perfekt« aussehen und ihre Hautfarbe in Szene setzen – mit hellen Farben unterfüttert – gelten auch die Vanilla-Girls als diskriminierend. Die »Vanilla-Ästhetik« ist ein Trend, der zum Synonym für Weißsein geworden ist. Er schließe schwarze Frauen aus, auch schwere Frauen hätten es dadurch nicht einfacher in den sozialen Medien wie TikTok. Dort hatte auch diese Debatte ihren Ursprung, dort werden Gesinnungen moralisch streng beurteilt, wenn sie nicht ins eigene Weltbild passen. Die »Pastellfarbene Biederkeit«, wie *Die Zeit* titelte, ist teuer und wirbt für

Luxusartikel wie hochwertige Kosmetik. Sie ist zum Sinnbild der sozial besser Gestellten geworden. Alles Attribute, die als elitär und »rechts« gelten. Aber sie ist auch zum Inbegriff von (luxuriöser) Häuslichkeit geworden. Der Sieg des Patriarchats?
Nein, denn ich finde: Jeder nach seiner Fasson. Wem es beliebt, sich identisch mit seiner Wohneinrichtung zu kleiden, der soll es tun. Wer zu Hause bleiben will, weil er sich dort wohlfühlt, der soll auch das tun. Mich selbst macht es nicht glücklich, mein Geld für Einrichtung, Schminke oder Markenklamotten auszugeben. Lieber gehe ich auf Reisen oder trinke abends ein Bier mit Freunden. Aber deshalb die Vanilla-Girls als rechts und diskriminierend darstellen? Das empfinde ich als sehr intolerant, gleichwohl Kritik natürlich geäußert werden darf und soll, sofern sich Menschen dazu bemüßigt fühlen. Verunglimpfung aber gehört nicht dazu. Wieso müssen denn bestimmte Verhaltensweisen gleich immer eine politische Agenda haben? Sollten wir nicht gerade in einer pluralistischen Gesellschaft etwas mehr Toleranz leben?

Sind Studenten nun links?

Der Einfluss von Moralisierung und Political Correctness auf die Toleranzbereitschaft lässt sich auch an empirischen Daten ablesen. Eine Umfrage aus dem Jahr 2020 der Wissenschaftler Matthias Revers und Richard Traunmüller zeigt erschütternde Ergebnisse in Bezug auf die Toleranzbereitschaft von Studenten an der Goethe-Universität Frankfurt. Eine beträchtliche Mehrheit spricht sich einerseits für die Einschränkung der Meinungsfreiheit aus. Aus Angst, stigmatisiert und sozial isoliert zu werden, tendierten Studenten andererseits zur Selbstzensur. Darüber hinaus gab ein Viertel aller Befragten an, wegen ihrer Meinungsäußerung persönliche Zurückweisung erlebt zu haben, ein Drittel der Studenten fühlte sich in Vorlesungen gehemmt, die eigene Meinung offen zu sagen, von der sie wussten, dass sie im universitären Umfeld als kontrovers gilt – etwa wie die eingangs

erwähnte Verschwörungstheoretiker-Unterstellung eines Professors gegenüber meinem Kommilitonen: »Sie sollten solche Aussagen besser nicht treffen. Das grenzt an Verschwörung.«
Die Ergebnisse der Studie verweisen außerdem darauf, dass die Intoleranz gegenüber Andersdenkenden entlang einer politischen Einstellung verläuft. Studenten, die sich selbst auf der linken Seite des ideologischen Spektrums verorteten, tolerierten deutlich seltener kontroverse Redner, Dozenten oder Bücher. Wo Toleranzbereitschaft gegenüber Andersdenkenden sinkt, steigt die Gefahr einer zunehmend eingeschränkten Meinungs- und Wissenschaftsfreiheit. Sinkende Toleranzbereitschaft und Political Correctness bestärken sich darüber hinaus gegenseitig. Indem die politisch korrekten Meinungen Anklang finden und von Menschen weitergetragen werden, die wenig Toleranz gegenüber Andersdenkenden aufweisen, nehmen jene politisch korrekten Meinungen zu.
Im Umkehrschluss fühlen sich die »Intoleranten« in ihrem Vorgehen bestärkt. Denn je stärker der Political-Correctness-Mechanismus ausgeprägt ist, desto mehr werden Andersdenkende stigmatisiert und ausgegrenzt, desto höher sind der Konformitätsdruck und die Selbstzensur.
Sind Studenten nun links?
Die Antwort lautet: Ja und Nein. Und Jein.
Nein, weil es keine Erhebungen oder Umfragen unter Studenten gibt, die diese Frage eindeutig beantworten könnten. Ob die Mehrheit der Studenten in Deutschland linke Parteien – insbesondere Die Linke, SPD oder Grüne – wählt, wissen wir nicht. Viele der Studenten an deutschen Universitäten konzentrieren sich voll und ganz auf ihr Studium. Nur weil campus mackerfrei seine Sticker überall verteilt, heißt das nicht, dass dahinter mehrere Hundert Personen stehen. Nach eigenen Angaben handelt es sich bei dieser Gruppierung sogar nur um vereinzelte (ehemalige) Studenten. Wenn ich schätzen müsste, würde ich angeben, dass sich 8 bis 10 Prozent der Kommilitonen in irgendeiner Weise auf

dem Campus politisch engagieren oder ihre politische Meinung offen kundtun. Der Rest verhält sich passiv bis uninteressiert. Oder schweigt, weil keine Lust auf Diffamierung?
Ja, weil der Anteil der Studenten, die sich in das Universitätsgeschehen einbringen und politisch links eingestellt sind, spürbar in der Überzahl ist, vehement seine Meinung kundtut und auch vor radikalen Positionen nicht zurückschreckt. Läuft man über den Campus, gewinnt man den Eindruck, dass hier alle links sind.
Jein, weil ich glaube, dass die Frage anders zu stellen ist. Die Ergebnisse der zitierten Studie beispielsweise zielen nicht auf das Wahlverhalten oder die parteipolitische Gesinnung von Studenten ab. Es geht eher um die Frage, ob die Verengung des Meinungskorridors befürwortet wird oder nicht. Dies unterstützen Studenten, die sich selbst auf der linken Seite des ideologischen Spektrums verorten.
Man muss das Pferd also von hinten aufzäumen und fragen: Befürwortet eine Mehrheit der linken Studenten die Political Correctness und macht sie sich die Denkweise der linken Identitätspolitik zu eigen, um ihre Positionen durchzusetzen? Das würde ich sofort bejahen. Und daher erübrigt sich die Frage, welche politischen Forderungen mit den Instrumentarien der Political Correctness durchgesetzt werden und weshalb es den Anschein macht, dass Studenten alle links sind: Der Rest hat sich selbst zensiert.

3 – Ein Blick ins Innere der Black Box

Dass es im studentischen Milieu Menschen gibt, die linksextrem eingestellt sind, steht außer Frage. Sicher werden Sie aber staunen, mit welcher Wucht radikale Positionen vertreten und linksextremistische Parolen artikuliert werden. In diesem Kapitel haben Sie die Möglichkeit zu einem Blick hinter die Kulissen. Was zudem kaum jemandem geläufig ist, sind die Strukturen der studentischen Selbstverwaltung. Um die Black Box zu verstehen, möchte ich Ihnen außerdem auch die Funktionslogiken und Eigenheiten der Selbstverwaltung nahebringen.

Nach dem ersten Jahr an der Universität hatte ich bereits einen großen Freundeskreis. Wenn man abends durch die Erfurter Gassen, Kneipen und Bars tingelt, trifft man immer irgendjemanden, den man kennt, der wiederum andere Leute mit im Schlepptau hat. Ein Kommilitone, Leo, wohnte zu diesem Zeitpunkt in einem Haus, in dem mehrere Studenten-WGs auf fünf Etagen verteilt sind. In jeder WG wohnen zwischen acht und zehn Leute. Ich selbst war sehr froh, dort nicht zu wohnen und jedes Mal wieder nach Hause in mein relativ ruhiges Zimmer gehen zu können. Allerdings liefen in der D4 die besten WG-Partys, und dort traf man immer viele Kommilitonen aus anderen Disziplinen und Semestern.

Antifa und Linksextremismus

Schnell sprach sich herum, dass ich keine »Mainstream«-Meinung vertrat und auch eine anregende Diskussionspartnerin war, weshalb ich mir entweder schnippische Kommentare einfing oder permanent meine Positionen verteidigen musste. »Soso, du bist also die von der Union. Bist du auch für die Obergrenze? Der Seehofer spinnt ja wohl. NPD, AfD, CDU, CSU: Alles derselbe rechte Sumpf.«

Auf den Studentenpartys (und nicht nur dort) waren die allermeisten links. Viele waren bei der »Antifa«. Einige extrem eingestellt. Auf diese Art von Gesprächen hatte ich überhaupt keine Lust, schließlich war ich nicht zum Reden, sondern zum Feiern gekommen. Allein das Framing der Frage zeigte ja genau, dass kein Interesse an einer ernst gemeinten Diskussion über das Migrationsmanagement – oder wie auch immer man es nennen mag – bestand.

Dennoch konnte ich solche Unterstellungen und Aussagen nicht so stehen lassen. Und so ließ ich mich wieder und wieder auf die Gespräche ein, die mitunter in stundenlangen Diskussionen mündeten. Trotzdem hatte ich das Gefühl, etwas bewirkt und Thesen richtiggestellt zu haben und Verständnis für meine Positionen schaffen zu können. Mit Sympathie und Humor gelang es mir öfter, die aufgeheizte Stimmung in eine moderate Tonlage zu bringen. Und es machte mir Mut, dass politische Gräben vielleicht nicht überwunden werden, aber Haltung und Respekt immerhin zu mehr gegenseitigem Verständnis führen konnten.

Völlig unzugänglich für andere Positionen waren hingegen die »Antifanten«, also diejenigen, die sich der Antifa zurechneten. Radikale Narrative waren bereits gebildet, (linksextreme) Haltungen gefestigt. Mehrmals bekam ich nur einen abschätzigen Blick zugeworfen.

»Franca, die Antifa gibt es nicht! Schon gar nicht brauchst du die Leute hier als ideologisch zu bezeichnen, sie alle eint lediglich der Kampf gegen den Faschismus. Und das ist gut und das einzig Richtige!«

Oft hörte ich Sätze wie diesen. Selbstverständlich bin ich auch in jeder Hinsicht gegen Faschismus. Allerdings trennen mich und die »Antifa« – inhaltlich wie ideell – Lichtjahre. Was bedeutet

es aber, »Antifaschist« im Sinne der Antifa zu sein? Worin unterscheidet sich deren Antifaschismus von dem anderer? Welche Ziele werden verfolgt?
Antifa ist die Abkürzung für »Antifaschistische Aktion«. Es ist der Oberbegriff für verschiedene, im Regelfall eher locker strukturierte, autonome Strömungen der linken bis linksextremen Szene. So gibt es die eine Antifa nicht, aber einen logistischen Zusammenhang ihrer systemischen Strukturen und Bündnisse, Verzweigungen und Kooperationen. Daher ist es legitim, von einer Organisation zu sprechen. Sucht man auf Google das Begriffspaar »Antifa Thüringen« stößt man z. B. auf die Portalseite der »Antifaschistischen Gruppen Südthüringen (AGST)«, die sich als Plattform eines losen Bündnisses aus Gruppen und Einzelpersonen versteht. Sie sei offen für Mit- und Zuarbeit von Gruppen und Einzelpersonen, die im Sinne der antifaschistischen Grundsätze aktiv sind.
So heißt es auf der Portalseite zum Selbstverständnis der »losen Grüppchenbildung«:
»Bei der bloß beschreibenden Aufklärung über Nazistrukturen stehen zu bleiben, würde bedeuten, sich zum Instrument der herrschenden Ordnung zu machen, wie es bei den staatlich finanzierten Anti-Nazi-Initiativen längst Realität ist. Es würde bedeuten, die Antifa würde ein Deutschland ohne Nazis als etwas Erstrebenswertes ansehen. Abgesehen von der Unmöglichkeit eines solchen Deutschlands, widersprechen wir dieser Vorstellung generell. Wir kritisieren Naziideologie deshalb, weil sie eine regressivere Form bürgerlicher Ideologie ist. Sie als solche zu kritisieren, bedeutet die kapitalistische Gesellschaftsordnung als Ganze in die Kritik zu nehmen. Nazis sind ein logisches Produkt kapitalistischer Vergesellschaftung. Die Abschaffung ihrer Ideologie heißt den Kapitalismus und die bürgerliche Ideologie abzuschaffen.«
Unabhängig davon, ob die organisierten Damen und Herren Einzelpersonen, Grüppchen oder Großgruppen sein mögen, ob sie in einem eingetragenen Verein organisiert sind oder eben nicht:

Sie verfolgen ein gemeinsames, klar linksradikales Ziel. Und das nicht nur in Südthüringen, sondern deutschlandweit und international. Viele der Antifanten sind in Parteien oder anderen politisch engagierten Verbänden und Vereinen aktiv. Ihre radikalen Ideen und Positionen sind daher sehr wohl in bestehende Strukturen integriert.

Mit Parolen wie den oben zitierten fehlinterpretieren und verharmlosen sie nicht nur den Nationalsozialismus, indem der Kapitalismus, unsere bestehende Wirtschaftsordnung, mit nationalsozialistischen Strukturen gleichgestellt wird. Sie verunglimpfen Menschen und legitimieren Gewalt. Für ein vermeintlich legitimes Ziel. Selbst wenn nicht alle Antifanten Gewalt als Mittel wählen, so dulden sie diese doch. Es muss angesichts der sehr konkreten Formulierungen jedem bewusst sein, mit welch extremen Vorstellungen sich die Anhänger der Antifa beschäftigen und welcher Instrumente sie sich bedienen.

Linksextremismus will keine Demokratie. Die Forderung nach der Abschaffung der »bürgerlichen Ideologie«, die in diesem Verständnis der AGST als Präludium einer drohenden Naziherrschaft bezeichnet wird, schmäht all diejenigen, die sich als bürgerlich bezeichnen oder gemeinhin als bürgerlich gelten. Während das Deutsche Wörterbuch der Gebrüder Grimm »bürgerlich« zunächst noch als »gegensatz zu edel und adellich« definiert und sich in diesem Standardwerk der Sprache auch schon Attribute des Bürgerlichen wie »sparsam«, »ehrbar« und »höflich« finden, kennt das Französische für die Sache zwei Begriffe: »Citoyen« bezeichnet den Staatsbürger allgemein, die »Bourgeoisie« hingegen ist das Bürgertum als Schicht oder Klasse. Das Bürgertum als Klasse – darüber sind sich die meisten Historiker einig – gibt es jedoch seit dem Ende des Zweiten Weltkriegs nicht mehr. Bürgerlich, das ist heutzutage die Mitte im politischen, die Mittelschicht im gesellschaftlichen Sinne. Zu den bürgerlichen Tugenden zählen gemeinhin Gesetzestreue, Bescheidenheit, Zuverlässigkeit und Verantwortungsbewusstsein. Wer das Bürgerliche vornehmlich als Citoyen versteht, für den wären nicht bloß CDU und FDP in diesem Lager zu verorten, sondern im Grunde alle demokratischen Parteien.

Diese Interpretation wird untermauert durch die Tatsache, dass die ehemalige SED-Propaganda den Ausdruck »bürgerlich« als Schmähung verwendete. Ebenso antibürgerlich war die Ideologie der Nationalsozialisten.

Diese Begriffsdefinitionen aber sind den Antifanten egal, sie haben ihre ganz eigene Vorstellung des zu bekämpfenden, spießigen und restriktiven Bürgerlichen. Aus dem Mund von radikalen Linken wird »bürgerlich« als Schimpfwort eingesetzt und nach wie vor mit der Bedeutung »bourgeois« vermengt. Erwartbar sind in ihren Augen bürgerliche Parteien im rechten, liberalen und konservativen Spektrum zu finden. Das Bürgertum verkörpert aus ihrer Sicht reaktionären Dünkel, Ausbeutung und »den Muff von tausend Jahren«. Gegen »das Bürgerliche« vorzugehen ist für diese Gruppe die positive Zurschaustellung ihrer Staatsverachtung.

»Nie wieder Faschismus« – das will ich auch. Aber diese Forderung rechtfertigt nicht, zu bedrohen und zu verunglimpfen. Später wird meine ehemalige Freundin Charlotte in einem Interview mit einem deutschlandweiten Online-Magazin die Gewalt gegen Sachen und Menschen rechtfertigen: solange es der politischen Zielsetzung helfe. Autos anzünden, Menschen verletzen, vielleicht sogar töten? Das klingt schlimm. Würde eine junge Frau, emanzipiert und klug, wirklich so etwas wollen? Aber was, wenn die Ideologie genau das vorgibt? Wenn Antifanten in mir und anderen die Hinleitung zum Nationalsozialismus erkennen wollen und einen entsprechenden Handlungsdrang entwickeln? Wenn sie fest an diese Ideologie glauben?

Später zog Charlotte nach Leipzig-Connewitz und leistete im Strafprozess vor dem Staatsschutzsenat des Oberlandesgerichts Dresden der linksextremistischen Studentin Lina E. Beistand, die dort im Mai 2023 wegen mitgliedschaftlicher Beteiligung an einer kriminellen Vereinigung, mehrfacher gefährlicher Körperverletzung, Sachbeschädigung, Urkundenfälschung, Diebstahl und Nötigung zu einer Freiheitsstrafe von fünf Jahren und drei Monaten verurteilt wurde.

Die linksradikale Szene glaubt, dass Liberale und Konservative die Vorstufe zum Faschismus bilden. Ich verstand schnell, dass ich als Unionsmitglied mit rechtspopulistischen und rechtsextremistischen Parteien in einen Topf geworfen wurde, weil das eben genau deren Ideologie entsprach. Trotz meiner Argumente und Diskussionsbereitschaft.

Auf dem Campus sind diese linksradikalen bis linksextremen Forderungen en vogue. Wer sich als »Antifant« bezeichnet, ist beinahe cool. Und niemand hält damit hinter dem Berg. Es wird offen kommuniziert, fast schon zelebriert. Kommilitonen, von denen bekannt ist, dass sie auf Demonstrationen auch mal im »Schwarzen Block« mitlaufen, begegnet manch einer nahezu ehrfürchtig. »Schwarzer Block« ist keine feste Organisation, sondern eher eine Demonstrationstaktik. Der »Block« setzt sich vor allem aus Gruppen und Einzelpersonen des linken, autonomen und linksextremen Spektrums zusammen. Alle haben schwarze Kleidung an und vermummen sich, trotz eines entsprechenden Verbots. Folglich wirkt die Gruppe homogen, die Zuordnung von Gewalttaten zu Einzelpersonen wird erschwert, die Täter wollen sich dadurch der Strafverfolgung entziehen. Zu den Taktiken des Schwarzen Blocks gehören die Androhung und Ausübung von Massenmilitanz zur Durchsetzung politischer Ziele. Und so verwundert es nicht, dass es bei vielen einschlägigen Aktionen zu Gewaltausschreitungen und regelrechten Schlachten mit der Polizei kommt.

Mir war bewusst geworden, wie sehr dieses Umfeld dazu beitragen kann, Akzeptanz für radikale Meinungen zu schaffen und sie salonfähig zu machen. Ein Resonanzraum, in dem sehr linke Positionen vorherrschen und vertreten werden (in meinen ersten Semestern war das der Fall). Diese Auffassungen erscheinen zunehmend als maßgeblich. Man lernt auf dem Campus oder Partys Leute kennen, von denen man zu irgendwelchen Demonstrationen oder »Aktionen« eingeladen wird. Vielleicht lässt man sich davon anstecken und manipulieren. »Extrem zu sein« ist in diesem Umfeld ein Kompliment. Junge Menschen kokettieren selbstbewusst damit. Dieses Gedankengut wird zudem nicht als im verfassungsfeindlichen Sinn extremistisch begriffen, denn es ginge ja um die Gerechtigkeit und den »Kampf gegen den Faschismus«. Ein Kampf, bei dem Gewalt ein legitimes Mittel der Toolbox ist.

Freilich heißt das nicht, dass generell angehende Akademiker auf Demonstrationen rennen und unreflektiert linksextreme Parolen skandieren. Das hat bei mir ja auch zu keinem Zeitpunkt verfangen – und wird wahrscheinlich auch nur bei einer studentischen Minderheit auf echte Gefolgschaft stoßen. Dass allerdings der Campus ein Nährboden für linksextreme Gesinnungen sein kann, ist unumstritten. Meine Erfahrungen haben mir gezeigt, dass Radikalisierung nicht ausgeschlossen ist und die Universität ein idealer Ort, eine Black Box, die von außen nicht einsehbar ist, dafür sein kann.

Aufrufe zur Gewalt

Befinden sich Menschen dauerhaft in einer Blase, verändern und verengen sich Wahrnehmungen und verfestigen sich Positionen. Das gilt nicht nur für Echokammern in Form von Facebook-Gruppen im Internet, sondern eben auch für die linke Studentenblase. Beide bergen das Risiko einer langfristigen Radikalisierung. Während die Filterblasen-Diskussion über die Probleme der algorithmischen Strukturierung auf Social-Media-Plattformen im Netz dieses Risiko immer wieder zum Gegenstand der öffentlichen Debatte macht, liegen die Geschehnisse am Campus nicht im Blickfeld der öffentlichen Aufmerksamkeit. Hier entstehende Problemstellungen werden nicht gesehen. Und das, obwohl es knapp drei Millionen Studenten und rund 420 Hochschulen in ganz Deutschland gibt.

Die Universität spielt als gesellschaftlicher Faktor daher eine nicht unwesentliche Rolle. Wo Demokratie infrage gestellt wird und Verfassung abgeschafft werden soll, da ist Extremismus. Ob von rechts oder ob von links. Das steht für mich außer Frage.

Der Rechtsextremismus verlangt nach ethnischer Homogenität von Völkern, lehnt den Wertepluralismus einer liberalen Demokratie ab und versucht, demokratische Strukturen systematisch auszuhebeln bzw. zu unterwandern und die Demokratisierung rückgängig zu machen. Dagegen strebt der Linksextremismus die Beseitigung der kapitalistischen Gesellschaftsordnung, die die Ursache von Unfreiheit, Ungleichheit, Unterdrückung und Ausbeutung sei, durch eine grundlegende, revolutionäre Veränderung an. Beide Formen des Extremismus streben also nach der Überwindung einer demokratischen Verfasstheit und ihres Wertekanons.

Wieder einmal die beschmierten Toilettenwände. An keinem anderen Ort erhält man als Außenstehender einen so authentischen Einblick in linksradikale Denkmuster wie hier. Meistens sind es Antifa-Zeichen wie z. B. das umkreiste »A«, die mit Permanentmarker an die Wände gezeichnet werden. Das A steht für Anarchismus, eine linksextreme Strömung, die eine staats- und herrschaftsfreie (und damit verfassungsfeindliche) Gesellschaftsordnung anstrebt. Auch klassische Demonstrationsparolen der Antifa wie »Antifascista ...« sind dort vorzufinden. Vor nicht allzu langer Zeit hörte ich auf der Toilette in der Universitätsbibliothek zwei Frauen zueinander sagen: »Nazis töten ist auch echt bisschen sehr aggressiv!« Sie bezogen sich auf zwei Worte, die an mehrere Wände und Klopapierspender geschrieben worden sind. In fetter roter Farbe: »Nazis töten.« Morddrohungen gegen Menschen.

Auf wieder anderen Wänden standen die Parolen: »COPS töten«, es wird dazu aufgerufen, Polizisten zu ermorden, und

»#lützibleibt«, ein Hashtag, der die Protestaktionen im Hambacher Forst meint und die radikalen Aktionen von politisch linken Besetzern unterstützt. Im Waschbeckenvorraum dann in großen Zeichen geschrieben die Zahlenabfolge »161«. Ich hörte beim Händewaschen ein paar Tage später wiederum zwei Frauen zu, die sich fragten, was das denn bedeuten solle, wer für diese Schmierereien verantwortlich sei. Ich klinkte mich in das Gespräch ein und sagte: »Es meint die Antifa.« Denn die Zahlenfolge 161 steht hier für die entsprechenden Buchstaben aus dem Alphabet. 1 steht für den Buchstaben A und 6 für den Buchstaben F, also 161 für »AFA« als Abkürzung für Antifaschistische Aktion.

Ein schwarz-grauer Sticker, auf dem eine Hand im schwarzen Einweghandschuh aus Gummi abgebildet war und den Mittelfinger zeigte, schockierte mich nachhaltig. In Großbuchstaben stand dort »ANTIFA BLEIBT HANDARBEIT«, und weiter unten wurde kleiner und in roter Schrift spezifiziert: »Gegen Nazi-Hooligans und religiösen Fundamentalismus.« Die Botschaft ist klar: In diesem Fall bedeutet Handarbeit nicht Stricken oder Gärtnern, es bedeutet Prügeln und Verletzen.

Verglichen mit dieser Botschaft erscheint ein ebenfalls schwarzer Sticker mit geballter Faust, die ein Hakenkreuz zerschlägt und auf dem »Gegen Nazis in Erfurt und anderswo« steht, unserem Bildgedächtnis vertraut. Die geballte Faust steht für die Kampfbereitschaft von Linksextremisten. Sie wird sowohl von Kommunisten als Zeichen der sozialistischen Arbeiterbewegung verwendet als auch in der linksextremen Szene als Chiffre für Militanz. Eine Sticker-Variante der linken Jugendorganisation Linksjugend solid zeigt die geballte schwarze Faust mit Schraubenschlüssel, den sie stolz nach oben zu recken scheint. Diese Abbildung wird kontextualisiert mit dem Satz: »Wer nicht ausbildet, wird umgelegt!«

Mit wehenden Antifa-Fahnen prangt ein weiterer Sticker über der Klopapierrolle in grellem Rot mit der Aufschrift: »Kein Leben ohne Freiheit. Fight Capitalism 100%.« Dass Kapitalismus in dieser Szene gleichgesetzt wird mit dem »Bürgerlichen«, wurde bereits aufgezeigt. Es wird also dazu aufgerufen, alle Menschen aus dem breiten bürgerlichen Spektrum zu bekämpfen. Ein Aufruf zur Gewalt.

Für mich ist Linksextremismus menschenverachtend. Das sehen auf dem Campus nicht alle so. Selbst manche gemäßigten Studenten schreiben linksextremen Forderungen moralisch »bessere« Ziele zu und relativieren damit ihren extremistischen Hintergrund.

Der Linksextremismus darf nicht länger in seiner Bedrohlichkeit unterschätzt oder marginalisiert werden. Er ist eine reale Gefahr. Offensichtlich sind an der Universität Forderungen an der Tagesordnung, die Umsturzziele verfolgen, Drohungen aussprechen und zu Gewalt aufrufen. Dies verbunden mit bekannten Symbolen der linksextremen Szene.

Wieso gelangen diese unbestreitbar extremistischen Postulate – noch dazu in dieser Fülle – nicht an die Öffentlichkeit oder in die mediale Berichterstattung? Oder interessieren sie einfach nur niemanden? Ein wesentlicher Grund könnte sein, dass die Studentenblase ein eigenes, sozial überwiegend homogenes Umfeld mit eigenen politischen Dynamiken ist. Ob linke Identitätspolitik oder linksextreme Narrative: Dieses Umfeld kann dazu führen, dass die einen das Geschehen ignorieren, die anderen mit großer Inbrunst antizipieren – auch radikale Zielsetzungen. Ich fragte mich selbst immer wieder: »Wie kann es sein, dass ich außerhalb des Campus eine Mehrheitsmeinung vertrete, innerhalb aber eine absolute Minderheit ausmache?«

»**Black Box Uni**«: Sie hat noch eine andere Dimension. Eine eigene studentische Selbstverwaltungsstruktur, in der die Erklärung dafür liegen könnte, weshalb die Geschehnisse aus dem Innersten der Hochschulen nicht nach außen getragen werden.

Die studentische Selbstverwaltung

Die Universitäten und Hochschulen verwalten sich weitgehend selbst. Wichtige Entscheidungen zu Forschung, Lehre und Studium werden in den zentralen und dezentralen Hochschulgremien beschlossen. Dem sind durch die Landeshochschulgesetze und das Hochschulrahmengesetz Grenzen gesetzt.
Als Träger der Hochschulen stellen die Bundesländer die Grundfinanzierung sicher. Insgesamt kommen fast 90 Prozent der Finanzmittel der Hochschulen von der öffentlichen Hand – der überwiegende Teil – rund 75 Prozent – von den Ländern; der Bund ist an der Finanzierung von Forschungsprojekten beteiligt sowie durch sogenannte Forschungsbauten in die Finanzierung von Hochschulen eingebunden. Der Anteil des Bundes beläuft sich dadurch auf circa 15 Prozent.
Rund 10 Prozent der Mittel fließen aus privaten Quellen. Sie resultieren zum großen Teil aus der Auftragsforschung, umfassen aber auch Wissenschaftsförderung durch private Spender (Mäzenatentum), Sponsoring von Hochschulaktivitäten und Einnahmen aus Studienbeiträgen.
Das Hochschulrahmengesetz des Bundes sowie die 16 Hochschulgesetze der Länder regeln also den Umfang, in dem sich die Universitäten und Hochschulen selbst verwalten können. Im Akademischen Senat werden beispielsweise Entscheidungen getroffen, die die Schwerpunktsetzung von Fakultäten, Forschung und Lehrstühlen betreffen. Wissenschaft und Lehre sind ständig im Wandel, niemand – so ist das Argument für die Selbstverwaltung – ist näher am Geschehen als die Angehörigen einer Hochschule selbst. Sie sind am Puls der Zeit und des aktuellen Forschungsstandes. Die in der Bundesrepublik stark ausgeprägte Autonomie der Hochschulen verschafft ihnen eine große Unabhängigkeit gegenüber dem Staat. Die Hochschulautonomie ist traditionell kennzeichnend für die deutsche Universitätslandschaft. Das ist ein hohes Gut.

Unabhängig von der akademischen Selbstverwaltung der Universität haben auch wir Studenten unsere studentische Selbstverwaltung. So hat jede Hochschule eigene Studentengremien. Alle, die an einer Hochschule eingeschrieben sind, können sich an der Selbstverwaltung beteiligen und sich in die studentischen Organe wählen lassen. Die Organe vertreten die Interessen der Studenten gegenüber der Hochschule, der Hochschulleitung und der Öffentlichkeit. Hier wird von Studenten für Studenten verwaltet, organisiert, hochschulpolitisch gehandelt und Hilfe angeboten. Wie die studentische Selbstverwaltung ausgestaltet ist, ist von Bundesland zu Bundesland unterschiedlich geregelt. Ziel der Selbstverwaltung ist es, studentische Projekte zu fördern, Veranstaltungen oder Kampagnen von Hochschulgruppen zu unterstützen oder als Studentenvertretung vor Ort eigene studentische Aktionen wie Bücherbörsen oder thematische Diskussionsveranstaltungen umzusetzen.

Nun gibt es hauptsächlich zwei Formen der allgemeinen, also hochschulweiten Studentenvertretung. Während beispielsweise an den Thüringer Hochschulen nur ein Rat, »Legislative« und »Exekutive« in einem, vorgesehen ist, unterscheiden sich andere Bundesländer hinsichtlich dieser Aufteilungen. Gerade in den sogenannten alten Bundesländern existiert zusätzlich zum Parlament eine Art Exekutive, eine »Regierung«. Während in Erfurt nur ein dreiköpfiger Vorstand aus der Mitte der Mitglieder des Rates gewählt wird, der das Gremium nach außen vertritt, die Mitglieder des Rates – genannt »Studierendenrat« (StuRa) – ansonsten die gleiche Kompetenzverteilung haben, werden beispielsweise in Hannover zusätzlich zum StuRa einzelne Personen in den »Allgemeinen Studierendenausschuss« (AStA) berufen. Der AStA, diesen gibt es auch an vielen anderen deutschen Hochschulen mit studentischer »Regierung«, ist das ausführende Organ der »verfassten«, da gesetzlich verankerten Studentenschaft. In beiden Selbstverwaltungsstrukturen wird die Arbeit innerhalb der Studentenorgane aufgeteilt. Häufig werden Referate oder Ar-

beitsgruppen gebildet. Da in 15 Bundesländern auch über ein eigenes Budget verfügt wird, gibt es dort zudem immer ein Finanzreferat. Auch für Öffentlichkeitsarbeit und hochschulpolitische Belange sind entsprechende Referate vorgesehen. In Erfurt gibt es z. B. das Referat Hochschulpolitik, das sich um Anfragen von Studenten bezüglich Prüfungsleistungen, aber auch Stellungnahmen zu gewissen Themen kümmert – etwa, wenn die Verkehrsbetriebe wieder einmal die Preise für die Semestertickets anheben wollen. Während sich einerseits die Mitglieder des StuRa an Thüringer Hochschulen in einzelne Referate wählen lassen können und die Beschlussfassung sowie die Umsetzung von Beschlüssen aus dem Pool dieser Personen stammen, sind die Kompetenzen im System mit »Exekutive« andererseits klar getrennt. So vertritt nicht der Vorstand des Rates, sondern der AStA innerhalb wie außerhalb der Hochschule die Interessen der Studenten, kümmert sich um laufende Anfragen und führt die Beschlüsse des Rates oder Studentischen Parlaments (StuPa) – je nach Hochschule unterscheidet sich der offizielle Name – aus. Dazu verfügt das Gremium wiederum über eigene AStA-Referate, die ähnlich wie Ministerien auch mit Personen besetzt werden können, die nicht aus dem Kreis des Rates stammen. Je nach Hochschulstandort kann die Arbeit der AStA-Referate zusätzlich durch Sachbearbeiter unterstützt werden. Die Referatsinhaber und die Sachbearbeiter werden durch den StuRa gewählt. Es ist dort also eine Mehrheit für die Kandidaten erforderlich.
Die Zusammensetzung des Rates oder des Parlamentes und – je nach System – der »Regierung« wird über die Hochschulwahlen entschieden. Aktiv und passiv wahlberechtigt sind alle immatrikulierten Studenten.

Hochschulwahlen

Die Hochschulen sind strukturell demokratische Orte. Nicht nur die akademischen Hochschulgremien, auch die studentischen Selbstverwaltungsorgane werden durch Wahlen jedes Jahr neu zusammengesetzt.

Je nach Gremium unterscheiden sich die Zusammensetzungen nach Statusgruppen. An der Wahl des akademischen Senats beispielsweise kann sich jeder beteiligen. Dort sind verschiedene Gruppen vertreten: Professoren, Mitarbeiter und Studenten. Jeder Student kann die studentischen Kandidaten wählen, jeder Professor die Kandidaten aus der Professorenschaft, die Mitarbeiter ihre Kollegen. Neben den zentralen, also hochschulweiten Gremien gibt es auch die dezentralen. So können alle Angehörigen der Staatswissenschaftlichen Fakultät den Fakultätsrat Staatswissenschaften wählen. Auch hier wird wieder unterschieden zwischen den einzelnen Statusgruppen. Ein Student der Erziehungswissenschaftlichen Fakultät kann die studentischen Kandidaten an der Staatswissenschaftlichen Fakultät wiederum nicht wählen. Er hat dafür sein eigenes dezentrales Gremium an seiner eigenen Fakultät, für das er aktiv wählen und selbst kandidieren kann.

Das studentische Pendant zum akademischen Senat markiert – je nach rechtlicher Bezeichnung – der StuRa oder das StuPa, das bereits erwähnte hochschulweite, studentische Selbstverwaltungsgremium. Jeder Student, gleich welcher Fakultät, kann für einen Sitz in diesem Organ kandidieren oder andere unterstützen. Die studentischen Gremien setzen sich – wie der Name ausdrückt – nur aus einer einzigen Statusgruppe zusammen: den Studenten. Auch für sie existieren dezentrale Gremien, so vor allem die Fachschaften, die sich nach Fakultäten, Fachrichtungen oder Studiengängen zusammenfinden und ebenfalls durch Wahl ermittelt werden. Wie viele Stimmen für ein Mandat jeweils möglich oder notwendig sind, ist unterschiedlich geregelt, von Wahl zu Wahl, von Hochschule zu Hochschule.

Einmal im Jahr wird also die Zusammensetzung der verschiedenen Gremien an den Universitäten und Hochschulen neu gewählt. Wie bei jeder anderen Wahl findet man als Kandidat dort Unterstützung, wo man bekannt und vernetzt ist. Sicherlich spielen Freundeskreise eine große Rolle. Auf dem Campus ist zudem der Einfluss der Hochschulgruppen von besonderer Relevanz.

Hochschulgruppen versus Studentenvertretung

Hochschulgruppen sind von der Hochschule als solche anerkannte und geförderte, von Studenten dominierte Vereinigungen, die als Hauptaufgabe Interessen der Hochschule verfolgen. Im Allgemeinen sind diese studentischen Vereinigungen freiwillige Zusammenschlüsse überwiegend auf lokaler Ebene mit klarem Bezug zum Hochschulstandort. Sie bestehen in Form von studentischen Initiativen, studentischen Verbindungen oder (politischen) Hochschulgruppen, die sich lokal an Hochschulen als Gruppe organisieren und regelmäßig zur Wahrnehmung fachlicher, hochschulpolitischer, sportlicher, musisch-kultureller, religiöser und sozialer Interessen sowie zur Förderung der (allgemein-)politischen Bildung von Studenten beitragen. Auch staatsbürgerliches Verantwortungsbewusstsein oder die Bereitschaft ihrer Mitglieder zur Toleranz auf der Grundlage der verfassungsmäßigen Ordnung spielt – je nach Gruppierung – eine Rolle. Rechtsform, Mitgliederstruktur oder Vereinigungszweck sind unterschiedlich ausgestaltet und nicht selten in einer Satzung festgeschrieben.

»Studentische Vereinigungen an der Hochschule tragen zur politischen Willensbildung bei« – zitiert aus dem Hochschulgesetz des Landes Nordrhein-Westfalen, steht dieser Satz sinngemäß für die Wichtigkeit der Hochschulgruppen. Ihnen kommt eine politische Funktion sui generis zu. Gleichwohl verstehen sich nur einige Hochschulgruppen explizit als »politische Hochschulgruppen«, andere studentische Vereinigungen bergreifen sich als nicht politisch, obgleich mit ihrem Engagement durchaus politische Forderungen verknüpft sein können.

Einige – insbesondere parteipolitisch geprägte – Hochschulgruppen werden auf Landes- und Bundesebene von eigenen Strukturen vertreten: Der unionsnahe Ring Christlich-Demokratischer Studenten (RCDS) wurde bereits im Jahr 1951 gegründet und ist der älteste und größte politische Studentenverband in Deutschland, er ist an rund 100 deutschen Universitäten und Hochschulen als lokale Hochschulgruppe, in 14 Landesverbänden sowie auf Bundesebene organisiert. Dort vertritt er jeweils die Interessen der Studenten gegenüber der Politik, der Hochschulrektorenkonferenz (HRK), der Kultusministerkonferenz (KMK), dem Deutschen Studentenwerk (DSW) und vielen anderen Protagonisten in der Studenten-, Wissenschafts- und Hochschulpolitik. Auch zur Union hält der RCDS Kontakt, wenngleich er keine Vereinigung von CDU und CSU ist. Mitglieder der Vorstände des RCDS als parteinaher und an christdemokratischen Werten orientierter Verband können in die Strukturen der Union eingebunden werden. So ist der RCDS-Bundesvorsitzende beispielsweise im Bundesvorstand der CDU Deutschland ständiger Gast.

Daneben gibt es die Juso-Hochschulgruppen, also den 1973 gegründeten Studentenverband der Jusos in der SPD, den FDP-nahen, 1987 gegründeten Bundesverband Liberaler Hochschulgruppen (LHG), weiterhin Campusgrün – Bündnis grün-alternativer Hochschulgruppen, der Studentenverband steht Bündnis 90/Die Grünen nahe und wurde 1999 gegründet, sowie die Linke.SDS. Letztere ist die studentische Vereinigung von Linksjugend solid und Die Linke, mit ihrem Gründungsjahr 2007, wobei die Bezeichnungen der lokalen Hochschulgruppen, wie beispielsweise in Erfurt, variieren können – gemeint ist aber das Gleiche.

Im Endeffekt arbeiten die politischen Hochschulgruppen (HSGs) äquivalent zum RCDS in ähnlichen Strukturen. Während die Juso-HSG sehr viel parteiabhängiger sind als der RCDS, hat wiederum Campusgrün damit zu kämpfen, von der ihr nahestehenden Partei ernst genommen zu werden. Soweit ich das überblicken kann, hat der RCDS die unabhängigste und zugleich effizienteste Struktur gegenüber der Union: Der Verband besitzt eine eigene

Bundesgeschäftsstelle und ist weder räumlich noch personell von der Union abhängig. Über dergleichen Spielräume verfügen beispielsweise Juso-HSG und LHG nicht.

Darüber hinaus gibt es ebenfalls deutschlandweit aktive religiöse Studentenverbände, wie die Evangelische Studierendengemeinden, die Jüdische Studierendenunion Deutschland (JSUD) oder die Katholischen Hochschul-, Studenten- oder Studierendengemeinden. Auch fachlich orientierte studentische Vereinigungen wie beispielsweise ELSA (für Rechtswissenschaftler) sind bundesweit organisiert.

Die wohl ältesten »Hochschulgruppen« in Deutschland sind Studentenverbindungen, die sich ab Ende des 18. Jahrhunderts gründeten. Sie entwickelten sich aus früheren studentischen Zusammenschlüssen, die sich »Nationes« oder »Landsmannschaften« nannten und in denen sich Studenten nach regionaler Herkunft am neuen Studienort zusammenfanden. Die Forderung nach einem Zusammenschluss von Studenten zu einer gesellschaftlichen Kraft stammt aus der Zeit der Aufklärung und wurde durchaus als Ungehorsam gegenüber der Obrigkeit verstanden. Denn in den meisten deutschen Staaten gab es keine Versammlungs- und Vereinigungsfreiheit. Auf dem Hambacher Fest 1832 erlebte die Studentenbewegung dann ihren Höhepunkt. Die bürgerliche Revolution von 1848 geht maßgeblich auf den Einfluss dieser Studenten zurück, die sich für eine geeinte und demokratische deutsche Nation einsetzten. Ihre Verbindungen waren mit der Aufhebung der Karlsbader Beschlüsse durch die erste demokratische Nationalversammlung in der Paulskirche fortan nicht mehr verboten.

Neben der Persönlichkeitsentwicklung machten es sich einige Studentenverbindungen zur Aufgabe, politische Bildung und Meinungsbildung zu betreiben, andere legten einen Fokus auf Gesang und Sport. Ein großer Teil der Studentenverbindungen hat sich aus christlichen Motiven heraus gegründet. Die verschiedenen Verbindungen (Corps, Burschenschaften, katholische Verbindun-

gen, Landsmannschaften, Turnerschaften oder musische Verbindungen) sind gemäß ihrer Zugehörigkeit überwiegend in Dachverbänden organisiert.
Während sich im 19. und zu Beginn des 20. Jahrhunderts ein Großteil der Studenten in Verbindungen zusammenfasste, sind Studentenverbindungen heutzutage eine Subkultur, die akademisches Brauchtum pflegt. Mit der abnehmenden Bedeutung von Verbindungen bestand auch ihr Alleinvertretungsanspruch der Studenten gegenüber den Hochschulen nicht fort. In diesem Zusammenhang entstanden die ersten Allgemeinen Studentenausschüsse (AStA), die die gesamte Studentenschaft vertraten und in denen sich neben Mitgliedern von Studentenverbindungen auch Vertreter der übrigen Studenten engagierten. Je nach Universität gibt es heute eine unterschiedlich große Anzahl studentischer Verbindungen, die üblicherweise den Status einer Hochschulgruppe haben.
Mit Hochschulgruppen oder Studentischen Vereinigungen nicht zu verwechseln sind die lokalen Studentenvertretungen. Sie sind – wie oben aufgeführt – lediglich die Vertretungsorgane der verfassten Studentenschaft. Auch die Studentenvertretungen schließen sich freiwillig zu überörtlichen Strukturen zusammen. Diese sind frei, nicht gesetzlich verankert und bringen keinerlei rechtliche Verpflichtungen oder Konsequenzen für die lokalen Studentenschaften mit sich.
So gibt es beispielsweise in Thüringen die »Konferenz Thüringer Studierendenschaften« (KTS). Sie ist ein freiwilliger Zusammenschluss der Studentenschaften (vertreten durch das gewählte StuPa oder den gewählten StuRa) der Hochschulen. Dieser dient unter anderem der Kommunikation der Belange der Thüringer Studentenschaften etwa gegenüber dem Wissenschaftsministerium. Ein Pendant – um beim Beispiel Hannover zu bleiben – ist die »LandesAstenKonferenz Niedersachsen« (LAK). Auch auf Bundesebene gibt es eine entsprechende Struktur: den »freien zusammenschluss von student*innenschaften« (fzs). Dem fzs

können auch einzelne lokale Studentenvertretungen beitreten, ohne selbst freiwilliges Mitglied in einer Landesstudentenvertretung zu sein. Ähnliche Strukturen lassen sich beispielsweise in Österreich oder der Schweiz nachweisen.
Wieso nehme ich die Unterschiede zwischen Hochschulgruppen und Studentenvertretungen so genau unter die Lupe? Obwohl sich doch auf den ersten Blick ja beide Formen des studentischen Engagements für die Interessen von Studenten einsetzen?

Wahlbeteiligung und hochschulpolitisches Mandat

Wer glaubt, dass die Studentenvertretungen den Willen aller Studenten in Thüringen, Niedersachsen oder Deutschland abdecken würden, der irrt. Haben Sie sich einmal gefragt, wie viel Prozent der wahlberechtigten Studenten an einer Hochschulwahl teilnehmen? Alle Werte über 20 Prozent sind da vollkommen utopisch. Wer nun eine durchschnittliche Wahlbeteiligung zwischen 10 und 18 Prozent geschätzt hat, der mag Optimist sein, denn gänzlich auszuschließen ist die nicht. Tatsächlich bewegen sich die Wahlbeteiligungen an den meisten Hochschulen um die 5 Prozent, in mageren Jahren können es auch schon einmal 2 bis 3 Prozent sein.
Einen Aufschwung bei der Wahlbeteiligung gab es beispielsweise während der Corona-Pandemie. Zu dieser Zeit stellten die Hochschulen die Wahlgänge auf sichere Online-Wahlen um. In Erfurt musste man vor der Pandemie an einen Stand auf dem Campus gehen, sich als immatrikulierter Student registrieren lassen und durfte in einer Wahlkabine anschließend wählen. Aber auch mit dieser barrierefreien Online-Wahl kommt die Beteiligung nicht annähernd an die 20-Prozent-Marke. Bei den StuRa-Wahlen 2023 an der Uni Erfurt waren es immerhin 17 Prozent. In Heidelberg waren in diesem Jahr knapp 13 Prozent der dort Immatrikulierten wählen, genauso wie in Leipzig. An der Univer-

sität Hamburg erreichte die Wahlbeteiligung keine 11 Prozent, und in Köln kam man lediglich auf 8,5 Prozent. Woraus diese bemerkenswert niedrigen Zahlen resultieren, kann verschiedene Gründe haben: Mangelndes Interesse, fehlendes Wissen, Ignoranz – alles ist möglich.

Je weniger Personen sich an der Wahl beteiligen, desto mehr Chancen hat eine kleine, gut vernetzte Gruppe, die wichtigen Mandate zu erlangen und ihre Ansichten in den Umlauf zu geben. Solange also die Wahlbeteiligung so niedrig ist, kann keine Studentenvertretung in ganz Deutschland für sich beanspruchen, den (mehrheitlichen) Willen der Studentenschaft zu repräsentieren.

Womit wir wieder bei den wichtigen Protagonisten der Hochschulpolitik wären: den Hochschulgruppen. Ihre Arbeit an den Universitäten sowie ihre Strukturen auf Landes- und Bundesebene haben einen wesentlichen Einfluss auf das Geschehen auf dem Campus. Und so verwundert es nicht, dass gerade die politischen Hochschulgruppen versuchen, sich in die Ämter wählen bzw. für die Mandate bei den Hochschulwahlen aufstellen zu lassen. Denn wer in den akademischen oder studentischen Selbstverwaltungsgremien sitzt, kann das Leben am Campus aktiv mitsteuern und gestalten.

Der jährlich stattfindende Hochschulwahlkampf ist in etwa vergleichbar mit einer Bundestagswahl – nur im Mikroformat. Verschiedene politische Meinungen prallen aufeinander, es werden Plakate gehängt und Infostände aufgestellt. Die verschiedenen Gruppen haben oftmals eigene Wahlprogramme, in denen sie aufzeigen, was sie im Falle ihrer Wahl umsetzen wollen.

Auch hier gibt es je nach Hochschule und Wahlrecht wieder zwei unterschiedliche Modi: die Personenwahl und die Listenwahl. Während bei der Personenwahl (wie in Erfurt) einzelne Studenten direkt gewählt werden können, ziehen bei der Listenwahl so viele Personen einer Liste ein, wie sie Stimmen bekommt. Meistens haben die politischen Hochschulgruppen ihre jeweils eigene Liste oder schließen sich in Bündnissen zu einer Liste zusammen.

Daraus ergibt sich die (politische) Zusammensetzung des StuRa oder des StuPa. Je mehr Sitze errungen werden können – auch das ist von Universität zu Universität unterschiedlich –, desto größer ist die Wahrscheinlichkeit, dass sich Fraktionen bilden. So schließen sich alle Kandidaten, die beispielsweise über die RCDS-Liste gewählt wurden, zu einer Fraktion im StuPa zusammen. In Erfurt geht es dahingegen eher persönlich zu. Da die Hochschule vergleichsweise klein ist und man Personen, keine Listen wählt, werden hier im StuRa hinterher auch selten Fraktionen gebildet, die immer einheitlich abstimmen.

Und so ist die Frage nach der Wahlbeteiligung, der Mobilisierung der eigenen Kräfte und von politisch Gleichgesinnten das virulenteste Thema der Hochschulwahlen. Vielleicht ahnen Sie es schon: Viele der gewählten Hochschulpolitiker sind links. Bei so geringen Wahlbeteiligungen wie auf dem Campus ist das mitnichten repräsentativ. Nur weil diese Gruppe in die Organe der studentischen Selbstverwaltung gewählt wird, heißt das nicht automatisch, dass Vertretung gleich politische Meinung der gesamten Studentenschaft ist. Immer wieder versucht sich beispielsweise der fzs als »autorisiertes« Vertretungsorgan aller drei Millionen Studenten in Deutschland auszuweisen.

Wer sich die politische Agenda dieses freiwilligen Zusammenschlusses anschaut, weiß, wieso er das allein aus Gründen der politischen Einstellungen nicht für sich beanspruchen kann. So lautet der Appell seiner Kampagne »Gesellschaft Macht Geschlecht«: »Wir rufen euch daher auf, vom 01.11.2022 bis zum 30.11.2022 unter dem Namen ‚g*m*g 2022: Feministische Solidarität' intersektional-feministische Interventionen, Kulturveranstaltungen, Bildungsangebote oder Aktionstage zu organisieren!« Im FAQ findet man unter einem Reiter Antworten auf bestimmte Fragen, die sich Personen stellen könnten. Beispielsweise folgende Frage: »Ist geschlechtergerechte Sprache nicht anstrengend und unverständlich?« Die Antwort darauf lautet: »Dass uns geschlechtergerechte Sprache (noch) anstrengend erscheint, ist eine Frage mangelnder Gewöhnung. Mit der Begründung ‚anstrengend' könnten wir alles Neue, Andere ablehnen. Wenn es aber gute Gründe gibt, etwas zu verändern – z. B. Diskriminierung dadurch abzubauen – lohnt sich die anfängliche Anstrengung.«

Auch wenn er es nach eigener Aussage für sich beansprucht, kann der fzs keinen Vertretungsanspruch geltend machen – auch weil die Wahlbeteiligungen an deutschen Universitäten und Hochschulen so desaströs niedrig sind. Es gibt kein Organ, das alle Studenten in Deutschland vertritt. Umso wichtiger ist die politische Meinungsbildung durch die Hochschulgruppen.

Faszinierend an Hochschulpolitik ist, politische Mechanismen hautnah und direkt mitzuerleben. Wie funktioniert Wahlkampf? Wie erreiche ich konkrete Ziele, wie z. B. zusätzliche Sonntagsöffnungen der Universitätsbibliothek während der Prüfungsphase? Studenten, die ihre Hausarbeiten schreiben und für Klausuren lernen müssen, ist damit sehr geholfen!

Hochschulpolitisches Engagement ist ausgesprochen facettenreich. Es reicht von konkreter Gremienarbeit über die Organisation von eigenen Veranstaltungen bis hin zur Interessenvertretung von Studenten und den Belangen der Hochschulen (beispielsweise Sanierungsstau oder mangelhafte Lehre) gegenüber den Professoren, der Hochschulleitung, der Landespolitik, der Bundespolitik und allen damit zusammenhängenden Protagonisten wie HRK, KMK oder DSW.

Hochschulpolitik bedeutet daher nicht nur Selbstverwaltung im Rahmen der Verfassten Studentenschaft und Anteil an der akademischen Selbstverwaltung und damit an den Strukturen und Ordnungen der Universität. Sie beinhaltet darüber hinaus auch flexible und dynamische Organisierungsformen, um die Interessen der Studenten zu vertreten und die Studentenschaft politisch zu bilden – eben in Form von Hochschulgruppen. Ganz konkret geht es in der Hochschulpolitik immer auch um das eigene soziale Umfeld. Kulturelle und soziale Veranstaltungen organisieren Studenten selbst. Aufklärerisches Denken, die Wahrung der

Wissenschaftsfreiheit oder politisches Bewusstsein als fester Bestandteil in der Universität: Zu ganz großen Teilen sind dies Verdienst und Ziel von studentischer Hochschulpolitik.
Zur Hochschulpolitik dazu gehört das sogenannte hochschulpolitische Mandat. Gewählte Studentenvertretungen und Körperschaften öffentlichen Rechts dürfen sich nicht zu allen allgemeinpolitischen Themen äußern. So ist es in den jeweiligen Hochschulgesetzen der Länder geregelt. Und noch etwas ist in 15 der 16 Landeshochschulgesetzen festgehalten: die Finanzen. Denn die studentischen Selbstverwaltungsorgane verfügen über Geld. Zum Zwecke der studentischen Selbstverwaltung darf pro Semester ein bestimmter Betrag von den Studenten eingezogen werden. Die Höhe bestimmt das jeweilige Gremium. In Erfurt sind es beispielsweise rund zehn Euro pro Semester. Diesen Betrag mit 6000 Studenten multipliziert ergibt 60 000 Euro pro Semester, die der StuRa der Universität Erfurt zur Verfügung hat. Mit Ausnahme von Bayern ist das in allen Bundesländern der Fall. Im Zuge der Auswirkung der 1968er-Bewegung hat der damalige Ministerpräsident Franz Josef Strauß den Studenten an Bayerns Hochschulen das Recht entzogen, Entscheidungen in finanzieller Hinsicht zu treffen. Strauß hatte die Sorge, dass an den Universitäten linke Pläne entstehen und diese mit der studentischen Finanzspritze in die Tat umgesetzt werden könnten. Zwar ist gesetzlich geregelt, dass diese Gelder nur für die Selbstverwaltung der Studentenschaft, Veranstaltungen von Studenten für Studenten oder für die Hochschulgruppen eingesetzt werden dürfen. Dies nennt man »hochschulpolitisches Mandat«. So richtig schaut aber niemand hin, ob diese Vorgabe wirklich eingehalten wird.

»Das darf man eigentlich niemandem erzählen ...«

Weshalb sich Uni als Black Box erweist, liegt nämlich zum großen Teil in der studentischen Selbstverwaltung begründet. Aber nicht in der Struktur, sondern in ihrer faktischen Ausgestaltung. Aufgabe der studentischen Vertretung ist die Vertretung der Interessen der Studentenschaft an einem Hochschulort. Nicht Aufgabe der verfassten Vertretungsorgane ist es, eine vermeintlich studentische Meinung abzubilden. Ersteres umfasst das hochschulpolitische Mandat, letzteres ist allgemeinpolitischer Natur und hat qua Gesetz in diesen Organen keinen Raum. Von der Wohnungssuche und Gesprächen mit dem Studentenwerk, Verhandlungen über Mensapreise oder das Semesterticket bis hin zur studentischen Rechtsberatung: Dies sind Aufgaben und Themen der Studentenvertretungen und juristisch völlig unstrittig.

Im Jahr 2017 landete aber folgender Fall vor Gericht. Ein Jurastudent der Universität Osnabrück klagte im Juli 2015 in 74 Einzelfällen gegen den AStA. Der habe sich ein allgemeinpolitisches Mandat angemaßt, das ihm nicht zustehe, und vor allem linkspolitische Hochschulgruppen und Projekte unterstütze. Das Verwaltungsgericht sah die Mehrheit der Fälle nach Niedersächsischem Hochschulgesetz noch von dessen »politischem Bildungsauftrag« gedeckt. Zwölf der Punkte kritisierte das Gericht jedoch als Grenzüberschreitungen – unter anderem den Aufruf zu einer Pegida-Gegendemonstration und ein Willkommenstransparent für Geflüchtete. Das überschreite die Grenze des hochschulpolitischen Mandats.

Während es im Interesse eines jeden Studenten ist, dass die Preise in der Mensa und für Wohnheimplätze so niedrig wie möglich ausfallen (die allermeisten Studenten verdienen noch kein bzw. nur geringfügig Geld, sodass sie erhebliche Preissteigerungen durchaus tangieren), muss es einem jeden selbst überlassen werden, welche Meinung zu allgemeinpolitischen Themen geformt oder geäußert wird. Denn die Positionierung zu Willkommenstransparenten hat weniger etwas mit der Frage des Studentenstatus und dem Interesse eines Studenten zu tun als vielmehr mit der eigenen politischen oder gesellschaftlichen Einstellung. Jedem ist freigestellt, einer Hochschulgruppe oder gar einer Partei, einer

Facebook-Echokammer oder einer Antifa-AG beizutreten. Dass eine Studentenvertretung für mich persönlich vorgibt, was ich denken soll, verbitte ich mir aber. Noch dazu, wenn es Leute sind, die aufgrund geringer Wahlbeteiligung Mandate erlangt haben, die realiter eben nicht mehrere Tausend Studenten und deren Meinung repräsentieren.

Diese undurchsichtigen Strukturen sind offene Flanken des Systems und werden von einschlägigen Personen dreist ausgenutzt, um eigene Agenden zu platzieren und zu verfolgen. Unter dem Deckmantel der Diskurskultur versuchen die Befürworter des allgemeinpolitischen Mandats die Strukturen für ihre Belange zu instrumentalisieren: Die Universität sei ein Ort des Diskurses. Es sei die Aufgabe von Studentenvertretungen, sich auch zu gesellschaftlich und politisch relevanten Themen zu äußern. Wenn sich ASten – und deren Zeitungen – strikt auf Hochschulthemen beschränken müssten, dürften sie nur über Mensaessen oder Semesterticket schreiben. AStA-Zeitungen müsse es möglich sein, Studenten eine Plattform zur Meinungsäußerung zu bieten, hieß es in einem Schreiben.

Nein! Wieso denn? Für die Willensbildung sind – das ist völlig eindeutig und klar – die (politischen) Hochschulgruppen zuständig, nicht die gesetzlich verankerte Vertretungsstruktur. Sie wiederum können finanzielle Unterstützung für eigene Zeitungen, Veranstaltungen, Diskussionsformate oder die allseits bekannten Sticker (welche auf den Unitoiletten landen werden) bei den Vertretungen beantragen.

Ein anderer Fall, der vor Gericht landete, trug sich 2021 in Frankfurt am Main zu und könnte als Blaupause vieler solcher Fälle dienen. Ebenfalls ging es um den Streit, welche Ausgestaltung das politische Mandat nun besitzt. 2018 erließ die Goethe-Universität einen rechtsaufsichtlichen Bescheid. Er enthielt die Aufforderung an die Studentenschaft, »künftig allgemeinpolitische Äußerungen, insbesondere jegliche Äußerungen, die als Aufruf zu Gewalt gegen Personen oder Sachen verstanden werden können, zu unterlassen«. Sollte die Studentenschaft dieser Aufforderung nicht nachkommen, drohe ein Bußgeld in Höhe von 4000 Euro. Zwei Wochen zuvor hatte der AStA der Goethe-Universität auf seiner Facebook-Seite einen Demonstrationsaufruf geteilt, nachdem es in Folge des G20-Gipfels in Hamburg zu Hausdurchsuchungen in Frankfurt und Offenbach gekommen war. Darüber hinaus ersuchte das Hochschulpräsidium eine Auskunft darüber, welche Personen Zugriffsrechte zu den Accounts der sozialen Medien haben. Der Fall ging weiter an das Verwaltungsgericht Frankfurt am Main.

Gewaltaufrufe an Universitäten habe ich bereits thematisiert. Und auch hier wurde deutlich, wie linksextreme Narrative studentische Organisationsstrukturen infiltrieren. Besonders möchte ich aber Ihr Augenmerk auf die Argumentationsketten bzw. Offensichtlichkeiten dieser beiden Fälle lenken. Die Protagonisten sprechen davon, es sei legitim, sich allgemeinpolitisch zu äußern. Die Legitimität wird jedoch nicht mit einem demokratischen Repräsentationsanspruch begründet, etwa, dass man immerhin die gesamte Studentenschaft vertrete. Man könnte in diesem Sinne ja einfach behaupten, der Wunsch der Studentenschaft sei die Anschaffung eines »Willkommenstransparents« gewesen. Aber auch das würde natürlich die Grenze zur Allgemeinpolitik überschreiten und ginge nicht.

Die tatsächliche Begründung für die Legitimität aber – und das ist entscheidend – ist der höhere Zweck, gesellschaftliche Relevanz zu erlangen. Den Akteuren ist egal, ob sie mit ihren Aussagen und Positionen unzulässigerweise andere in Mitverantwortung nehmen. Das ideologische Ziel ist die Rechtfertigung für die Überschreitung des hochschulpolitischen Mandats und für weitere Regelbrüche, wie wir sehen werden. Und diese Art zu denken kennen wir bereits von radikalen und extremistischen Forderungen zu Beginn dieses Kapitels. Moralisierende und radikale Ziele werden nun auch im Dickicht der undurchsichtigen studentischen Selbstverwaltungsstrukturen untergebracht.

Mit wenig Aufwand lässt sich am Campus ein großes Echo und Resonanz erzeugen. Für Außenstehende mag es so wirken, als würde die gesamte Studentenschaft bestimmte Positionen vertreten. Dabei ist es nur eine kleine Minderheit, die sich durch geschickte Netzwerke Hochschulmandate sichert. Leicht zu sein scheint es, bei niedriger Wahlbeteiligung, einer aktiven Hochschulgruppe und ein paar Freunden die Hochschulwahlen zu gewinnen. Das Geld, welches man für seine Ideen braucht, zahlen die Studenten Semester für Semester. Da liegt es doch nahe, nun auch noch die Legitimation des allgemeinpolitischen Mandats zu erkämpfen. Dies wird dann für »das Gute« genutzt, für Gegendemonstrationen oder »Kampagnen gegen das Patriarchat«. Wer könnte dagegen schon etwas sagen?

Die bekannten Muster wiederholen sich, und Sie sehen, wie komplex die Black Box Uni ist. Der Aufschrei bleibt aus, die Öffentlichkeit scheint dies hinzunehmen. Es seien ja nur »ein paar« Studenten mit revolutionären Gedanken. Ich sage, dahinter steckt mehr. Die politische Handschrift ist nunmehr eindeutig.

Und so befinden wir uns jetzt in Hamburg. Im Jahr 2017. Der G20-Gipfel steht an.

Das Gipfeltreffen von 19 Staaten und der EU fand am 7. und 8. Juli statt und stieß bereits vorher auf massiven Widerstand, zwei Brandanschläge wurden auf Polizeifahrzeuge verübt. Zum Gipfel selbst wurden rund 8000 gewaltbereite Demonstranten erwartet, Ankündigungen gezielter Angriffe auf Polizisten durch die linksradikale Szene inbegriffen.

Mit einer Unterschriftensammlung und Aufklärung an Informationsständen wollten Studenten der Universität Hamburg den G20-Gipfel in letzter Minute noch verhindern. Die Unterschriftenkampagne sollte die Ablehnung des Treffens zum Ausdruck bringen, wie die AStA-Vorsitzende sagte. Man werde den Gipfel stoppen. Erwartbar gelang ihnen nicht, durch ein paar Unterschriften das Forum für die internationale wirtschaftliche Zusammenarbeit zu verhindern. Der Gipfel fand statt und mit ihm bürgerkriegsähnliche Zustände, die die Hafenstadt für einige Tage in Atem hielt.

»Welcome to Hell – Für eine solidarische Welt – gegen den G20-Gipfel« hieß die Demonstration, die am 6. Juli – noch vor Gipfelbeginn – wortwörtlich zur »Höllen-Nacht« in Hamburg wurde. Viele Läden verbarrikadierten ihre Schaufenster mit Spanplatten, weil sie ahnten, was passieren würde.

Um 16 Uhr begann die Auftakt-Kundgebung, anschließend sollte es über die Landungsbrücken und die Reeperbahn durch die Stadt gehen. Hier marschierten jene, die das kapitalistische System grundsätzlich ablehnen. Viele Schaulustige waren extra angereist, um »mit dabei zu sein«. Doch der Protestzug mit dem Lkw, auf dessen Windschutzscheibe »We are fucking angry« stand, kam nur 150 Meter weit. Vor der ersten Brücke stoppten ihn vier Wasserwerfer und zwei gepanzerte Wagen der Polizei. Die begründete diesen Schritt mit den etwa 1000 vermummten Demonstranten. Plötzlich kippte die Stimmung.

Nach dem Abbruch der »Welcome to Hell«-Demo kam es zu Ausschreitungen mit brennenden Autos und eingeschlagenen Scheiben in der ganzen Stadt sowie zu mehr als 100 verletzten Polizisten, von denen mindestens drei am nächsten Tag schwer verletzt im Krankenhaus lagen. Die Wohnung von Innensenator Andy Grote wurde attackiert. Mehr als zwei Dutzend G20-Gegner wurden festgenommen, zur Zahl der Verletzten in ihren Reihen konnten die Aktivisten am nächsten Morgen noch keine genauen Angaben machen. Im Zentrum hörte man durchgehend Helikopter, den Lärm der zerbrechenden Schaufensterscheiben, auch die ständigen »ACAB«-Schlachtrufe (»All Cops Are Bastards«) rissen nicht ab. Menschen stürmten in Innenhöfe und zogen sich um. Komplett in Schwarz.

Andreas Blechschmidt, Mitinitiator der Demonstration, rechtfertigte gegenüber der *FAZ* das Ausmaß mit folgenden Worten: »Der G20 sorgt für höllische Verhältnisse in dieser Welt. Er ist für Krieg, Hunger und für Tod verantwortlich. Und deswegen wollen wir im übertragenen und politischen Sinne dem G20 hier die Hölle heiß machen.« Es fällt schwer, viel Sinnhaftes in der Zerstörungswut der Linksextremen zu finden. Die Mitglieder des gewaltbereiten »Schwarzen Blocks« versuchten durch Vandalismus und Brandstiftung, einen »kriegsähnlichen Zustand« anzuzetteln. Diese Nacht in Hamburg wird immer im kollektiven Gedächtnis der bundesrepublikanischen Geschichtsschreibung bleiben – zwischen brennenden Autos, zornigen Gesichtern und Rauchschwaden, die in den Himmel steigen.

Ich habe den G20-Gipfel und die Demonstrationen damals auch eng mitverfolgt – allerdings von zu Hause aus über Instagram und WhatsApp. Denn Kommilitonen aus meinem Studiengang waren dort hingefahren und demonstrierten mit. Von einigen weiß ich, dass sie – jedenfalls für einige Zeit – im »Schwarzen Block« liefen. Und die massive Gewaltausschreitung rechtfertigten, wenn nicht gar zum Teil selbst mit verursachten. Von denen, die aus meinem Umfeld zum G20-Gipfel fuhren und auf dem Campus nach Mitfahrgelegenheiten fragten, hörte ich, dass man mit einer Zuspitzung der Stimmung rechnete. »Fährst du mit dem Zug oder mit dem Auto in die ‚Hölle'?«, fragte ein ehemaliger Tutor von mir einen seiner Kumpels. »Lass mal Bus fahren, danach ‚Bullen' kloppen!«, witzelte der andere. Was war daran bitte schön lustig?!

Während der Hamburger AStA ganz harmlos Unterschriften sammelte, haben andere ASten mit Geldern aus den Semesterbeiträgen Busse nach Hamburg finanziert. Es ist ein offenes Geheimnis, dass gewaltbereite Studenten über diesen Weg und auf Kosten anderer zu den Demonstrationen gefahren sind. Öffentlich wurde darüber so gut wie nicht berichtet.

Natürlich ist das höchst illegal. Hier werden Gelder veruntreut und für die eigene – nicht studentische oder hochschulpolitische – Sache verwendet. Noch dazu für extreme Ausschreitungen, um dort mit dabei zu sein. Linksradikale Studenten fuhren in der festen Überzeugung nach Hamburg, den »bösen Kapitalisten«

Paroli zu bieten. Es kann niemand glaubhaft behaupten, dass eine gewisse Eskalation nicht vollends auszuschließen war, angesichts der bereits vorher getätigten Androhungen von Ausschreitungen durch die Szene und den vielen Hundert vermummten Menschen, die sich von Beginn an durch ihre Kleidung unkenntlich machten. Obwohl klar war, dass das verboten ist.

Unverfroren aber wurden diese – ob geplanten oder ungeplanten – Aktionen und Ausschreitungen durch studentische Gelder unterstützt. Ein Straftatbestand in doppelter Hinsicht.

Wieso fällt so etwas keinem auf? Weil die Täter – wie ich sie in diesem Fall nenne – sich gegenseitig decken. Denn wenn der gesamte AStA, die Regierung, die durch eine Mehrheit im StuPa oder StuRa gewählt wird, keine effektive Finanzaufsicht hat, wer soll das dann herausfinden? Nun wird es doch publik, und klar müssen Rechenschaften und Verwendungsnachweise ab- und vorgelegt werden. Dann wird eben mal eine Busfahrt nach Hamburg zu einer Teambuildingmaßnahme umgewidmet. So genau schaut keiner hin.

Sind die Gremien erst einmal besetzt, können einige wenige – so hat man den Eindruck – nach Belieben agieren. Die Sachbearbeiter, die eingestellt werden können, sind selbstredend oftmals Freunde und Verbündete.

Es gehört zu den Absurditäten des Systems, dass sich die AStA-Referenten selbst (also über die Ratsmehrheit) Aufwandspauschalen auszahlen können. Wofür? Für ihre intransparenten Aktivitäten! Warum? Weil funktionierende Kontrollinstanzen fehlen.

Und so verwundert es nicht, dass sich die Strukturen immer weiter festigen und quasi Gewohnheitsrechte entstehen, einige jahrzehntelang (diese Personen gibt es wirklich!) studieren und sich hochschulpolitisch »engagieren«. Sie erhöhen sich selbst ihre Honorare und leben von den Studentengeldern ganz gut. Um einmal eine Zahl zu nennen: In Hannover beanspruchten Personalkosten wie Gehälter und Aufwandsentschädigungen im Jahr 2020 beispielsweise 240 000 Euro.

Das ist Nepotismus in Reinform. Und er funktioniert. Ein Student der Friedrich-Schiller-Universität in Jena erstattete Anzeige. Im November 2019 wurde die »Public Climate School« – auch in Räumlichkeiten der Universität – abgehalten, die das Umweltreferat des StuRa (finanziell) unterstützte. Dort wurden die Veranstaltungsteilnehmer auf die Besetzung von Kohlerevieren vorbereitet. Dabei wurde auch über rechtswidrige Aktionen von der (umstrittenen) Protestgruppe »Ende Gelände« gesprochen und aufgeklärt: Was ist Nötigung, wo beginnt Hausfriedensbruch, wie weit sollte Sachbeschädigung gehen. Vertreter von »Ende Gelände« boten in diesem Rahmen auch ein Aktionstraining zu zivilem Ungehorsam an.
Einen Hinweis auf die Nähe zu linksradikalen Vereinen gab auch eine Beschlussfassung des StuRa in Halle. Ein mündlicher Antrag wurde im März 2021 nur mit einer knappen Mehrheit verabschiedet. Im Beschlusstext war gefordert worden, nicht mit verfassungsfeindlichen Organisationen zusammenzuarbeiten. Ähnlich ein Fall in Oldenburg. Der AStA stellte 2015 unmittelbar für »Ende Gelände« studentische Gelder zur Verfügung – für Reisekosten. Wohin, kann sich jeder denken. Das Aktionsbündnis wurde bereits vor Jahren im Verfassungsschutzbericht als linksextremistisch eingestuft.
Auch ich kenne »Ende Gelände«-Aktionen durch Instagram. Philipp und Charlotte und andere Kommilitonen waren später öfter in der Lausitz, um Kohlewerke zu besetzen, Fahrzeuge zu beschädigen und den Betrieb zu lähmen. Das wurde dann hinterher auf dem Campus ganz offen besprochen und zelebriert. Wie man von den »Bullen« wegrannte und über den Zaun kletterte. In ihren weißen Ganzkörperanzügen, die dem Malerbedarf entlehnt sind, und den weißen, vermummenden Masken posteten sie Fotos. Der weiße Maleranzug ist eine Art Erkennungszeichen der radikalen Besetzer und soll ähnlich wie die schwarze Bekleidung der Mitläufer im »Schwarzen Block« auf Demonstrationen verhindern, Einzelpersonen anhand von Kleidung oder anderen

Merkmalen zu identifizieren. Die Täter wollen sich auch hier der Strafverfolgung entziehen.

»Ende Gelände« versteht sich selbst als Zusammenschluss von Menschen aus den Anti-Atom- und Anti-Kohle-Bewegungen, aus den Vorbereitungsgruppen der Klimacamps im Rheinland und der Lausitz, von der Waldbesetzung im Hambacher Forst, aus linken Politgruppen, aber auch aus größeren Umweltorganisationen. Sie alle eint unter anderem die Bereitschaft zu zivilem Ungehorsam, um nach eigenen Angaben ein sichtbares Signal für eine Wende hin zu echtem Klimaschutz zu setzen.

Packlisten für »Camps« alias Besetzungsaktionen werden unverblümt auf die Homepage gestellt. So heißt es dort: »Wie schon in den letzten Aktionen könnte es auch diesmal wieder Übernachtungen in Blockaden geben.« Dafür sollte jeder neben Wanderschuhen und robusten, alten Klamotten auch einen weißen Anzug einpacken, mit dem freundlichen Hinweis der Veranstalter: »[D]ieses Jahr sind unsere klassischen Staubschutzanzüge nicht in ausreichender Menge bestellbar – bitte schaut, ob ihr noch welche im Schrank habt!« Außerdem wird darauf mehrfach hingewiesen, eine EA-Nummer zu generieren. Klickt man auf den Link, kommt folgende Information: »Im Kasten unten wird dir eine individuelle Nummer angezeigt, die du dem Legal Team sagen kannst, wenn du festgehalten wirst und anonym das Legal Team kontaktieren möchtest. [...] Bitte denkt daran: Jede Person im Gewahrsam hat das Recht, eine beliebige Person ihres Vertrauens erfolgreich zu kontaktieren. [...] Wenn ihr euch nicht sicher seid, ob eure Nummer vielleicht von anderen an uns durchgegeben wurde (z. B. im Polizeikessel): Ruft lieber einmal zu viel als zu wenig bei uns an und gebt kurz Bescheid, wenn alles gut ist.« Die Botschaft der Packliste aus dem Jahr 2020 ist klar. Es wird damit gerechnet, dass es zur Konfrontation mit der Polizei kommen wird. Illegale Besetzungen werden für jeden sichtbar geplant.

Diese Schlaglichter auf das Geschehen an den deutschen Hochschulen sind unvollständig. Ich könnte viele mehr zusammentragen. Aufmerksame Studenten gehen dagegen vor, betreiben Aufklärung, was auf dem Campus passiert. Die Netzwerke haben sich längst gebildet, auf wichtigen Schlüsselstellen der studentischen Selbstverwaltung hat sich eine kleine Gruppe von Personen eingerichtet, die mit extremer Entschlossenheit handelt. Sie nehmen alle Studenten mit in die Verantwortung, suggerieren, es sei der Wille aller, wenn linksradikale Aktionen finanziell unterstützt werden. Zugleich, obwohl die Probleme bekannt sind, scheinen sich Presse und Öffentlichkeit nicht recht dafür zu interessieren. Vieles ist Graubereich. Aber rechtfertigen Intransparenz und Unwissenheit Gleichgültigkeit und Tatenlosigkeit?

Die demokratischen Verwaltungsstrukturen und die Idee der Hochschulautonomie werden missbraucht. Das macht mich wütend. »Was hier passiert, darf man eigentlich niemandem erzählen …« – den Satz einer guten Freundin habe ich oft im Ohr. Aber genau das spornt mich an: von der Black Box zu berichten.

4 – Kämpfe und Schlachten in der Hochschulpolitik

Wenn ich heute an meine Zeit in der Hochschulpolitik zurückdenke, erfasst mich eine leichte Wehmut. Es war eine sehr prägende Zeit, in der ich viel gelernt habe – über mich und andere. Und auch darüber, wie Politik im Kleinen wie im Großen funktioniert, wo Freundschaft aufhört und welche Wege man be schreiten muss, um Erfolg zu haben.

Vor Kurzem habe ich – wieder einmal auf der Toilette in der Bibliothek – einen mit schwarzem Permanentmarker dick geschriebenen Satz gelesen: »UNI MUSS POLITISCH SEIN! ORGANISIERT EUCH.« Wenngleich der Aufruf von der Intention seines Autors mutmaßlich nicht liberal-konservative Studenten adressierte, tat ich genau das.

Mein Weg in die Hochschulpolitik

Im Dezember 2016 sah ich auf dem Weg von meinem Tutorium in die Mensa – es war im Lehrgebäude 4 – ein Plakat, auf dem stand: »Hast du Bock auf Hochschulpolitik? Dann komm zum RCDS!« Der Spruch sprang mir sofort in die Augen. Ich hatte in den vergangenen zwei Monaten mit meinen Kommilitonen viel diskutiert. Viel über allgemeinpolitische Themen. Aber das Hochschulthema brannte mir schon auch unter den Nägeln. Mängel – beispielsweise an Gebäuden – waren nämlich von Anfang an sichtbar.

Der Campus der Universität Erfurt wurden in den frühen Jahren der DDR erbaut. 1953 wurde das Pädagogische Institut Erfurt gegründet und 1969 mit dem Pädagogischen Institut Mühlhausen

zusammengeschlossen. Diese neue Einrichtung bestand forthin als Pädagogische Hochschule Erfurt/Mühlhausen. Die Gebäude weisen in großen Teilen den damals für solche Bauten charakteristischen neoklassizistischen Stil auf, illustrieren aber auch den Wandel der Architektur in dieser Zeit. Das Auditorium Maximum stammt aus den Jahren 1956 bis 1961.
Nach dem Mauerfall wurde die Erfurter Universität zum 1. Januar 1994 juristisch wiedergegründet. Heute ist sie eine von vier Universitäten im Freistaat Thüringen. Die erste Universität Erfurt nahm übrigens im Jahr 1389 ihren Betrieb auf. Somit war Erfurt bis vor einiger Zeit – zuletzt wurde beispielsweise die Universität Koblenz neu eröffnet – die jüngste und älteste Universität zugleich. Nach mehreren Blütezeiten wurde sie 1816 mit nur noch 20 Studenten geschlossen. Unter anderem Martin Luther studierte an der alten Universität Erfurt die *septem artes liberales* (sieben freie Künste). Bevor er das – nahe gelegene –Augustinerkloster aufsuchte und dort 1506 sein Mönchsgelübde ablegte, studierte er in Erfurt auch Jura.
Die Hochschule hat nicht nur eine lange Tradition, die architektonisch durchaus ansprechenden DDR-Gebäude sind alt und leider auch marode. Der Sanierungsstau an Thüringer Hochschulen – ein Problem, das viele Hochschulstandorte in Deutschland betrifft – ist überall zu sehen. Zu Beginn meines Studiums musste unser Audimax wegen unzureichendem Brandschutz seine Pforten schließen. Alle Universitäten und auch die meisten Fachhochschulen haben solch ein »Auditorium Maximum«, kurz Audimax. Das Audimax ist der größte Hörsaal und bietet in einigen Fällen Platz für über 1000 Studenten. Es wird nicht nur für Vorlesungen genutzt, sondern auch für andere universitäre Veranstaltungen, Festivitäten und Konzerte. Es ist eine Art Aushängeschild der Hochschule und hat auch eine repräsentative Funktion.
Unser Audimax steht bis heute nicht mehr für die Hochschulöffentlichkeit zur Verfügung. Stattdessen mussten wir seit dem

ersten Semester für die hochfrequentierten Vorlesungen mit über 400 anderen Studenten auf die »Alte Parteischule« ausweichen. Die APS, wie wir sie nannten, liegt am anderen Ende der Stadt. Mehrmals die Woche mussten wir zwischen Campus im Norden und APS im Süden pendeln.

Der Alten Parteischule eilt ihr Ruf voraus. Sie diente in der DDR der SED-Einheitspartei als Schule für ihre Kaderschmiede. Das »rote Kloster«, ein in sich geschlossener Schulkomplex, war die Bezirksparteischule der SED. Das 1972 eingeweihte Gebäudeensemble entstand nach dem Vorbild der zwei Jahre zuvor fertiggestellten Parteischule in Rostock. Hörsaal und Mensa wurden durch einen Gang mit der Internats-Wohnscheibe verbunden. Heute dient das Areal unter anderem als Gästehaus, dessen Wohnungen auch über längere Zeit vermietet werden. Ich habe die Räumlichkeiten noch als sehr abgewohnt und ungepflegt in Erinnerung. Seit 2022 wird die grundsanierte und denkmalgeschützte APS unter anderem als Ausbildungszentrum des Zolls genutzt, aufgrund ihres speziellen Ambientes diente sie sogar schon mehrmals als Filmkulisse.

Im Gegensatz zu den neoklassizistischen Gebäuden auf dem Campus sind diese 1970er-Jahre-Bauten eine visuelle Zumutung. Ironie der Geschichte, gerade dort Vorlesungen wie »Die Liberalen Demokratien« oder »Soziale Marktwirtschaft« hören zu können.

Mich tangierten also bereits in meiner ersten Woche als Studentin die Probleme vor Ort. Die Fahrzeit mit den Öffentlichen von der APS zum Campus beträgt ziemlich genau eine halbe Stunde, genau so lange wie die Pause zwischen zwei Lehrveranstaltungen. Wenn wir eine Vorlesung in der APS besuchten, anschließend aber ein Seminar auf dem Campus angeboten wurde, blieb die ganze Zeit auf dem Weg und fehlte für Austausch, Erholung und Absprachen. Auch dass die Universität kein Audimax mehr hatte, hinterließ ein Vakuum. Denn das ist wie ein Körper ohne Herzkammer. Und auch der überall sichtbare Sanierungsstau wirkte beklemmend. Putz bröckelte von den Wänden, die ungedämmten Räume waren im Winter kalt. Laminatböden sollten einst wahrscheinlich als eine Art Übergangslösung fungieren. Hier bestätigte sich wieder einmal die alte Volksweisheit: »Nichts hält länger als das Provisorium.«

Auch die Turnhalle hatte die besten Zeiten hinter sich oder solche womöglich noch nie erlebt. Ihre Sanierung begann im Jahr 2023. Dahinter stand ein Gebäudekomplex, der von allen nur als »Graues Elend« bezeichnet wurde. Auch hier galt »nomen est omen«. Einst befanden sich dort Rumpelkammern, Geräteschuppen und wenige »Büros«, von denen niemand wusste, ob sie in Benutzung waren oder nicht. In späteren Plänen des HIS-Instituts für Hochschulentwicklung e.V. (HIS-HE) wurden diese Räume allen Ernstes als Lehrräume ausgewiesen. HIS-HE sollte die Kapazitäten der Universität Erfurt analysieren und auswerten – eben um zu überprüfen, welche Gebäude saniert, neu geplant oder reaktiviert werden müssten. Nach der Präsentation der Ergebnisse fragte ich die dafür zuständige Dame, ob sie jemals im »Grauen Elend« gewesen sei. Meines Wissens hatten Studenten des StuRa dort zuletzt einen alten Grill herausgefischt, dessen enormer Schimmelpilzbefall die Konturen des Objekts nahezu unkenntlich gemacht hatte. Die Antwort war betretenes Schweigen.

Von daher: Ja, angesichts solcher Zustände hatte ich Lust auf Hochschulpolitik!

Meine bisherigen Berührungspunkte mit Politik noch als Schülerin bezogen sich immer auf Themen jenseits universitärer Zusammenhänge. Insofern hatte ich wenig Kenntnis über entsprechende Organisationen. Als ich das Plakat gesehen hatte, wusste ich also noch nicht, dass der RCDS eine Hochschulgruppe ist, deren politischen Background man als pragmatisch, liberal und konservativ und auf christlich-sozialem Wertefundament fußend beschreiben könnte. Durch Kontakte zu meinen Kommilitonen war mir bereits ein breites Spektrum an linken und grünen

Gruppen bekannt. Ich googelte ein wenig zum RCDS. Dass es auch einen unionsnahen Verband gab, fand ich sehr interessant. Immerhin war ich bereits in der JU aktiv. So trat ich Ende des Jahres 2016 dem RCDS bei. Ein halbes Jahr später, im Sommer 2017, unterschrieb ich dann auch meinen Mitgliedsantrag bei der CDU. Bis heute ist der RCDS meine Herzensangelegenheit und die Hochschulpolitik meine thematisch-inhaltliche Heimat.

Am Anfang waren wir zu dritt im RCDS Erfurt, zuvor hatten einige ihr Studium abgeschlossen, die Hochschulgruppe war inaktiv geworden, und die Arbeit ruhte. Mit mir ist noch ein weiterer Student der Staatswissenschaften eingetreten, ebenfalls wegen des Plakats. So bauten wir die Gruppe auf, organisierten Stammtische und kleine Veranstaltungen. Im Laufe meiner Studienzeit waren wir in Erfurt immer zwischen 20 und 30 aktive Mitglieder. Wie immer im Ehrenamt steht und fällt alles mit Personen, die in der Freizeit noch Lust haben, sich zu engagieren und die Mühen der Ebene auf sich zu nehmen. Und so haben wir mit einer kleinen Gruppe an Leuten den RCDS Erfurt nach und nach wieder vorangebracht und zu einer schlagkräftigen Hochschulgruppe entwickelt – auch weil das Zwischenmenschliche gepasst hat. Wir wurden zu richtigen Freunden.

Naturgemäß ist das Mitgliederprofil in Hochschulgruppen vergleichsweise homogen. Jeder studiert, alle sind ungefähr im gleichen Altersspektrum. Beim RCDS musste man nicht ständig auf der Hut sein, wegen klarer Sprache nach rechts aussortiert oder absichtlich missinterpretiert zu werden. Uns Erfurtern hat auch geholfen, dass wir den Austausch zu RCDSlern an der Friedrich-Schiller-Universität Jena (FSU) hatten. Die FSU ist wesentlich größer, hat mehr Studenten und bietet auch Medizin und Jura als Studiengänge an – sie ist eine Volluniversität. Pauschal gesagt: Dort wird es immer eine RCDS-Gruppe mit gewisser Kontinuität geben. Sie berichteten uns von Hochschulwahlen, Veranstaltungen des RCDS-Landesverbands, der Arbeit im StuRa und den Missständen in der Landespolitik: Stichwort Sanierungsstau.

So haben wir uns auf der Landesebene schnell vernetzt. Neben der FSU gab es auch an der Fachhochschule Jena und der Technischen Universität Ilmenau eine RCDS-Gruppe sowie in Weimar an der Bauhaus-Universität. Ebenso existierten in Gera und Nordhausen zeitweise RCDS-Gruppen.

Über den Austausch innerhalb Thüringens kam ich recht schnell in Berührung mit dem bundesweiten RCDS-Netzwerk. Bereits im März 2017 war ich das erste Mal auf einer Bundeskonferenz. In meiner RCDS-Zeit habe ich mehr oder weniger jede große und auch kleinere Stadt in Deutschland besucht. Was Studenten von anderen Hochschulen auf dieser Konferenz erzählten, war unglaublich. Im Vergleich zu Göttingen, Freiburg oder Berlin waren die Erfahrungen, die ich in Erfurt bisher gemacht hatte, eher Petitessen. Es gab an den großen Universitäten damals schon die ersten Anläufe, Rednerlisten in den Studentenräten und -parlamenten einzuführen, die verschiedene Geschlechter und Minderheiten berücksichtigen sollten, sogenannte FLINTA*-Listen.

Da wurde mir erst richtig klar, dass das, was ich in den ersten Wochen und Monaten meiner Studienzeit in Erfurt erlebt und worüber ich mich sehr geärgert hatte, eher noch ein »angenehmes« Miteinander gewesen war – und mitnichten ein spezifisch Thüringer Umstand bzw. einer bestimmten Gemengelage von Studiengängen dort geschuldet. Im Gegenteil, ich ahnte, dass es nur eine Frage der Zeit sein würde, bis Identitätspolitik auch Erfurt, also eine sehr viel kleinere Universität, erreichen und die Debattenkultur vollends unterminieren würde.

Ich glaube, das war damals mein Trigger-Moment, der mich anspornte, mit aller Entschiedenheit in die Politik einzusteigen. Wie erläutert hielt ich das Schubladendenken für fatal, falsch und vor allem undemokratisch und wollte mich dessen weiterer Verbreitung entgegenstellen. Damit war ich so gut wie mittendrin in der Hochschulpolitik.

Als junger Mensch nah am Geschehen zu sein, tatsächlich etwas bewirken und mit den politischen Gegnern Auge in Auge streiten zu können – kaum eine andere Plattform bietet diese Möglichkeit so intensiv wie die Hochschulpolitik. Das verbindet uns Hochschulpolitiker – gleich welcher politischen Einstellung – in ganz Deutschland. Auf dieser Bühne demokratische Verantwortung mitzutragen und gestalten zu dürfen, ist ein hohes Gut. Wir kümmern uns zwar um ein eher kleines themenpolitisches Handlungsfeld. Umso größer ist dafür der Fokus auf die punktuellen und praxisnahen Problemstellungen.

Hier ein Beispiel: Zum »Studieren mit Kind« gehört nicht nur die Möglichkeit eines Urlaubssemesters oder Teilzeitstudiums. Es braucht auch einen gesicherten Platz im Kindergarten (auf dem Campus) sowie eine flexible Stundenbetreuung für das Kind. Da Studenten (meist) nicht im Sinne einer Vollzeit-Erwerbstätigkeit arbeiten (können), bedarf es einer finanziellen Unterstützungsmöglichkeit. Eine kindgerechte Mensa-Ecke, Wickeltische und auch ein soziales Umfeld für die Eltern sollten mitgedacht werden. Solche und weitere Initiativen gehen von Studenten aus und werden an die verschiedenen Träger weitergegeben. Es gibt Hochschulgruppen, die Nachhilfe geben oder einen Babyflohmarkt organisieren. Das mag jetzt erst einmal nicht ganz so politisch klingen. Aber auch das ist Hochschulpolitik: die Rahmenbedingungen des Studiums besser machen.

Wieder andere Studenten haben darin Expertise, mit welchen Kosten beispielsweise thüringenweit die Inangriffnahme des Sanierungsstaus verbunden ist, welche Maßnahmen priorisiert werden müssten und wie viel Geld in welchem Landeshaushalt für die Hochschulen wann eingestellt wurde. Und natürlich auch, wie die Räume an den Hochschulen besser ausgestattet werden sollten. Da haben Studenten vielfach mehr Detail- und Fachkompetenz als der gewöhnliche Bildungspolitiker im Parlament.

Nach und nach erschlossen sich mir die Mechanismen der studentischen Selbstverwaltung. Am Rande der RCDS-Veranstaltung im März 2017 holte ich mir Tipps und Ideen für den Stu-

Ra-Wahlkampf bei anderen Gruppen. Ich war gespannt, wie Wahlkampf und Wahl in Erfurt ablaufen würden.

Früher und Heute

An großen Universitäten – die meisten haben Listenwahlen – fiebern alle (politischen) Hochschulgruppen auf diesen Zeitraum hin. Sie alle machen für die Kandidaten und die Listen bzw. Hochschulgruppen Wahlwerbung und liefern sich zum Teil einen erbitterten Wahlkampf. Kreative Slogans wie »240 000 EUR AStA-Gehalt sind zu viel. Selbstbedienungsmentalität beenden!«, »Studenten gegen Gewalt, Extremismus und Fremdenfeindlichkeit«, »Fleisch statt Sozialismus. Gegen den Veggie Day!« oder »Demokraten engagieren sich: für Meinungspluralismus, für studentische Selbsthilfe, für Menschenrechte überall ...« schmückten die Plakate. Allesamt aus RCDS-Publikationen entnommen. Viele Wahlplakate werden allerdings beschmiert oder verschwinden gänzlich.
Das wohl originellste und bekannteste Plakat des Verbandes stammt aus dem Jahr 1976 oder 1977. Mit dem Slogan »Den Nachbetern eine klare Absage« zeigt es eine Büste von Karl Marx, im Hintergrund sind Hammer und Sichel als Symbol des Kommunismus zu sehen. Vor der Statue verbeugen sich fünf Gestalten, gekennzeichnet mit den Abkürzungen MSB Spartakus (Marxistischer Studentenbund Spartakus), Juso-HSG, KBW (Kommunistischer Bund Westdeutschland), SHB (Sozialistischer Hochschulbund) und LHV (Liberaler Hochschulverband). Schon immer waren die ideologischen Gräben – gerade im Wahlkampf – tief. Während – mit Ausnahme der Juso-HSG – keine der aufgeführten Hochschulgruppen die Jahre nach dem Mauerfall überlebte bzw. in anderen Organisationen aufging (das Scheitern der DDR hat womöglich mancher westdeutschen sozialistischen oder kommunistischen Studentengruppe die Finanzierungsgrundlage gekostet), feierte der RCDS als ältester und größter politischer Stu-

dentenverband 2021 sein 70-jähriges Jubiläum. »Allein die Tatsache, dass der RCDS alle seine früheren Gegner überlebt hat, zeigt, dass in der Dauerhaftigkeit christlich-demokratische Wertvorstellungen, im Gegensatz zu sozialistischen Wertvorstellungen, gewissermaßen zeitlos gültig sind«, kommentierte der ehemalige RCDS-Bundesvorsitzende Johannes Weberling.

Bis heute bestechen Ideensammlungen für Hochschulpolitik und Wahlprogramme des RCDS durch hohe Kontinuität, was ein Blick in die Archive belegt. Seit Beginn an definierten Grundsatzarbeit, Hochschul- und Bildungspolitik, Gesamtdeutsche Arbeit und Europaidee sowie Auslands- und Menschenrechtsarbeit die Hauptfelder seiner politischen Arbeit. Er setzte sich bereits in den 1960er-Jahren für eine vertiefte Integration Europas ein, forderte entsprechende Studiengänge, die Koordination der Forschung und die Anerkennung der akademischen Grade sowie Vergleichbarkeit der Studienzeiten und -inhalte – was in Form des Bologna-Prozesses umgesetzt wurde.

Zu allen Zeiten gab der Einsatz für den freiheitlich-demokratischen Staat und gegen rechts- und linksextreme Tendenzen in den Hochschulen dabei die Grundausrichtung vor. Ein allgemeinpolitisches Mandat in den Gremien der Hochschulen lehnte der RCDS jedoch aufgrund des Charakters der Verfassten Studentenschaft als Zwangskörperschaft stets ab. Während weltanschauliche Fragen wie diese schon immer eine Rolle spielten, taten es auch die praxisnahen Themen, wie Essen zu erschwinglichen Preisen, bezahlbarer Wohnraum oder die finanzielle Unterstützung für bedürftige Studenten.

Aber nicht nur prägnant gestaltete Slogans und Plakatmotive werden erarbeitet, sondern auch die unterschiedlichen politischen Ziele für die kommende Wahlperiode diskutiert. Erst intern in der eigenen Hochschulgruppe, dann auf dem Campus. Die Programme sind genauso wenig Pflicht, wie es Wahlprogramme der Parteien im Bundestagswahlkampf sind. Aber natürlich sind sie wichtige Plattformen, um aufzuzeigen, wofür eine Liste oder ein

Kandidat steht und welche Ziele er – im Falle eines Mandats – in der einjährigen Wahlperiode im StuRa oder StuPa verfolgen möchte.
Wobei man sagen muss, dass es die linken und grünen Gruppen mit den Programmen nicht ganz so ernst nehmen. Da reichen vermeintlich verkürzte Botschaften wie »Für Sozialismus« oder »Mit uns wählt ihr aufrichtige Antifaschisten«. Auch der RCDS kann plakativ und provokant sein. Ringen um Aufmerksamkeit entspricht der Logik des Wahlkampfes. Denn wenn weit weniger als 10 Prozent der immatrikulierten Studenten zur Wahl gehen, ist Werbung umso wichtiger. Flyer-Aktionen, Infostände und allerlei Merchandising kurbeln dies ein wenig an. Wie eben in einem Bundestagswahlkampf.
In Erfurt hat der StuRa 17 Sitze. Je nach Größe der Hochschule können es auch mehr sein. Manche Parlamente haben z. B. rund 50 Sitze, wobei dort oft die Fachschaften mit vertreten sind. Das ist – wie so oft in der Hochschulpolitik – überall sehr unterschiedlich geregelt.

Meine persönlichen Kämpfe

Hochmotiviert, voller Ideen und Tatendrang und mit etwas Input durch die Bundeskonferenz wollte ich mich selbst einer Hochschulwahl stellen. Die war Anfang Mai 2017. Mit einem anderen Kommilitonen, Jannis, der im RCDS neu eingestiegen war, überlegten wir ein Konzept. Wahlplakate wurden mit einem Bild von uns, dem Wahldatum und dem Aufruf zur Wahl gestaltet. Social-Media-Kacheln wurden erstellt und Flyer gedruckt. Dazu hatten wir eine besondere Idee: Wir druckten auf die eine Seite unser Plakat, die andere Seite versahen wir mit einem Kreuzworträtsel. Das war alles sehr improvisiert, nicht annährend so professionell wie bei Kandidaten für den Land- oder Bundestag. Dafür effektiv und mit sehr wenig Aufwand verbunden. Wir konnten zu diesem Zeitpunkt allein wegen fehlender Manpower nicht sehr viel mehr machen. Wir stellten uns auf den Campus mit einer Kiste Bier und einem RCDS-Roll-up, das wir von den Jenaern ausgeliehen hatten. Einige blieben stehen, andere nahmen die Flyer mit, ob wegen des Kreuzworträtsels oder unseren Gesichtern drauf. Wir hatten auf jeden Fall – trotz oder wegen des amateurhaften Settings – viel Spaß!

Bei der Recherche zu diesem Buch fiel mir auf, dass mein Plakat von damals – aus welchen Gründen auch immer – von einem X/Twitter-Nutzer aufgegriffen wurde. Der selbst ernannte Wahlbeobachter Hamburgs mit einer größeren Followerschaft postete das Bild und kommentierte es mit »Wahlplakate from Hell: Raum für Bäume, statt Papier-Plakate«. Ich war amüsiert. Denn auf mein Plakat hatte ich damals geschrieben: »Raum für Lehre statt leere Räume. Pro Audimax.« Ich wollte bei dieser Audimax-Problematik irgendetwas bewegen, deshalb war es mir auch wichtig, darauf hochschulöffentlichkeitswirksam einzugehen. Auf dem Bild lehne ich an einem Baum und verschränke die Arme. Daher wohl der satirische Wortwitz »Raum für Bäume«.

Auch wenn wir uns angestrengt hatten und erste Erfahrungen sammeln konnten, zogen Jannis und ich nicht in den StuRa ein. Erstaunlicherweise machte außer uns niemand Wahlkampf. Das war ein wenig bizarr, denn von der RCDS-Konferenz hatte ich etwas anderes mitgenommen. Jannis hatte vorher in Köln studiert, auch er kannte Hochschulwahlkämpfe als sehr aktive Zeit. Da wir beide erst seit einem guten halben Jahr am Erfurter Campus studierten und entsprechend noch ziemlich unbekannt waren, kamen Jannis und ich auf die Nachrückerliste.

Später verzichtete ich zugunsten meines Kommilitonen auf meinen Nachrückanspruch. Er hatte sich direkt nach der StuRa-Wahl als freier Mitarbeiter bestätigen lassen. So werden Leute bezeichnet, die zwar nicht gewählte Mitglieder sind, aber sich freiwillig in Referaten engagieren und sich in den wöchentlichen StuRa-Sitzungen stärker einbringen. Jannis war im StuRa sehr engagiert, und so gönnte ich ihm das Mandat. Ich war nicht gram darüber, dass es beim ersten Mal nicht geklappt hatte. Wir hatten eben noch nicht so viele Kurse und Seminare absolviert und deshalb einen noch eher geringen Bekanntheitsgrad. Das hatten uns die anderen Kandidaten schlichtweg voraus, sie waren älter, viele von ihnen hatten bereits das Jahr davor dem StuRa angehört. Und auch den RCDS kannte so gut wie niemand auf dem Campus in Erfurt.

Diesen Befund nahm ich zum Anlass für erste strategische Überlegungen. Ich wollte zum einen den RCDS als pragmatische Stimme und studentisches Sprachrohr ohne ideologische Rückkopplung auf dem Campus etablieren und personell so aufstellen, dass wir mit unseren Mitgliedern ein breites Netzwerk auch in andere Fakultäten hinein bilden konnten, was den Bekanntheitsgrad der RCDS-Kandidaten erhöhen würde. Wir planten also unseren nächsten Wahlkampf im Jahr 2018. Mittlerweile waren wir ungefähr 15 aktive Mitglieder. Darunter viele Frauen. Zudem hatten sich ein paar Leute von der Fachhochschule Erfurt uns angeschlossen.

Während politische Hochschulgruppen gleich welcher Couleur an Universitäten immer Zulauf haben, ist das an der Fachhochschule schwieriger. Dort werden überwiegend angewandte Studiengänge, also praxisnahe Fächer, angeboten. Viele der Studenten arbeiten im Rahmen ihres Studiums daher nebenbei in Betrieben. Außerdem sind z. B. technische Studiengänge nicht gerade bekannt dafür, dass sie politische Debatten wecken würden. Anders an der Universität, wo gerade in den Geisteswissenschaften ein polarisiertes Umfeld herrscht, sich die Studenten selbst auch politisch stark interessieren und engagieren. So sind die Politikwissenschaften und die Sozialwissenschaften prädestiniert dafür, in den Seminaren und darüber hinaus über gesellschaftliche und politische Themen den Diskurs anzuregen und dauerhaft zu führen. Wer sich hier nicht für öffentliche Probleme interessiert, ist fehl am Platz. Denn genau darum drehen sich die Inhalte dieser Studiengänge. Kein Wunder also, dass an der Universität Erfurt die mit großem Abstand meisten Kandidaten für die StuRa-Wahl von der Staatswissenschaftlichen Fakultät kommen. Außerdem ist die Tradition, was insbesondere politische Hochschulgruppen angeht, gerade an den älteren Universitäten weitreichend, beinahe historisch, und Hochschulgruppen sind spätestens seit Ende der 1960er-Jahre nicht mehr wegzudenken.

Nach dem Mauerfall fanden ehemalige Universitätsstädte wie Halle oder Jena schnell zu alter Bedeutung und tradiertem Ansehen zurück. Mit ihnen blühte die studentische Kultur wieder auf, deren Funke auch nach Erfurt übersprang. Und so wollten wir als RCDS Erfurt richtig loslegen. Gemeinsam bestimmten wir zwei Kandidaten, die von unserer RCDS-Hochschulgruppe unterstützt werden sollten. Wieder traten Jannis und ich an. 2018 waren wir schon viel mehr Leute als im Vorjahr und sogar aus unterschiedlichen Fakultäten. Der Radius unseres Netzwerkes hatte sich damit entscheidend erweitert.

Mittlerweile hatte sich auf dem ganzen Campus herumgesprochen, dass ich im RCDS und in der CDU war. Manchmal fühlte ich mich wie eine Aussätzige. Nach wie vor hatte ich etliche linke und grüne Freunde, allen voran meinen Freundeskreis aus der Ersti-Woche. Ich hatte mich daran gewöhnt, dass ich erst einmal scheel angeschaut wurde, wenn ich von meinem politischen Hintergrund berichtete.

Wenn es vorkam, dass sich danach jemand von mir abwandte und nicht mehr mit mir sprach, ärgerte ich mich zwar immer noch. Das Gefühl einer zugefügten Kränkung wich allerdings allmählich dem des Bedauerns für mein Gegenüber. Wie sehr fixiert in seiner ideologischen Befangenheit konnte man sein, um mit einer 20-jährigen christdemokratischen Studentin nicht zu sprechen? Ein wenig stolz und amüsiert war ich dann doch, mit meiner Mitgliedschaft konsternieren zu können. Ich selbst hatte damit ja kein Problem, im Gegenteil, sollten sie sich doch abwenden. Aber ich wusste, dass dies das politische Gegenlager provozierte. Noch dazu, weil wir bereits im Jahr davor als einzige Hochschulgruppe Plakate druckten und Infostände anboten. Auch bei den StuRa-Mitgliedern der aktuellen Wahlperiode – einige wollten bei der Wahl 2018 wieder antreten – war diese Information angekommen. Obschon ich damals noch nicht gewählt war, wohnte ich ein paar der StuRa-Sitzungen bei. Zu hören, was die aktuellen Themen und Debatten sind, ist nicht nur spannend, sondern auch notwendig. Jede Sitzung ist hochschulöffentlich, das heißt, jeder immatrikulierte Student der Universität darf die Besprechungen verfolgen. Die Anwesenheit von Gästen, also nicht immatrikulierten Personen, muss mit der Mehrheit der Stimmen bestätigt werden.

Neben den Mitgliedern des StuRa sind nicht nur Interessierte anwesend, auch die studentischen Vertreter in den akademischen Gremien wie z. B. dem Senat berichten von den Ergebnissen der letzten Sitzungen. Von Änderungen der Rahmenprüfungsordnung bis hin zu Bauprojekten und Sanierungsmaßnahmen an den Hochschulgebäuden fließen in der studentischen Selbstverwaltung so alle relevanten (manchmal auch weniger zentrale) Informationen zusammen. Und auch das Campusleben wird von hier aus flankiert, Ideen von Studenten werden in den Sitzungen vorgestellt.

Das Budget des StuRa soll vorrangig für studentische Vorhaben, jedenfalls aber für Projekte, die Studenten zugutekommen, ausgegeben werden. So werden einerseits Dinge angeschafft, die man als Student kostenlos ausleihen kann – z. B. Pavillons, Bierzeltgarnituren, Grillzubehör, Spiele für draußen oder auch Technik wie Lautsprecherboxen oder Mischpulte. Andererseits haben alle Studenten, Hochschulgruppen oder andere studentische Initiativen die Möglichkeit, Finanzanträge für Veranstaltungen und Konzepte zu stellen. Dabei präsentieren sie ihre Idee, zeigen auf, weshalb es dafür finanzieller Unterstützung bedarf und auf welche Weise sie im Interesse der Studentenschaft wirken. Meist handelt es sich dabei um kleinere Beträge im zweistelligen oder unteren dreistelligen Bereich.

Anschließend berät der StuRa den Antrag und entscheidet dann mehrheitlich, ob die Finanzierung bewilligt wird. Es ist ja das Geld eines jeden Studenten, das über den Semesterbeitrag eingezogen wird. Eine kritische Prüfung und multiperspektivische Diskussion sind besonders bei strittigen Anträgen wichtig.

Nur schlecht, wenn in diesen Entscheidungen ein politischer Bias steckt. Später habe ich oft mitbekommen, mit welch tendenziösen Argumenten für politisch unerwünschte Veranstaltungen Finanzanträge nicht genehmigt wurden. Als RCDS haben wir unsere Projekte deshalb oft auf eigene Faust machen müssen, auch im Hinblick auf die finanzielle Umsetzung. In dieser Zeit habe ich sicher einen mittleren dreistelligen Betrag aus eigener Tasche aufgebracht. Das habe ich aber gern und aus Überzeugung getan.

In diesen Wochen vor der StuRa-Wahl, in denen ich in die studentische Selbstverwaltung reinschnuppern konnte, überkam mich das ungute Gefühl, dass die »alten Hasen« gar keine Lust darauf hatten, mir im StuRa gegenüberzusitzen. Obwohl ich mich mit ein paar Kommilitonen, die ich oberflächlich kannte, persönlich gut unterhalten konnte, stand immer dieses »Politische-Einstellung-Problem« zwischen uns.

Zwei der StuRaner (ein Juso-Pärchen) schauten mich vorsichtshalber überhaupt nicht an – aus politischen Gründen. Wenn sich die Blicke versehentlich dann doch einmal trafen, konnte ich Verachtung in ihnen lesen. Ich verkörperte in deren Augen das Böse, den Vorhof des Faschismus. Sie glaubten an die linksextreme Ideologie, liefen jedes Wochenende auf Demonstrationen mit und hatten für eine Konservative nichts weiter übrig als Missachtung.

Eigentlich war ich immer damit erfolgreich, offensiv auf Menschen zuzugehen, schnell das Eis zu brechen. Hier jedoch gelang es mir nicht, eine Gesprächsbasis herzustellen.

Als Demokraten war es uns im RCDS wichtig, dass viele Studenten zur Wahl gehen. Erstens um der Wahlbeteiligung selbst willen, zweitens, um die Chance zu nutzen, Erstwähler auf unsere

Inhalte und Positionen aufmerksam zu machen. Den politischen Mitbewerbern waren diese Aktivitäten natürlich nicht geheuer. Denn sie hatten ihre feste Wählerklientel aus der linken Bubble, da störten die konservativen Plakate.

Vielleicht war das der Grund, weshalb ein paar Wochen vor der Wahl 2018 eine Debatte in der StuRa-Sitzung darüber entbrannte, dass ausgerechnet in diesem Jahr besser keine Plakate aufgehängt werden sollten. Begründung: Akteure ohne Plakatierung sollten nicht benachteiligt werden. Jeder solle die gleiche Chance haben. Zudem habe Plakatwerbung am Campus der Uni Erfurt eh keine Tradition. »Die CDU-Tante hat das im letzten Jahr einfach so gemacht. Das hat uns da schon nicht gepasst, hier läuft es halt anders, familiärer. Wir sind ja nicht in Jena!«

In Jena war der Umgang tatsächlich konfrontativer, die Universität ist um einiges größer, das macht viel aus. In Erfurt ging und geht es wahrnehmbar zwangloser zu. An der Hochschule studieren weniger Studenten, man kennt sich hier, ob aus gemeinsamen Univeranstaltungen oder von Partys. Auch das Personenwahlrecht (die Jenaer wählen Listen und bilden im StuRa Fraktionen) führt dazu, dass man eine Person wählt und eben keine Hochschulgruppe. Es ist also leichter »möglich«, aus inhaltlichen Grenzen herauszutreten und als »Person« zu sprechen oder zu entscheiden.

Das Attribut »familiär« trifft auch dann zu, wenn die Familie untereinander zerstritten ist – noch dazu aus politischen Gründen. Und wo der eine Teil dem anderen Teil Spaltung vorwirft, selbst wenn dieser nichts zu diesem Zerwürfnis beigetragen hat. So wie auf dem familiären Campus Erfurt. Wir RCDSler waren in den Augen vieler StuRa-Mitglieder die Spalter des harmonischen Miteinanders. Kein Wunder, so wahrgenommen zu werden, wenn politisch alle einer Meinung sind und sich gegenseitig in ihren Positionen bestärken. Da können Menschen mit anderen Ansichten und Herangehensweisen in dieser »Harmonie« tatsächlich Wind aufwirbeln.

Als ich die Begründung hörte, weshalb keine Plakate zugelassen werden sollten, war ich außer mir. Nachdem ich bei besagter StuRa-Sitzung nicht hatte dabei sein können, erfuhr ich von der Entscheidung eher nebenbei. Ich beschwerte mich mit dem Hinweis, dass nicht wir dafür Verantwortung trügen, wenn andere Kandidaten nicht plakatierten. Es sei unser gutes Recht, bei einer StuRa-Wahl für sich oder andere öffentlichkeitswirksam zu werben. Zu allem Möglichen würden Plakate an den Laternen auf dem Campus angebracht. Zudem erhöhten Plakate die Wahlbeteiligung, das wollten wir doch sicher alle. An anderen Universitäten sei es üblich, sichtbar Wahlkampf zu machen. Es könne sein, dass ich mit der Kein-Wahlkampf-Tradition der Universität Erfurt im vorherigen Jahr gebrochen habe. Aber dann sei es eben jetzt die Zeit, eine neue Tradition zu initiieren. Dagegen konnte niemand mehr etwas sagen. Und so hielt – jedenfalls bis zur Coronapandemie – ein neuer Wahlkampfritus in Erfurt Einzug.

Unfaire Methoden

Für unsere Strategie hatten wir uns im RCDS eine Kampagne überlegt. Wir debattierten Forderungen und suchten nach Motiven für eine passende Bildsprache. Mein Lieblingsplakat hatte den Titel »Mit Blick in die Zukunft – Digitalisierung voranbringen«. Wieder standen mein Name und die relevanten Wahldaten darauf. Hintergrund war die Digitalisierung der Bibliothek bzw. ihrer Bücher, aber auch der Lehre bzw. der Lehrmaterialien. Vor Corona fanden Online-Angebote so gut wie nicht statt, und auch längst nicht alle Professoren luden die Seminartexte auf eine eigens dafür eingerichtete Plattform hoch. Auf dem schwarz-weißen Plakatbild warf ich mir im Gehen ein (Männer-)Sakko über, das ich mit einem Arm schon angezogen hatte. Das war natürlich abgekupfert von dem FDP-Politiker Christian Lindner aus dem Bundestagswahlkampf 2017. Allein die Tatsache, dass ich einen »bösen Neoliberalen« parodierte, machte die Linken verrückt.

Wir staffierten mit dem Plakat den ganzen Campus aus. Insgesamt hatten Jannis und ich je drei Motive.

Wieder boten wir einige Infostände an, die zu den Stoßzeiten immer stark frequentiert waren. Im Rotationsverfahren betreuten Leute aus unserem Team den Tisch mit Flyern und Stickern. Auch die bekannten RCDS-Mitgliedsanträge auf Bierdeckeln hatten wir von der Bundesgeschäftsstelle des RCDS organisiert. Wichtigstes Wahlkampfutensil blieb aber der Kasten Bier am Stand. Die gute Stimmung war in der frühsommerlichen Sonne des Mai 2018 allgegenwärtig.

Ich hatte mich auch dadurch nicht aus dem Konzept bringen lassen, dass ein inhaltlich sehr unzutreffendes und mich ungünstig darstellendes Video, produziert von Radio F.R.E.I., einem Uni-Radio, auf YouTube kursierte. Die Hochschulgruppe »UNIversal« ist die Studentenredaktion von Radio F.R.E.I. Studentische Redakteure berichten unter anderem über aktuelle Aktionen auf dem Campus von Universität und Fachhochschule, hochschulpolitische sowie kulturelle und gesellschaftliche Themen.

Das Uni-Radio wollte alle StuRa-Kandidaten interviewen und Fragen zu ihren Ambitionen stellen. Ich machte gerne mit, Reichweite zu bekommen war schließlich wichtig. Auch wenn sich im Nachhinein rausstellte, dass sich nicht wirklich viele Studenten das Video ansahen und auch die wenigsten Kandidaten für die StuRa-Wahl 2018 mitmachten. Ich hatte eigentlich noch überhaupt keine Erfahrung mit Interviews oder Gesprächen, die für immer im Netz landen würden, und wollte mich nun mit Neugier darauf einlassen. Auch wenn es sich nur um einen Nischensender mit maximal geringer Reichweite handelte, war es doch spannend und aufregend.

Ich kannte den Studenten, der das Interview mit mir führen sollte, bereits von einigen Partys und meinem Ersti-Freundeskreis. Er war Mitglied der Linkspartei. Auf persönlicher Ebene konnte ich ganz gut mit ihm, Daniel, Small Talk halten. Das Gespräch, das er mit mir aufnahm, war jedoch in meiner Wahrnehmung weniger ein Interview als vielmehr ein Verhör. Mit Neutralität oder irgendeinem journalistischen Anspruch hatte das ohnehin nichts zu tun. Es diente vor allem dazu, mich inhaltlich möglichst unvorteilhaft darzustellen. Allein das Setting, in dem das Gespräch stattfand, war unprofessionell. Im StuRa auf dem abgesessenen Sofa wurde das Gespräch zwischen Tür und Angel aufgezeichnet. Da ich Menschen erst einmal offen und unvoreingenommen gegenüberstehe und erst etwas wirklich Gravierendes vorfallen muss, bis ich jemandem für immer den Rücken kehre, war ich zu diesem Zeitpunkt arglos. Vielleicht hatte ich mich zu vertrauensvoll und blauäugig in die Situation begeben und musste nun Lehrgeld zahlen. Eine wertvolle Erfahrung fürs Leben und den Umgang mit Medien.

In der gleichen Woche stand ich wieder am Wahlkampfstand und unterhielt mich mit einem Studenten, der sich anscheinend für meine Position interessierte. Auch ist mir immer wichtig gewesen, überhaupt erst einmal die studentische Selbstverwaltung zu erklären und weshalb es wichtig ist, wählen zu gehen. Während ich mich also mit dem jungen Mann unterhielt, kam breit grinsend der Radio-Interviewer auf den Stand zugelaufen und fragte den Studenten, was ich ihm denn aufschwatzen wolle. Der Student wusste nicht so recht, wie ihm geschah.

Mir war klar, dass es Daniel allein darum ging, mich vor Dritten zu desavouieren. Und das tat er auch. Es ging so weit, dass er meine Familie vollkommen aus dem Zusammenhang gerissen ins Spiel brachte und beleidigte. Er kannte meine Familie nicht – wie auch – und überschritt absichtlich diese sehr private Grenze, um mich emotional anzugreifen. Ich blieb ruhig, der andere Student blieb noch eine Anstandsminute stehen und verschwand.

Zu Daniel gewandt machte ich eine deutliche Ansage. Diese unfaire und doch so durchsichtige Art, mich bloßzustellen, sei nicht nur im studentischen Umgang perfide und für bildungsaffine Menschen unwürdig. Mehr brachte ich nicht über die Lippen. Und mich auf sein Niveau zu begeben, kam nicht infrage. Als er

abgedampft war, war ich richtig sauer und traurig, auch verunsichert und wusste in den ersten Minuten nicht, wohin mit mir. Mit meinen damals 19, fast 20 Jahren war ich mit solch verächtlichem Verhalten noch nicht konfrontiert worden, schon gar nicht im Kontext politischer »Einflussnahme«. Schließlich ging es hier um die Hochschulwahlen einer kleinen Universität im Freistaat Thüringen, an der ohnehin nur ein kleiner Prozentsatz der 6000 Studenten teilnehmen würde. Mit anderen Worten: vergleichsweise unbedeutend. Und doch hielt es Daniel anscheinend für seine Mission, mich vor anderen zu blamieren. Damit sie mich nicht wählen? Oder um mich einfach zu erniedrigen und zu verunsichern, weil er meine politische Einstellung nicht teilte?
Wenn es nicht tatsächlich so passiert wäre und mich derart berührt hätte, wäre diese Episode ob ihrer Durchschaubarkeit beinahe lächerlich. Und doch war es für mich ein einschneidendes Erlebnis und steht sinnbildlich für die ideologischen Gräben und die Verbohrtheit von Menschen, die für ihre Überzeugungen die Grenzen des Anstands durchbrechen. Nur um Verunsicherung und Bloßstellung zu erreichen. Was würden solche Menschen noch tun, um in Situationen, die weitaus relevanter sind, ihre Position gegenüber anderen zu stärken und sich moralisch über sie zu stellen?
Leider war das an diesem Tag noch nicht alles. Gerade war wieder eine Vorlesungspause. An der Universität dauern die Vorlesungen und Seminare in der Regel 90 Minuten. Dazwischen sind 30 Minuten Pause, um in die Mensa zu gehen oder den Raum für die nächste Veranstaltung zu wechseln. Auch an diesem Tag war der Campus also zwischen 13:45 und 14:15 Uhr voll von Leuten, die entweder in die Cafeteria wollen, die Bibliothek aufsuchen oder sich in die Sonne auf die Campuswiese legen. Ich sortierte gerade die Flyer auf dem Stehtisch und nippte an meiner Flasche Bier, als ich aus der Menge jemanden laut und an mich gerichtet sagen hörte: »Nazischlampe!« Ich schaute sofort hoch. Wer war das? Hatte er gerade wohl mich gemeint? Hatte ich mich verhört?

Nein, ich hatte mich nicht verhört, ich habe es noch heute im Ohr. So etwas vergisst man nicht. Es war ein Mann, ein Student. Da ich nicht schnell genug hochschauen konnte, kann ich heute nur vermuten, wer es war. Eine Gruppe von Staatswissenschaftlern, von denen ich wusste, dass sie in diversen politischen Hochschulgruppen aktiv waren, lief gerade am Stand vorbei. Scheinbar hatte derjenige nicht den Mut, mir ins Gesicht zu sagen, was er von mir oder meiner Einstellung hielt. Es war offensichtlich jemand, der sich seine Meinung über andere bildete, ohne mit der Person, mit mir, jemals gesprochen zu haben. Die Unfähigkeit, sich mit anderen Menschen, die nicht aus der linken oder linksradikalen Szene kommen, zu unterhalten, stellte eine ganz neue Dimension für mich dar.

Dickes Fell

Diese beiden Vorfälle an einem Tag und fast unmittelbar nacheinander hatten mich sehr getroffen. Emotional und mitten in die Magengrube. Um mit solchen Erlebnissen klarzukommen, muss man sich ein dickes Fell zulegen. Ich war zu diesem Zeitpunkt noch zu jung und unerfahren, als dass ich mir ein solches schon hätte aneignen können. Schockiert ging ich heim und konnte meine Tränen nicht mehr unterdrücken. Vor allem der unfassbare Angriff auf meine Familie hatte mich sehr getroffen. Es war eine Beleidigung um der Beleidigung willen. Das war niveaulos und feige. Jeder erlernt im Laufe seines Lebens Mechanismen, um Tiefschläge und Niederlagen zu kompensieren. Die einen benötigen solche vielleicht mehr als die anderen, aber jeder Mensch erlebt Situationen, aus denen er lernt, sich künftig zu wappnen, und die ihn stärker machen.

Viele andere solcher Kontexte forderten mir permanent Standhaftigkeit und Selbstbewusstsein ab. Aber spätestens nach diesen beiden Vorfällen im Mai 2018 war mir klar, dass ich dieses Umfeld nicht ändern konnte, sondern versuchen musste, meiner

Haltung treu zu bleiben: mir eben ein dickes Fell zuzulegen. Es kommt nicht jeden Tag vor, dass man sich unverstanden fühlt und falsch behandelt wird. Aber wenn es geschieht, sollte man damit klarkommen. Und als engagiertes RCDS-Mitglied hat man im studentischen Umfeld sehr viele politische Gegner, die »Gegnerschaft« nicht mit fairem Wettbewerb übersetzen, sondern mit Feindschaft und ideologischem Überlebenskampf.

Ich bewundere deshalb viele Politiker, egal welcher Couleur, die tagtäglich mit solcherlei Angriffen konfrontiert sind. Angriffe, die nur dazu dienen, Menschen zu verunsichern, bloßzustellen und ins soziale Abseits zu stellen. Politiker stehen so im Fokus der Berichterstattung wie keine andere Berufsgruppe. In den vergangenen Jahren hatten sich, wie die Grünen-Politikerin Renate Künast, einige auch rechtlich dagegen gewehrt, insbesondere gegen Hassrede im Internet.

Eindeutige Haltung und ein dickes Fell sollte man nicht mit Kaltherzigkeit und Abgehobenheit verwechseln. Nur weil man sich nicht alles gefallen lässt, bleibt man nicht immun gegen Ausgrenzung und Missachtung. Ich war deshalb dankbar für meine Freunde – meine Ersti-Gruppe, die trotz aller politischen Differenzen zu mir hielt.

Am nächsten Tag erzählte ich den Vorfall im Freundeskreis. Philipp kannte den Radio-Interviewer von irgendeiner linken Gruppe persönlich. Ohne dass ich um etwas bat, ging er nach der Mensa zu Daniel und machte ihm klar, dass er sich für dieses beispiellose Verhalten bei mir entschuldigen solle. Das tat Daniel dann auch. Die Entschuldigung schien aufrichtig zu sein, aber ein Rest an Misstrauen blieb. Bis heute rechne ich Philipp hoch an, dass er sich für mich eingesetzt hat. Auch wenn wir beide uns und der gesamte Freundeskreis sich schon länger auseinandergelebt haben und wir untereinander nur selten Kontakt haben, berührt mich diese Geste noch heute. Vielleicht gehören unsere gemeinsamen Erlebnisse und Erfahrungen zu den wenigen positiven Beispielen, dass gutes Miteinander über weltanschauliche Differenzen hinweg möglich ist und echte Freundschaft auch über Parteigrenzen hinweg funktionieren kann.

Plötzlich im StuRa

Vollkommen überraschend waren nach diesen unangenehmen Wahlkampferfahrungen dann die Ergebnisse der Wahl zum 20. StuRa. Ich hatte die Fakultät haushoch und mit Abstand zum Zweitplatzierten gewonnen! Ich, der »konservative Schreck« der Universität Erfurt? Ich war baff, damit hatte ich wirklich nicht gerechnet. Zwar hatte ich viele Freunde, war bekannter geworden, mein Name stand am Campus überall auf den Plakaten. Aber ich war der Überzeugung gewesen, dass die linken Kandidaten ihre Leute zulasten des RCDS mobilisieren würden. Das war wohl nicht gelungen. Zwar hat die Platzierung keine Auswirkung auf irgendeine Hierarchie im StuRa. Aber natürlich hat so ein Wahlergebnis eine große symbolische Kraft.

Auch mit unserem Ziel, die Wahlbeteiligung zu erhöhen, waren wir mehr als erfolgreich. Als wir die Wahlbeteiligung zur Kenntnis nahmen, trauten wir unseren Augen nicht: 22,4 Prozent! Das war einmalig.

Die anderen hatten nun einen gewissen Respekt und merkwürdigerweise auch echte Angst, dass der Campus auf einmal konservativ werden würde. Was für eine realitätsferne Annahme. Wir waren zwei RCDSler von insgesamt 17 StuRa-Mitgliedern. Wer das studentische Umfeld kennt, weiß, dass sich etablierte Kräfteverhältnisse nicht so leicht verändern lassen. Ich mochte die Vielfalt, für die ich auch in meinen Gesprächen warb – solange mich niemand beleidigte und mit unfairen Mitteln kämpfte.

Umso erstaunlicher fand ich es, dass das Juso-Pärchen, das nicht mit mir sprach, echt Angst vor einem »konservativen Umbruch« hatte. Als würden wir in einem anderen Jahrhundert leben. Sie gaben mir nach wie vor nicht die Gelegenheit, meine Positionen klarzumachen und mich als Person und Menschen vorzustellen.

Für sie war ich eine der »Bösen«. Sie hatten sich ihre Meinung schon gebildet, meine Parteimitgliedschaft reichte ihnen dafür.
Aus meiner Ersti-Gruppe waren auch Charlotte und Leo in den StuRa eingezogen. Maja engagierte sich als freie Mitarbeiterin.
In der konstituierenden Sitzung wurden die Referatsleiterposten verteilt und ein Vorstand gewählt. Das wichtigste Referat – neben Vorstand und Finanzen – ist das Referat Hochschulpolitik. Dieses Referat ist quasi primus inter pares und liegt jedem am Herzen. Umso überraschender war, dass ich mit einigen Nein-Stimmen und Enthaltungen zur Referatsleiterin Hochschulpolitik, oder HoPo, wie wir sagen, gewählt wurde. Ein Resultat, mit dem ich ebenfalls nicht gerechnet hatte!
Es war ein intensives Jahr voller Debatten und politischem Streit in meiner ersten Amtsperiode. Die Sitzungen fanden jeden Mittwoch statt. Dem StuRa steht ein eigenes Gebäude zur Verfügung. Dort gibt es ein Büro mit zwei PCs, ein Lager, wo die ausleihbaren Gegenstände stehen, sowie den großen Sitzungsraum mit einer kleinen Küchenzeile, mehreren u-förmig angeordneten Tischen und eben dem abgesessenen Sofa. Um 20 Uhr, wenn in der Regel keine Lehrveranstaltungen mehr stattfinden, ist Sitzungsbeginn. Die Sitzungen dauern oft mehrere Stunden und ziehen sich mitunter bis in die Nacht hinein. Es gab Sitzungen, die erst morgens gegen 4 Uhr endeten. Glücklicherweise wohnte ich ganz in der Nähe des Sitzungsortes, maximal zehn Minuten beanspruchte mein Fußweg.
Zu meinem Pech belegte ich im Wintersemester ein Seminar zu Forschungsdesigns (ein sehr trockenes Thema), das jeden Donnerstag von 8 bis 10 Uhr stattfand. Der Professor legte den Beginn seines Seminars auf 7:30 Uhr fest. Das war Wahnsinn, 8:15 Uhr war mir immer schon viel zu früh. Typisch Student eben. Nach den ersten beiden Tassen Kaffee ging es dann zwar so langsam, allerdings waren durchdebattierte Nächte im StuRa und ein Seminarstart vor 8 Uhr keine gute Kombination. Wenn sich die Sitzungen bis in die Morgenstunden dehnten, blieb ich zwischen

Sitzungsende und Seminarbeginn auch mal im StuRa und schlief auf jenem Sofa. Nach dem Seminar, das übrigens immer vollkommen überzogen wurde und meistens erst um 10 Uhr endete, ging ich dann kurz nach Hause, um mich frisch zu machen.

Die StuRa-Sitzungen sind unterteilt in einen öffentlichen Teil, in dem die Tagesordnung abgearbeitet wird, Finanzanträge debattiert und abgestimmt sowie Beschlüsse getroffen werden und in dem alle immatrikulierten Studenten anwesend sein dürfen. Danach folgt der nicht-öffentliche Teil. Dort dürfen nur gewählte Mitglieder des StuRa und die freiwilligen Mitarbeiter anwesend sein.

Eigentlich dient dieser Teil dazu, Inhalte, die nicht im Protokoll stehen sollen, weil sie z. B. noch nicht spruchreif sind und lediglich der internen Vorabinformation an die Studentenvertreter dienen, anzusprechen. Jede StuRa-Sitzung wird natürlich protokolliert, die Protokolle kann jeder Student auf der Homepage einsehen, wenn er sich dort mit seiner Matrikel einloggt. Der nicht-öffentliche Teil in Erfurt fungierte aber vor allem als informelle interne Aussprache- und Beschwerdeinstanz. Die Debatte zog sich oft stundenlang. Z. B. hätte ich während der Sitzung einen flapsigen Kommentar gebracht, weshalb sich eine Person im Raum nun verletzt fühlte. Oder eine Äußerung wäre politisch gesehen heikel gewesen, man wollte es nicht im Protokoll vermerken lassen, aber hier noch einmal ganz offen ansprechen. Man solle aufpassen, dass sich niemand diskriminiert fühle.

Da war sie wieder, die Political Correctness. Allgegenwärtig. Meist ging es um Stellungnahmen in Bezug auf mich, von denen der StuRa mehrheitlich meinte, er müsse sie abgeben. Zum einen sei ich dagegen, dass wir uns zu allgemeinpolitischen Themen äußerten, allein das brachte mir harsche Kritik ein, denn der StuRa sei genau dafür da, um ein Sprachrohr der Studenten in der Öffentlichkeit zu sein. Zum anderen wollte ich nicht gendern. Und darüber hinaus hatte ich zu politischen Inhalten wie zur Kemmerich-Wahl, der Ministerpräsidentenwahl in Thüringen im Februar 2020, eine andere, differenziertere Meinung als der Großteil meiner Kommilitonen. Meine inhaltlichen Äußerungen zu diesen Themen wurden strategisch als diskriminierend eingestuft, um damit gleichzeitig meine Argumente zu entkräften und zu disqualifizieren.

Ein Paradebeispiel für linke Identitätspolitik bot in der StuRa-Wahlperiode 2018/2019 Simon, einige Jahre älter als ich und homosexuell. Simon, eigentlich freundlich und aufgeschlossen, war seit der letzten Wahl wie ich StuRa-Mitglied. Vorher hatte er sich durch seine Mitbewohner über Ecken mit Charlotte und Maja aus meinem Freundeskreis angefreundet. Von nun an hing die Clique viel zusammen.

Wir verstanden uns persönlich gut, tranken nach den Sitzungen – mit vielen anderen Mitgliedern des StuRa – das ein oder andere Bier miteinander. Und dennoch sah er in mir immer die CDUlerin, deren Partei seiner festen Überzeugung nach homophob war. Das war und ist für mich nach wie vor sehr belastend, denn es sind Anschuldigungen an eine Partei und deren Mitglieder, die einfach falsch sind. Simon musste doch merken, dass mir wirklich egal ist, welche sexuelle Orientierung jemand hat. Das spielt für mich im Umgang mit anderen schlicht keine Rolle. Zudem verlangen auch er und andere »Identitäre«, als Individuum gesehen zu werden. Wieso darf ich dasselbe nicht für mich in Anspruch nehmen?

Simon sah das anders. Ihm war es offenbar sehr wichtig, jedem auf dem Campus mitzuteilen, dass er und der StuRa nichts mit rassistischen, sexistischen, transfeindlichen, ausländerfeindlichen und homophoben Menschen zu tun haben wollen, diese vielmehr zu verurteilen sind. Mit diesem Ziel konzipierte er eine Plakat-, Sticker- und Postkartenaktion. Die silbrig glänzenden Plakate brachte er überall auf dem Campus an. Wer nun die Wege ablief, bekam – wie auch schon bei campus mackerfrei – das Bild eines studentischen Umfelds vermittelt, das geprägt wäre von rassistischen und diskriminierenden Anfeindungen und Angriffen auf

Ausländer, Homosexuelle und andere. Unter dem Instagram-Post im Dezember 2018 zu der Kampagne stand:
»An alle Sexist*innen, Rassist*innen, Fanatiker*innen, Menschenhasser*innen, Homo- und Transfeindliche, du findest sexistische Sprüche total witzig, bedrohst Menschen aufgrund ihres Aussehens, hast keinen Glauben an Respekt und denkst, es ist richtig, Menschen auf der Straße zu belästigen? Nun, das glauben wir nicht! Wenn wir deinen Hass hören oder sehen, werden wir laut. Denn unser Campus ist bunt und es kann sich jede*r frei entfalten! Heute beginnt unsere Plakataktion gegen #Sexismus, #Rassismus, #Fanatismus, #Menschenhass, #Homofeindlichkeit und #Transfeindlichkeit. In Zusammenarbeit mit vielen HSGs und FSRs haben wir Plakate und Aufkleber entworfen, mit denen wir Diskriminierung und Hass auf unserem #Campus entgegentreten und uns für eine offene und tolerante Uni Erfurt einsetzen wollen.« Betroffene könnten sich an die Antidiskriminierungsstelle des StuRa wenden.

Bei der Aktion machten viele HSGs und FSRs, also Fachschaftsräte, mit. Der RCDS Erfurt nicht. Das gab einen riesigen Shitstorm und landete mehrere Male im nicht-öffentlichen Teil der StuRa-Sitzung.

Wir brachten die Argumente, die gegen eine Unterstützung der Plakataktion durch den RCDS sprachen. Selbstredend waren es nicht die Inhalte. Wir stehen für die liberale Demokratie und ihre Werte, was geschrieben stand, konnten wir ohne Zweifel befürworten. Wir wollten aber die Art und Weise der Kommunikation nicht mittragen. Es gab zu diesem Zeitpunkt – das gilt auch für den gesamten Verlauf meines Studiums – keine Welle von physischer oder psychischer Gewalt gegen ausländische Kommilitonen, Homo- oder Transsexuelle.

Auch im StuRa wurden zur Begründung der Kampagne keine Fälle diskutiert, die als Unterfütterung einer solchen Aktion hätten hinzugezogen werden können. Die Begründung war lediglich, dass es in der Gesellschaft allgemein große Probleme mit Diskriminierung, Sexismus und Rassismus gäbe und daher eine solche Kampagne notwendig sei. Man würde sie erst einmal auf dem Campus starten – dort verblieb sie meines Wissens auch.

Weil also nach Meinung einiger »die Gesellschaft« sehr intolerant sei, war diese Aktion – die die Studentenschaft zwar nicht viel gekostet hatte, aber immerhin etwas – auf dem Campus gerechtfertigt? War das studentische Umfeld in dieser Hinsicht denn nicht ausreichend sensibilisiert? Und dennoch hängte man Plakate dort umfänglich auf und erweckte dadurch den Anschein, dass es dringend einer Sensibilisierung der Kommilitonen für Themen wie Diskriminierung und Rassismus bedürfe. Subtext der Plakate war zudem die Unterstellung, deren Adressaten dächten »intolerant« und würden Opfer von Gewalt oder Beleidigungen nicht helfen.

Die gepredigte Toleranz auf dem Campus galt dann jedenfalls nicht Jannis und mir. Die Tatsache, dass wir als RCDS neben den rund zwanzig anderen Gruppen nicht bei dieser Aktion mitmachten, führte zu einer regelrechten Revolte gegen uns. Klarzustellen, dass es die Methodik, nicht der Inhalt war, die uns störte, galt nicht als Argument. Denn wer bei der Agenda der Identitätspolitiker nicht mitmacht, ist raus und bei den »Bösen«. Ein Dazwischen gibt es nicht.

Und so wurde in Simons Augen doch wieder nur bestätigt, was er vermeintlich ohnehin schon wusste: Die CDU, der RCDS und ich waren homophob. Denn wer bei so einer Plakatkampagne nicht mitmacht, der muss etwas gegen die Inhalte haben.

Später freundete ich mich mit Noel an, ebenfalls StuRa-Mitglied und ebenfalls homosexuell. Er lebte mit einem transsexuellen Mann in einer Beziehung. Noel verstand meine Argumentation damals sehr wohl und sprach mit mir auf sachlicher Ebene über verschiedene Probleme, die z. B. Transsexuelle heute noch haben. Das stritt ich nie ab, und das war Noel sehr wohl bewusst. Wir schätzten uns. Manchmal wurde er für seine Meinung sogar

angegriffen, weil er mit dem »liberal-konservativen« Lager abstimmte. Nur weil er schwul war, konnte er nicht der gleichen Auffassung beim Thema »Plakatgestaltung der kommenden Infokampagne zu Gleichstellungsfragen« sein wie wir?
Genau diesen Effekt will die linke Identitätspolitik erreichen. Zu den Guten gehören die, die politisch links wählen, zu den »Schlechten« die, die alles andere befürworten. Mit den Themen von Minderheiten und »Identitäten« lässt sich gut Politik machen: Sexuelle Orientierung oder Rassismus sind Themen, die die Öffentlichkeit interessieren. Diese Inhalte lassen sich zudem zur Durchsetzung linker Ziele leicht instrumentalisieren, etwa für ein kollektivistisches Gesellschaftsbild. Jedoch gibt es mittlerweile viel Kritik an den Methoden der queeren Szene, an deren Forderungen und Darstellung von Sexualität – von ebenfalls queeren Menschen, wie beispielsweise von Noel. Seine »Identität«, so sagt er selbst, habe ja nichts mit seiner politischen Einstellung zu tun.
Absolut nachvollziehbar für mich, nicht aber für die Linken im StuRa. Noel gehörte fortan nicht mehr der »schutzwürdigen Minderheit« an, stattdessen rollten viele mit den Augen, wenn er seinen Wortbeitrag begann. Das ist die berühmte »intolerante Toleranz« der Linken, wie eine Redewendung lautet, die am Campus kursiert!
Und schon haben wir den Brückenschlag gemacht: Nicht die sexuelle Orientierung oder das Geschlecht lässt Menschen zu unsachlichen identitätspolitischen Instrumenten greifen, sondern die politische Agenda. Es ist wie mit dem Campus: Nur weil es eine laute radikale Gruppe gibt, sind lange nicht alle Studenten links oder gar politisch.

Eine letzte Runde StuRa

Auch im Jahr 2019 kandidierte ich für den StuRa. Im Wintersemester zuvor hatte ich ein Praktikumssemester eingelegt, welches mich zur CSU-nahen politischen Hanns-Seidel-Stiftung nach Brüssel führte. Seit April 2018 war ich auch deren Stipendiatin. Gestärkt und motiviert von neuen Impressionen und Eindrücken aus Belgien war ich bereit für eine zweite Runde StuRa-Debatten. Gemeinsam mit meiner heute besten Freundin Johanna, die ich seit ihrem ersten Semester im Winter 2017 kenne und die auch direkt in den RCDS eintrat, kandidierte ich wieder für den StuRa. Für den Wahlkampf hatten wir uns diesmal etwas besonders Provokantes ausgedacht. Wenn man sich ein dickes Fell zugelegt hat bzw. bereits vorher die Kommentare und Beschimpfungen, die Argumentationsstereotypen und Wortklaubereien in- und auswendig kennt, ist der Wahlkampf eigentlich ganz unterhaltsam. Ich fand mittlerweile Gefallen daran, die Linken mit deren eigenen Methoden zu persiflieren.

Johanna und ich trafen uns nachmittags auf dem Campus, um Fotos für die Plakate aufzunehmen. Es regnete. Uns störte das nicht, denn wir steuerten das neue Gebäude der Universität, das Kommunikations- und Informationszentrum, kurz KIZ, an. Das dreigeschossige Mehrzweckgebäude beherbergt neben zwei Hörsälen mit 420 und 160 Plätzen auch das Universitätsrechen- und Medienzentrum mit zusätzlich vier PC-Poolräumen. Das KIZ wurde zwar 2016 bereits offiziell eröffnet. Dennoch mussten auch die beiden Staatswissenschaften-Jahrgänge nach mir für große Vorlesungen auf die »Alte Parteischule« ausweichen. Es war schlicht zu wenig Platz für so viele Studenten und gut besuchte Vorlesungen. Das Audimax war ja ungeplant aus Brandschutzgründen weggefallen.

Der große Hörsaal im KIZ hat sechs Eingänge. Man kann sowohl von der linken als auch von der rechten Seite dorthin gelangen. Zudem ist er von drei Stockwerken aus begehbar: unten, in der

Mitte und oben. Entsprechend ist auch die Beschilderung der jeweiligen Eingänge konzipiert. Für mein Wahlplakat, auf dem ich nur allein zu sehen war, stellte ich mich vor die Eingangstür mit der Beschriftung »Mitte rechts«. Es war der Eingang auf der rechten Seite in der mittleren Etage. Auf das Plakat schrieb ich »Für gute Inhalte auf dem Campus«.

Das war keine inhaltliche Forderung, sondern vielmehr ein symbolischer Akt. Ich wusste, dass es provozieren würde, wenn ich mich öffentlichkeitswirksam als RCDSlerin wie im politischen Spektrum auch in der Ortswahl Mitte-rechts einordnete, dort, wo Politikwissenschaftler eben auch die CDU verorten. Es war also eine Metapher, die vollkommen meiner politischen Haltung entsprach, jedoch auch große Empörung und Erregung auf dem Campus verursachte. Meine Freundin und ich gestalteten zudem ein gemeinsames Plakat. Zwei junge Frauen lächeln in die Kamera, darüber steht der Spruch: »Für Pluralismus an unserer Universität!« Wieder ein symbolischer Akt.

Anschließend druckten und laminierten wir unsere Bilder im StuRa. Seit diesem Jahr hatte jeder Kandidat einen kleinen Betrag zur Verfügung, den man zweckgebunden für seinen Wahlkampf nutzen konnte. Ein Erfolg aus dem letzten Jahr, wo noch Debatten geführt worden waren, ob Wahlwerbung überhaupt »zugelassen« sein sollte.

Wir hängten unsere Plakate auf. Mehrmals. Denn sie wurden beschmiert, geklaut oder halb heruntergerissen. Darauf waren wir aber eingestellt. Es trat ein, was ich schon vermutet hatte: Das Wort »Mitte« wurde »übersehen«. Hauptsache, alle legten ihre Wahrheit so aus, wie sie sie sahen.

In den späteren StuRa-Wahlkämpfen (nach der Coronapandemie) wurden die RCDS-Plakate in Erfurt fortlaufend heruntergerissen. Im Jahr 2023 wurden die meisten bis zur Unkenntlichkeit zugeklebt. Auf dunkelblauem Hintergrund ohne Bild standen die beiden Sprüche »Chancen nutzen. Freiheit der Lehre fördern. RCDS.« und »Weil die Mensa auch in Zukunft günstiger als ein Döner sein muss. RCDS.« dick geschrieben. Eigentlich sind beides Forderungen, denen jeder Student sofort zustimmen könnte. Nicht aber mit der Antifa und der linken Szene. Statt die Sätze zu lesen, konnte man nun Sticker begutachten: Darunter waren der bereits genannte »Gegen Nazis«-Sticker, auf dem eine geballte Faust ein Hakenkreuz zerschlägt. Ein Aufkleber mit der Aufschrift »Antifa« verdeckte das Wort »RCDS«. Ein weiterer Sticker mit zwei wie die wehenden Antifa-Flaggen übereinandergelegten Katzen – die eine rot, die andere schwarz – wurde von dem Spruch umkreist: »Katzen gegen Glatzen«. Unter diesem Slogan und mit dem dazugehörigen verkürzten Hashtag #KaGeGla vereint sich die linke Szene im Netz und setzt sich zum Ziel, mit »süßen« Katzenbildern gegen Ausländerhass vorzugehen. Mittlerweile haben auch die Antifa und andere Gruppierungen diese Bildsprache adaptiert.

Auch zwei Aufkleber aus der Reihe »Gold statt Braun« überlagerten das Wort »Döner«. Auf dem einen der beiden Aufkleber war eine Toilette auf goldenem Hintergrund abgebildet. Um das Klo herum stand: »Gold statt braun – hier wurde Nazi-Kacke überklebt.« Anlässlich des 78. Jahrestages der Befreiung vom Nationalsozialismus und des Endes des Zweiten Weltkrieges fand am 8. Mai 2023 (wenige Wochen vor der StuRa-Wahl) in Thüringen die Aktion »Gold statt Braun« statt. Auch der StuRa beteiligte sich daran. Als sichtbares Zeichen hatten die Studenten dafür die Säulen am Haupteingang des Campus mit Goldfolie umwickelt und auch einige Fenster mit dieser Folie beklebt. Die Aktion »Gold statt Braun« will Zeichen für Vielfalt, Respekt und Toleranz setzen.

Vielfalt und Toleranz gilt in diesen Kreisen wieder einmal ganz offensichtlich nur denjenigen, die sich mit den Zielen einer bestimmten Gruppe identifizieren. Dass z. B. der RCDS zu dieser Vielfalt gehören könnte, ist von vorneherein ausgeschlossen. Respektvoller Umgang geht anders. Die intolerante linke Toleranz hat wieder zugeschlagen.

Johanna und ich zogen im Jahr 2019 in den StuRa ein, diesmal lag mein Stimmenanteil allerdings im Mittelfeld. Meine Freundin leitete in dieser Wahlperiode das Referat Hochschulgruppen, das die Arbeit der HSGs und studentischen Initiativen unterstützen soll. Ich meldete mich wieder für das Referat Hochschulpolitik, wurde aber nicht gewählt. Schließlich wurde ich Referatsleiterin für interne Angelegenheiten, also Ausleihe und StuRa-Organisation. Auch das war in Ordnung. Denn zu diesem Zeitpunkt war ich schon im RCDS und in der CDU sehr aktiv. Mein Engagement in der Hochschulpolitik verlagerte sich zunehmend von der studentischen Selbstverwaltung hin zur parteinahen Arbeit. Denn gerade auf Landesebene konnte man dort viel für die Hochschulen und die Studenten bewegen. Und so begann meine kleine und ganz eigene »Parteikarriere«.

5 – Mitten in der Politik

Im Herbst 2017 wählten mich die Delegierten der RCDS-Gruppen in Thüringen zur Landesvorsitzenden. Thüringen ist ein kleinerer Landesverband, und so konnte ich peu á peu in das Geflecht der parteinahen Studentenorganisation hineinwachsen. Im Amt der Vorsitzenden des RCDS Thüringen, welches ich zwei Jahre ausübte, war ich gleichzeitig in den Landesvorstand der CDU in Thüringen kooptiert. Dies half vor allem, die Informationswege zu verkürzen, falls sich in der Bildungs- und Hochschulpolitik des Freistaates neue Sachverhalte und Gesetzesvorhaben ergeben. Denn auf diese Weise ist man auch über aktuelle Diskussionen und Fakten schnell informiert.

Das Prestigeprojekt der Landesregierung im Bildungsbereich schlechthin war die Novellierung des Thüringer Hochschulgesetzes zu Beginn des Jahres 2018. Ich hatte also nur wenige Wochen Zeit, mir Basiswissen über Gesetzeswege und Abläufe anzueignen. Das Wissenschaftsministerium übersandte mir den Gesetzentwurf der Novellierung samt Kommentaren mit der Bitte um Stellungnahme. Es ist ein üblicher Vorgang, dass als eine der relevantesten Studentenorganisationen der RCDS wie auch andere Hochschulgruppen nach ihren Positionen – in diesem Fall insbesondere nach den studentischen Sichtweisen – zu einem Gesetz befragt werden.

Dieses Prozedere wird in den allermeisten Gesetzgebungsprozessen auf Landes- und Bundesebene, aber auch auf kommunaler Ebene angewandt. Auf diese Weise soll sichergestellt werden, dass auch Expertenmeinungen von Interessenvertretern und Fachkundigen eines Bereiches mit in den Prozess einfließen. Sowohl die Exekutive, Ministerien, als auch die Legislative, meist vertreten durch Ausschüsse, können die Gesellschaft auf diese Weise einbinden. Schließlich wird mehrheitlich im Parlament entschieden, welche Regelungen im Gesetz letztlich festgehalten werden. Welchen Einfluss da nun ein einzelner Verband – noch dazu eine Studentenorganisation mit Nähe zur Opposition – haben kann, ist fraglich.

Ich verbrachte die Weihnachtsfeiertage damit, die rund 300 Seiten akribisch durchzuarbeiten, wichtige Positionen zu identifizieren und diese auf Sinnhaftigkeit und Funktionalität zu prüfen.

Ideologie auch in der Landespolitik

In der Novellierung markierte einen der größten Streitpunkte die paritätische Besetzung des Senats, alle Gruppen sollten in gleicher Stärke vertreten sein. Dem Senat gehören in Thüringen vier Statusgruppen an: die Professoren, die Studenten, die akademischen Mitarbeiter und die Mitarbeiter der Technik und der Verwaltung. Jede einzelne Gruppe hat ihre berechtigten Interessen, die im Senat zum Ausdruck kommen sollen. Weil gerade die Professoren die größte Nähe zu Forschung und Lehre haben, stellten sie in der Vergangenheit, wie auch in vielen anderen Bundesländern nach wie vor, im Senat die Mehrheit. Mit der Gesetzesnovelle wurde dieses Prinzip aufgegeben – dazu später mehr.

Paritätische Besetzung und Gleichstellung sind eine traditionell linke Forderung, bei einer rot-rot-grünen Landesregierung wie in Thüringen war diese Änderung also auch kein unerwarteter Vorgang. Es hört sich gut an, Gruppen »gleichzustellen«, das passt richtig gut in die politisch linke ideologische Vorstellung von Gesellschaft. Als RCDS haben wir die Neuerung für den Senat kritisiert und abgelehnt, wenngleich diese Position offenkundig keinen Einfluss auf das letztendlich verabschiedete Gesetz hatte. Zu speziellen Themen werden Experten konsultiert, wie z. B. die Professorenschaft zu Fragestellungen von Forschung und Lehre. Würde im Senat beispielsweise über die Gestaltung des Campus gesprochen, wäre wieder eine andere Expertengruppe gefragt,

etwa mit Fachwissen über Architektur, Ästhetik und Gestaltung öffentlicher Räume.
Da es im Senat gerade um Themen geht, die sich mit spezifischen Problemen und Inhalten beschäftigen, bedarf es des externen Know-hows. Der Senat muss Entscheidungen fällen, die weitreichende Konsequenzen für die Hochschule haben können und folglich gut durchdacht sein müssen. Professoren haben nicht nur Kompetenz, sondern auch Interesse daran, dass sich die Hochschule oder bestimmte Lehrstühle positiv entwickeln. Ihre Statusgruppe stellte bislang die Mehrheit in der Besetzung des Senats. Nicht immer besteht innerhalb dieser Gruppe Einigkeit. Aber dennoch war bislang deren Mehrheitsmeinung richtungsweisend. Ideologisch aufgeladen wurde die bisherige Professorenmehrheit im Senat jedoch als »Herrschaft der Professoren über die Universität« inszeniert. Während der RCDS die pragmatische und lösungsorientierte Position einnahm, sahen die linken Studentenorganisationen in der Novelle ihre Chance, gegen diese Herrschaftsvorstellung in Form der Professorenschaft vorzugehen. Daraus entwickelte sich die Forderung einer »Demokratisierung der Hochschulen«, die durch eine paritätische Besetzung der akademischen Gremien realisiert werden sollte.
Angelehnt an Willy Brandts berühmten Leitsatz »Wir wollen mehr Demokratie wagen«, lobbyierten die linken Gruppen im Erfurter Landtag für ihre Ziele. Unter diesem Motto hatte Bundeskanzler Willy Brandt 1969 einen Demokratisierungsanspruch formuliert, um die Selbstbestimmungsmöglichkeiten in einer pluralistisch organisierten Republik zu stärken. Demokratie nicht nur als staatliches Ordnungsprinzip, sondern als gesellschaftlicher Gestaltungsauftrag in allen Lebensbereichen. Weit entfernt von diesem Grundverständnis, vielmehr verortet im neuen kollektivistischen Schubladendenken, bedienen sich nun die linken Parteien und Hochschulgruppen dieses Motivs.
Mit Demokratisierung hat das wenig zu tun. Demokratie, das ist weder »die Gleichheit aller« noch die äquivalente Abbildung

einer Öffentlichkeit in einem Gremium oder einem Parlament. Noch dazu ist der Senat keine Institution, der parlamentarische Standards zugrunde gelegt sind. Durch die Silobildung werden einzelne Universitätsgruppen gegeneinander in Position gebracht und ein Bild von der »Herrschaft der Professoren über die Universität« entworfen, die es zu bekämpfen gilt.

Hintergrund ist die Abneigung gegen Hierarchie. Symbolisch hilft das Professoren-Klischee, das in Teilen des kollektiven Gedächtnisses noch präsent sein mag: Professor, um die 60 Jahre, autoritär, reserviert, machtbewusst. Linke Identitätspolitik bedient sich solcher Stereotypen. Aber längst stellt sich die Realität anders dar. Jüngere Professorinnen und Professoren tragen zur Pluralität der akademischen Milieus bei. Aber wie immer kommt es auch hier auf das individuelle Standing und den persönlichen Charakter an, oder? Dennoch sind diese Personen aufgrund ihrer Stellung als Lehrstuhlinhaber für die linke Szene Projektionsfläche des Establishments. Sie sind verbeamtet, bekommen eine Pension und verkörpern dadurch die Eliten. Und Eliten sind Reizfiguren dieser Szene.

Am Ende dieser sonderlichen Debatte besann sich die Landesregierung bzw. die Landtagsmehrheit. Die Funktion eines Senats ist nicht die repräsentative Abbildung der Hochschulangehörigen. Bei 6000 Studenten und weitaus weniger Professoren und Mitarbeitern müssten ansonsten ganz andere Verteilungen herrschen. Alle Statusgruppen müssen mitreden können.

Doch weil aus Hochschulautonomie große Verantwortung erwächst, gestand sich der Gesetzgeber schließlich doch ein, dass es bei spezifischen Herausforderungen Menschen mit Fachexpertise braucht. Um eine Art Kompromiss zwischen der linken Überzeugung und einer annähernd praktikablen Lösung, die auch der eigentlichen Funktion des Senats zukommt, zu generieren, wurde ein Konstrukt namens »Erweiterter Senat« geschaffen. Alle vier Statusgruppen sind zwar jetzt paritätisch – also zu gleichen Teilen – berücksichtigt. Das heißt, jede Gruppe hat genau drei Vertreter, jedoch mit einer Ausnahme: Bei Entscheidungen in Angelegenheiten, die die Lehre mit Ausnahme der Bewertung der Lehre, die Forschung, künstlerische Entwicklungsvorhaben oder die Berufung von Hochschullehrern unmittelbar betreffen, gehören dem Senat zusätzlich sieben weitere Professoren an, sodass sie eine Mehrheit erzeugen können – sofern sie sich untereinander einig sind.

Dieser Erweiterte Senat bedeutet einen bürokratischen Mehraufwand ohne eine exakte Klärung, wann er nun genau zusammentritt. Denn wann Forschung und Lehre »unmittelbar« betroffen sind, ist Auslegungssache. Inhaltlich hat sich dadurch nicht wirklich etwas geändert, praktisch wurde das System der Selbstverwaltung einfach nur verkompliziert – aus politisch ideologischen Gründen.

Übrigens: Auch vor der Novellierung hatten alle vier Statusgruppen bereits Rede- und Abstimmungsrecht. Jede Stimme zählt gleich viel. Man kann zweifelsohne auch von studentischer Seite her Erfolge erzielen. Selbst habe ich es im Studienunterausschuss, einer Art Untergremium, erlebt, als eine neue Rahmenprüfungsordnung diskutiert wurde. Eine Kommilitonin und gute Bekannte aus dem StuRa – sie ist in der SPD – und ich haben gemeinsam einen Vorschlag erarbeitet, dessen Struktur wesentlich studentenfreundlicher ist als die der Vorgänger-Prüfungsordnung. Dieses Konzept wurde nach instruktiver Begründung auch exakt so angenommen. Heute studieren alle Studenten nach der neuen Rahmenprüfungsordnung, die unsere studentische Handschrift trägt.

Hochschulpolitik bedeutet also nicht nur StuRa-Debatten und Gremienarbeit, es ist auch nicht das bloße Gegeneinander unterschiedlicher politischer Standpunkte auf dem Campus. Hochschulpolitik ist Leidenschaft und verbunden mit dem Ziel, das Studium zu verbessern – auch über »Parteigrenzen« hinweg und sowohl auf dem Campus wie auch auf Landes- und Bundesebene. Manchmal mit der Hochschulleitung und den Professoren gemeinsam, manchmal sind wir Studenten der wichtige Konterpart zu den Mitarbeitern und Dozenten. Einerseits gibt es auf Landes- und Bundesebene politische Differenzen zwischen den politischen Hochschulgruppen, andererseits stellt sich das Studium als verbindende Klammer – quasi als kleinsten gemeinsamen Nenner – dar, die eine Einigung auf eine Position gegenüber anderen Anspruchsgruppen möglich macht. Einige Forderungen werden dann auch gemeinsam vertreten. So z. B., wenn es um Antisemitismus geht. Eine gemeinsame Resolution politischer Hochschulgruppen gegen Antisemitismus wurde auf Bundesebene – ohne den SDS – erstmals 2019 verabschiedet. Neben dem RCDS dabei waren unter anderem Campus Grün, die LHG, die Juso-HSG und auch der fzs.

Bis heute ist der RCDS daher ein Verband, der pragmatisch und sachorientiert an die Dinge herangeht. Manchmal muss er als Studentengewerkschaft fungieren, manchmal braucht es eine vernünftige studentische Stimme. Aus meinen zwei Jahren als Landesvorsitzende des RCDS Thüringen nahm ich viel Erfahrung mit. Der Landesverband ist nicht groß, kein Vergleich zu den großen Verbänden wie Bayern, Baden-Württemberg, Hessen oder Nordrhein-Westfalen. Aber wir hatten zu dieser Zeit im Landesverband sechs Hochschulgruppen, das war für ein ostdeutsches Bundesland viel – unsere Strukturen gibt es ja erst seit den frühen 1990er-Jahren.

Ich wusste inzwischen auch, wen aus der CDU-Fraktion im Thüringer Landtag oder der Partei ich ansprechen musste, um studentische Themen an die Politik zu adressieren oder andersherum Informationen zu bekommen, die bisher noch nicht veröffentlicht waren. Auch die ersten Mini-Interviews, die besser ausfielen als das bei Radio F.R.E.I, hatte ich gegeben und bei Regionaljournalisten das ein oder andere RCDS-Thema unterbringen können. Es waren zwei lehrreiche Jahre und eine Zeit, die mich geprägt hat.

Im Oktober 2019 fanden die Wahlen zum Thüringer Landtag statt. Ich hatte sogar die Gelegenheit bekommen, auf Platz 38 der

CDU-Landesliste zu kandidieren. Der Einzug in den Landtag war zwar aussichtslos. Aber auch dadurch bekam ich einen nachhaltigen Eindruck davon, wie Parteipolitik funktionierte und welche politischen Spitzfindigkeiten an den Tag gelegt wurden.

Der Reiz an Politik

Von 2017 bis 2022 war ich kooptiertes Mitglied im Landesvorstand der CDU Thüringen. Thüringen ist ein sehr schwieriges politisches Pflaster. Je nach Sonntagsumfragen kommen auch nach der Landtagswahl 2019 keine Mehrheiten mehr ohne AfD oder Die Linke zustande – über die vergangenen Jahre verstärkte sich in der Wählerschaft die klare Tendenz von der Mitte hin zu den Rändern.

Politik gewann für mich zunehmend an Reiz. Ich interessierte mich für die unterschiedlichen Bereiche. Schon immer bewegte mich z. B. die Bildungspolitik, die Umstellung der Schulzeitdauer am bayerischen Gymnasium von neun auf acht Jahre begleitete meine gesamte Schulzeit; die Einführung des G8 in Bayern war von vornherein sehr umstritten. Das andere große Thema über Jahre hinweg markierte die Migrationskrise von 2015. Mit ihr stehen Außen- und Sicherheitspolitik, aber auch Europapolitik exemplarisch für die große Bedeutung von politischen Entscheidungen und Fehlkalkulationen. Obgleich ein schwieriges und komplexes Thema, so hat es von Anfang an mein Interesse geweckt.

Besonders wichtig war mir, Erfahrungen aus meinem studentischen Umfeld zu teilen. In den Jahren 2017 und 2018 interessierten Political Correctness und moralisch geführte Debatten die Öffentlichkeit noch nicht. Das sollte sich binnen weniger Jahre ändern. Mir fiel damals schon auf, dass die Abgeordneten im Landtag auf der Regierungsseite zunehmend so wie meine Kommilitonen im StuRa sprachen und sich einer moralisierenden Debattierweise bedienten. Dagegen wollte ich etwas unternehmen.

Es hatte mich getriggert. Denn wenn sich diese identitätspolitische Agenda einmal etabliert, durchdringt sie alle Politikbereiche, spaltet die Gesellschaft, stiftet Unfrieden und evoziert Ausgrenzung.
Als 19-Jährige erlebte ich erstmals hautnah die »größere« Politik. Wie eine Sitzung abläuft, war fast so spannend wie die Tatsache, dass Personen im TV-Interview kurz zuvor noch kaum durchdringbare, verquaste Aussagen zu Sachverhalten von sich gegeben hatten, die nun in der Sitzung klar benannt wurden. Das ist in allen Parteien so. Ein sehr subtil formulierter Satz kann dechiffriert schon mal einen massiven Seitenhieb gegen den politischen Rivalen bedeuten.
Subtiles »Zwischen-den-Zeilen-Lesen« kann man in diesem Umfeld, in dem sich Regional- und auch Berufspolitiker bewegen, schnell erlernen. Das Wichtigste dafür ist: die Hintergründe und Zusammenhänge kennen und verstehen. In Zeiten von X/Twitter und heimlichen Tonmitschnitten mittels der Audioaufnahme-App auf dem Smartphone sind Politiker nicht nur sensibler geworden, nein, sie achten penibel darauf, dass Aussagen nicht eindeutig gegen jemanden oder gegen etwas interpretiert werden können. Oft auch nicht »für« jemanden oder etwas. Die Kunst der Doppeldeutigkeit ist Macht. Es ist eine neue Mentalität der Politik, derer die Bürger aber – zu Recht, wie ich finde, denn mir geht es genauso – überdrüssig sind. Denn mit dieser intransparenten Sprachkultur werden Probleme oder eindeutige Positionen nicht mehr benannt.
Ein wenig kann ich nach meinen Erfahrungen sogar verstehen, wenn mit äußerster Vorsicht und in der Aussage nahezu »weichgespült« öffentlich kommuniziert wird. Denn wer die internen Machtkämpfe in Parteien in den Medien verfolgt, kann wenigstens ein bisschen erahnen, wie die Stimmung hinter den Kulissen sein muss. Heimliche Sprachmittschnitte gehören für manche genauso zur Toolbox wie Echtzeit-Tweets und Lancierungen an die Presse. Ich habe mich immer bemüht, Lagerkämpfen aus dem

Weg zu gehen. Sich innerhalb einer Partei die Feinde auszusuchen, lag mir fern. Im Gegenteil, aus der Hochschulpolitik auf dem Campus wusste ich, wie es ist, eine politische Minderheit zu repräsentieren. Umso wichtiger war uns im RCDS Erfurt der Zusammenhalt – auch wenn wir untereinander nicht immer einer Meinung waren.

Das Motto »Feind, Erzfeind, Parteifreund« kann in einigen Fällen durchaus Anwendung finden. Mich nerven diese ewigen Streitereien, die am Ende nur dem politischen Gegner nutzen. Und wenn diese Kämpfe dann noch in der gesamten Medienöffentlichkeit ausgetragen werden, bieten sie dem politischen Gegner völlig unnötig zusätzliche Angriffsflächen.

Aber trotz alledem faszinierte mich diese ganz eigene Welt. Das wohl Spannendste an Politik ist ihre Funktionslogik. Keine Ausbildung ist notwendig, um die Dampfhämmer des Plenarsaals anzukurbeln und den Motor der Ausschüsse in Gang zu bringen. Nein, Politik fußt auf Meinungen, auf Visionen, auf Werten und Einfällen. Es braucht zwar eine Verwaltung, die diese Ideen umsetzt. Aber die eigentliche Entscheidung bahnt die Politik an. Und das wollte ich auch tun.

Aus dem Freistaat Thüringen nach Berlin

Nach zwei Jahren Landesvorsitz in Thüringen hatte ich mich dazu entschlossen, im Herbst 2019 als stellvertretende Bundesvorsitzende des RCDS zu kandidieren. Hochschulpolitische Erfahrungen auf dem Campus und auf Landesebene konnte ich meinen Schatz nennen. Nun wollte ich auf Bundesebene daran anknüpfen.

Jede RCDS-Gruppe in Deutschland, rund 100 an der Zahl, hat auf der Bundesdelegiertenversammlung eine Stimme. Große Landesverbände mit vielen Hochschulen haben somit ein größeres Stimmpotenzial und bessere Voraussetzungen, dass ihre Kandidaten gewählt werden.

Ich sprach mit fast allen Gruppenvorsitzenden und allen Landesvorsitzenden und warb um Unterstützung. Intensives Telefonieren und Werbung für sich und die eigenen Ziele zu machen sind in der Politik essenziell. Es ist schon etwas befremdlich, sich ständig selbst ins Scheinwerferlicht rücken zu müssen. Zugleich muss der Spagat gelingen, selbstbewusst und durchsetzungsstark, aber auch nahbar und unprätentiös zu wirken. Die andauernde Selbstpräsentation darf keinesfalls als Überheblichkeit deutbar sein. Im Gegensatz zu einem Vorstellungsgespräch in einem Unternehmen, bei dem es zwar auch auf Persönlichkeit und Teamfähigkeit, aber noch vielmehr auf die berufliche Qualifizierung ankommt, zählt in der Politik vor allem die Wirkung der eigenen Persönlichkeit. Eloquenz und Rhetorik, neue und innovative Ideen für die Zukunft eines Verbandes oder des Landes zu haben und bei den Wahlberechtigten bekannt und vernetzt zu sein, sind die drei wichtigsten Eigenschaften eines Politikers.

Es zählt, wie man gesehen wird. Das habe ich spürbar erfahren. Am nachdrücklichsten lernt man das gerade in den Jugendorganisationen. Im Nachhinein konnte mir nichts Besseres passieren, als solche herausfordernden Erlebnisse mit damals 21 Jahren zu machen und im verhältnismäßig überschaubaren Umfeld des RCDS mit seinen 8000 Mitgliedern. Aber Jugendpolitik bedeutet auch, dass man sich ausprobiert und testet, welche Strategien und Methoden Erfolg haben. Jugendorganisationen sind Experimentierfelder. In allen parteinah organisierten Jugendverbänden geht es heftiger zu als in den Parteien selbst. Dort, wo der Aktionsradius noch überschaubar ist, wie in der JU oder dem RCDS, haben mehr den Mut, sich selbst und andere herauszufordern. Klare Sprache und kalkulierte Provokation gehören zum Setting. Beispielsweise wird auch hier mit Satzungskniffen und Geschäftsordnungsanträgen interveniert, um etwa Kandidaten zu verhindern. Oder aber spontan noch ein Gegenkandidat hervorgezaubert.

So kam es, dass ich fünf Tage vor der Wahl in den RCDS-Bundesvorstand mit einer Gegenkandidatin aus Niedersachsen konfrontiert wurde. Ich startete einige Telefonoffensiven und erkundete die Stimmungslage. Gerade in einer verhältnismäßig kleinen Organisation wie dem RCDS entwickeln Stimmungslagen eine wesentlich höhere Dynamik als in großen und deshalb träge reagierenden Verbänden. Das macht es zwar einfacher für die Kommunikation, aber zugleich schwieriger, da sich Einschätzungen und Meinungen wie Lauffeuer verbreiten: eben weil jeder jeden kennt.

In solchen Momenten muss man Ruhe bewahren, auch wenn mir das teilweise wirklich schwergefallen ist. Vor allem, wenn es nur um die eigene Person geht, ist das unbequem. So wie damals am Infostand bei der StuRa-Wahl 2018.

Auch im Jahr 2020 kandidierte ich als stellvertretende Bundesvorsitzende des RCDS, worauf sich erneut eine Gegenkandidatin in Stellung brachte, diesmal aus Nordrhein-Westfalen. Sechs Wochen lieferten wir uns mit unterschiedlichen Formaten einen engagierten Wahlkampf in den sozialen Netzwerken und digitalen Vorstellungsrunden bei Gruppen- und Landesvorständen. Die digitale Welt war mit der Coronapandemie voll in unser aller Alltag integriert.

Beide Stellvertreterwahlen sowohl 2019 als auch 2020 konnte ich für mich entscheiden. Jeweils danach war ich regelrecht erschöpft. Um zur Ruhe zu kommen, besuchte ich hin und wieder die Gottesdienste einer protestantischen Kirche in Berlin. Das und handyfreie Zeiträume halfen mir, vorübergehend abzuschalten – auch vom RCDS Live-Ticker. Wahlkampf erfordert Zähigkeit, Durchhaltevermögen und Nehmerqualitäten, aber auch die Fähigkeit zur emotionalen Distanz als Selbstschutz. All das konnte ich intensiv trainieren.

Ich habe Respekt vor Politikern, die sich diesem Druck permanent aussetzen und mit einer viel größeren Präsenz, mit bundesweiter und internationaler Strahlkraft ihren Wahlkampf – ob innerhalb einer Partei oder bei einer Bundestagswahl – bestreiten.

Nach der Wahl im Oktober 2019 ging es mit der Arbeit im Bundesvorstand los. In den Vorstand waren sogar zwei Leute aus den neuen Bundesländern gewählt worden, und von den damals sieben Vorstandsmitgliedern waren wir drei Frauen. Generell gibt es im RCDS eine starke Frauenpräsenz. Wir waren hochmotiviert, stellten den Terminplan für die kommende einjährige Wahlperiode auf – und dann kam: die Coronapandemie. Viele Veranstaltungen und Treffen mussten ausfallen. Wir alle waren nun vor allem mit der Anpassung unseres Alltags an die Lockdown-Regelungen beschäftigt, und im Rahmen unseres Studiums mussten wir uns mit der Umstellung des Lehrbetriebes auf Online-Formate auseinandersetzen. Bekanntlich dauerte diese Situation noch etliche weitere Semester an. Die RCDS-Wahl ein Jahr später wurde deshalb digital abgehalten. Mitten im Lockdown war das vereinsrechtlich in dieser Zeit glücklicherweise möglich.

Am Wahltag – so ist es in jeder Partei und jeder Jugendorganisation, wohl auch in vielen Vereinen und Verbänden deutschlandweit – werden die Vorstellungsreden gehalten. Jeder Kandidat hat die Möglichkeit, seine Ideen und Ziele für die Vorstandszeit vorzustellen. Im RCDS dauert die Wahlperiode nur ein Jahr, in der JU oder der CDU sind es zwei Jahre. Wie am Campus besteht auch im Bereich studentischen Engagements eine hohe Fluktuation. Viele Studenten machen Auslandssemester oder wechseln zwischen Bachelor und Master die Hochschule. Daher ist in vielen Studentenorganisationen die Wahlperiode auf ein Jahr begrenzt.

Nach der Selbstpräsentation heißt es: Feuer frei für Fragen. Insbesondere bei Kampfkandidaturen ist es ein beliebtes Mittel, die Stärken des eigenen Kandidaten durch gezielte Fragen hervorzuheben oder aber den Gegenkandidaten mit entsprechenden Fragen zu verunsichern. Auf der Bühne möchte man souverän wirken, aber nicht auf alles hat man eine Antwort.

Zum ersten Mal hatte sich ein Schalter in meinem Kopf umgelegt. Versuchte ich vorher, immer auf alle Fragen eine Antwort zu geben, wurde nun quasi intuitiv in diesem Moment der Politik-Schalter in meinem Kopf betätigt. Fragen, die nicht konstruktiv

zu beantworten waren, wischte ich mit einer unverfänglich allgemeinen Antwort weg und lenkte den Fokus auf mir wichtige Aussagen, um meine Ideen und Stärken ein- und zur Geltung zu bringen.
Diese Strategie half mir wiederum ein Jahr später im Jahr 2021, als ich als Bundesvorsitzende des RCDS kandidierte. Die Themen, die ich mir auf die Fahne schrieb, waren vielfältig. Die Novellierung des Bundesausbildungsförderungsgesetzes (BAföG) stand an. Die neue Koalition im Deutschen Bundestag hatte sich im Oktober 2021 gerade erst zusammengefunden, klar war aber, welche Ziele im Bildungssektor zuallererst angepackt werden sollen.

Drei Jahre RCDS Deutschland

Ich war insgesamt drei Jahre im Bundesvorstand des RCDS – zwei Jahre als politische Stellvertreterin, ein Jahr als Vorsitzende. Ich habe viel Zeit im politischen Berlin verbracht, im Deutschen Bundestag, wo ich auch als Werkstudentin arbeitete, und in Kreuzberg! Die Bundesgeschäftsstelle des RCDS liegt – Ironie des Lebens – im Herzen der linken und alternativen Szene Berlins ganz in der Nähe des Görlitzer Parks; auch bekannt als von der Berliner Polizei aufgegebener Dealer-Treff und Drogen-Umschlagplatz.
Infolge der Wiedervereinigung war die Bundeshauptstadt von Bonn nach Berlin verlegt worden. Mit dem Bundestag und der Bundesregierung zogen auch viele Geschäftsstellen und Vertretungen in die neue Hauptstadt an der Spree um. Da zu diesem Zeitpunkt nicht klar war, wie sich das Regierungsviertel in der Nähe des Hauptbahnhofes entwickeln und ausdehnen würde, hatten die damaligen RCDS-Protagonisten offenbar auf Kreuzberg gesetzt. Die Anbindung könnte besser sein. Wer den Berliner Stadtverkehr kennt, weiß, wie mühsam dort ein Vorankommen ist, ob im öffentlichen Nah- oder Individualverkehr. Aber das Büro ist groß und bietet Platz für neue Ideen!

In der Bundesgeschäftsstelle arbeiten fest angestellte Mitarbeiter, als Bundesvorsitzende ist man verantwortlich für die hauptamtlichen Mitarbeiter, Werkstudenten und ab und zu auch für Praktikanten.

Mit dem Bundesvorstand, meinen Stellvertretern, arbeitete ich immer sehr gut zusammen; wir sind heute noch eng miteinander befreundet. Diese aufregende und strapaziöse Zeit schweißt zusammen. Ich verbrachte in der Woche mitunter 80 Stunden mit RCDS-Angelegenheiten. Ob ich auf einer Reise quer durch Deutschland zu einer RCDS-Gruppe oder einer Podiumsdiskussion war, sehr früh aufstand, um pünktlich in der Arbeitsgruppe Bildung der CDU/CSU-Bundestagsfraktion zu sein, der ich als kooptiertes Mitglied angehörte, oder bis in die Nacht an einer Stellungnahme zum Gesetzentwurf des Bundesbildungsministeriums schrieb: Es waren intensive Jahre, die bereicherten und mir viel abverlangten.

Mein Studium lief nebenher. Beide Jahre als Stellvertreterin fielen in die Coronapandemie. Aufgrund der Online-Vorlesungen und -Seminare war es mir also möglich, ortsungebunden studieren zu können. Meine Hausarbeiten habe ich dann während der vorlesungsfreien Zeit verfasst. Sämtliche politische Sitzungen und Treffen waren in dieser Zeit in den digitalen Raum verlegt worden. Beide Semester meiner Amtszeit als Vorsitzende waren dann nahezu rund um die Uhr für die Politik und meinen Verband reserviert.

Die RCDS-Bundesvorsitzende übernimmt vielfältige Aufgaben. Sie arbeitet nicht nur inhaltlich, gibt Interviews, entwickelt Positionen und baut Netzwerke im Namen des Verbandes aus. Sie steht auch den Mitgliedern als Ansprechpartnerin zur Verfügung, besucht die RCDS-Gruppen quer durch die Republik von Konstanz bis Flensburg, bringt die RCDS-Positionen in die CDU ein bzw. bespricht diese mit Abgeordneten der Bundestagfraktion und ist Chefin einer Bundesgeschäftsstelle. Darüber hinaus trifft sie sich mit Vertretern anderer Organisationen wie dem Studentenwerk Deutschland, der Kultusministerkonferenz oder der Hochschulrektorenkonferenz. Auch – je nach Thema – mit anderen Studentenorganisationen werden gute Beziehungen gepflegt. So vor allem mit der LHG, der JSUD oder christlichen Hochschulgruppen.

Kurzum: Die Vorsitzende hält (wie überall) »den Laden zusammen«. Täglich habe ich mehrere Bildungs-Newsletter und Wissenschaftszeitschriften durchforstet. Verschiedene Positionen zu bildungspolitischen Themen zu kennen und zu bewerten ist essenziell. Ebenso tagesaktuell über relevante Zahlen und Fakten informiert zu sein, etwa, um mit Pressemitteilungen schnell reagieren zu können. Wachsende Bedeutung erlangte in den letzten Jahren die Präsenz in den sozialen Netzwerken. Gerade dort werden heute die Inhalte vermarktet, dorthin haben sich die politischen Debatten verlagert.

Und zuletzt war und ist noch ein Pfeiler in der Hochschul- und Studentenpolitik wichtig: Zunehmend spielt hier auch die EU eine wesentliche Rolle. Ob Fördergelder für die Wissenschaft, das Erasmus-Programm oder die Synchronisierung der Semesterzeiten in den Mitgliedstaaten, es sind alles studentenpolitische Themen, die auf der supranationalen Ebene diskutiert und entschieden werden. Daher ist auch die internationale Zusammenarbeit des RCDS mit Schwesterorganisationen in den anderen Ländern wichtig. Als Bundesvorstand sind wir in die Slowakei und Tschechien gereist, waren auch in Luxemburg, Riga, Stockholm oder Brüssel – denn auch der Kontakt zu EU-Abgeordneten muss gepflegt werden.

Das alles macht und schafft man nicht allein. In meinem Team waren Jonas für die inhaltliche Arbeit, Jan für die Social-Media-Beiträge und Bruno für die internationale Zusammenarbeit verantwortlich. Wir waren ein Spitzenteam, das Hand in Hand arbeitete. Jeden Dienstag sprachen wir teils mehrere Stunden lang über anstehende Termine und Positionierungen, gingen die Wochenlage durch und stimmten uns zudem jeweils bilateral ausführlich ab. Auch an etlichen Wochenenden waren wir für den RCDS zusammen unterwegs. Der RCDS hat auf Bundesebene drei Gremien, die dem Bundesvorstand zuarbeiten. Ob bei Video-Content, der inhaltlichen Ausrichtung des Verbandes oder der Positionierung im europäischen Dachverband, jedes RCDS-Mitglied hat die Möglichkeit, sich zu bewerben und mitzuarbeiten. Dazu waren die Gremienwochenenden da. Eine willkommene Abwechslung.

Das Arbeitspensum – nimmt man dessen Bewältigung ernst, und das tat ich – kostete viel Zeit: zulasten meiner Regelstudienzeit.

Regelstudienzeit und Bologna-Prozess

Die Regelstudienzeit umfasst die Semesterzahl, die bis zum Abschluss eines Vollzeitstudiengangs nach der Prüfungs- oder Studienordnung des Studiengangs an der jeweiligen Hochschule vorgesehen ist. Sie wird weitgehend durch die Hochschulgesetzgebung geregelt und war ursprünglich als Rechtsanspruch für Studenten gedacht, um nicht während ihres Studiums die Streichung ihres Faches aus dem Angebot der Universität befürchten zu müssen. Bachelorstudiengänge haben an deutschen Hochschulen zumeist eine Regelstudiendauer von sechs bis sieben Semestern. Masterstudiengänge setzen einen ersten Hochschulabschluss voraus und haben eine Regelstudiendauer von meist zwei bis vier Semestern.

Das Bachelor-Master-System wurde mit dem Bologna-Prozess eingeführt. So wird die auf europaweite Vereinheitlichung von Studiengängen und -abschlüssen sowie auf internationale Mobilität der Studenten angelegte transnationale Hochschulreform bezeichnet, die die Schaffung eines einheitlichen europäischen Hochschulraums zum Ziel hat. Der Begriff geht auf eine 1999 von 29 europäischen Bildungsministern im italienischen Bologna unterzeichnete politisch-programmatische Erklärung zurück. In den Jahren danach folgten weitere Länder dem Beschluss: darunter z. B. Albanien, die Ukraine oder Russland; seit dem Krieg in der Ukraine richtet Russland jedoch wieder ein eigenes nationales Hochschulsystem ein.

Zu den vier Eckpfeilern des beschlossenen Reformprogramms gehören: Die Harmonisierung der akademischen Ausbildung durch ein zweistufiges System (typischerweise in der Form von Bachelor und Master), die durchgängige Etablierung des European Credit Transfer System (ECTS), eine fortlaufende Qualitätssicherung im Hochschulbereich und vor allem in Deutschland eine auf Beschäftigungsfähigkeit (Employability) am Arbeitsmarkt zielende Ausrichtung der Studiengänge.

Durch den Bologna-Prozess wurden die Studienzeiten aneinander angepasst. Oberstes Ziel war: Die Studiengänge sollten vergleichbar sein, um allen Studenten im europäischen Hochschulraum gleiche Studienverhältnisse zu bieten. Denn jeder Student muss die Chance haben – so die Bologna-Vision –, ein Bachelorstudium in einer Regelstudienzeit von sechs Semestern zu absolvieren, wobei er theoretisch an sechs unterschiedlichen Hochschulen im Bologna-Raum studiert haben kann.

Im Regelfall macht man in einem Semester 30 ECTS-Punkte, also Leistungspunkte. Die universitären Veranstaltungen sind, entsprechend ihres Zeitaufwandes, den man für die Vor- und Nachbereitung und die Prüfung aufbringt, und ihrer Anforderung strukturiert, im gesamten europäischen Hochschulraum gültig. Je nach Hochschule gibt es ein Punktesystem. Weniger Leistungspunkte bedeuten einen geringeren Arbeitsaufwand für die Veranstaltung und die Prüfung; z. B., wenn die Hausarbeit weniger Umfang haben muss. Aus den Leistungspunkten errechnet sich dann der Aufwand im Semester. Belegt jemand beispielsweise 40 oder 50 ECTS-Punkte im Semester, wird er in den Seminaren, gerade aber auch in der Prüfungsphase sehr viel zu tun haben. Denn die Punkte zeigen: Der Student belegt übermäßig viele Seminare oder Veranstaltungen, mit hoher zeitlicher, umfangreicher oder intellektueller Anforderung. Das ECTS-System wurde eingeführt, damit der Zeitaufwand im Studium, egal in welchem Land und an welcher Universität, je Studiengang für Seminar und Prüfung vergleichbar ist – so die Vision von Bologna. Ebenso sollten die Prüfungsanforderungen künftig vergleichbar sein. Dazu wurde nicht nur das einheitliche Leistungspunktesystem eingeführt, sondern auch eine umfangreiche Qualitätssicherung. Das »Zauberwort« hierfür heißt Akkreditierung.

Die Akkreditierung im Hochschulbereich ist ein länder- und hochschulübergreifendes Verfahren der Begutachtung von Studienangeboten in Bachelor- und Masterstudiengängen staatlicher oder staatlich anerkannter Hochschulen. In Deutschland wurde mit Beschluss der Kultusministerkonferenz vom 3. Dezember 1998 ein länderübergreifender Akkreditierungsrat eingerichtet. Seine Aufgabe besteht darin, Agenturen zu begutachten und zu akkreditieren, die ihrerseits wiederum Studiengänge akkreditieren. Kern des Verfahrens ist die Beurteilung der Qualität der Studiengänge durch privatwirtschaftliche Akkreditierungsagenturen – gegen Bezahlung. Die Agenturen und die von ihnen akkreditierten Studiengänge tragen im Falle einer erfolgreichen Begutachtung das Qualitätssiegel des Akkreditierungsrates.

Ab dem Jahr 2001 wurde die Akkreditierung aller Studiengänge den deutschen Hochschulen von einigen Landesgesetzgebern als Komponente des Bologna-Prozesses auferlegt. Die Gesamtverantwortung für das Akkreditierungssystem liegt bei der Stiftung Akkreditierungsrat, einer gemeinsamen Einrichtung der Länder für die Qualitätssicherung in Studium und Lehre an deutschen Hochschulen.

Zwei Verfahren existieren: Bei der Programmakkreditierung stellt die Hochschule einen Antrag auf Akkreditierung und übermittelt eine Selbstdokumentation entsprechend den Vorgaben der Akkreditierungsagentur. Sie umfasst eine Beschreibung des Studienprogramms (Ziele, angestrebter Abschluss, grundsätzlicher Aufbau), ein Modulhandbuch (Übersicht über alle Module des Studienprogramms) sowie weitere Dokumente. Die Akkreditierungsagentur stellt nach einer formalen Vorprüfung ein Team aus Gutachtern zusammen, das in der Regel aus externen Hochschullehrern und Studenten anderer Hochschulen sowie Vertretern der Berufspraxis besteht. Die Gutachter erstellen auf Basis der Selbstdokumentation sowie einer in der Regel zweitägigen Begehung bei der antragstellenden Hochschule einen Bericht über das zu akkreditierende Studienprogramm. Zudem werden Gespräche mit der Hochschulleitung, der Studiengangsleitung, Studenten und Dozenten sowie weiteren Beteiligten, mitunter der Bibliothek, dem Verwaltungspersonal, der Studienberatung und dem Qualitätsmanagement, geführt.

Auf dieser Grundlage sprechen sie eine Empfehlung für oder gegen die Akkreditierung oder für eine Akkreditierung mit bestimmten Auflagen (gegenwärtig mit Abstand der häufigste Fall) aus. Auflagen können beispielsweise die Schließung von Lücken in einer Prüfungsordnung beinhalten, das muss binnen einer auferlegten Frist umgesetzt werden. Im Falle der Erstakkreditierung beträgt dieser Zeitraum gegenwärtig fünf Jahre, im Falle der Reakkreditierung sieben Jahre.

Immer verbreiteter wird allerdings die Systemakkreditierung von Studiengängen. Gegenstand ist das interne Qualitätssicherungssystem einer Hochschule. Mit der Systemakkreditierung erhält eine Hochschule das Recht, das Siegel des Akkreditierungsrates für die von ihr geprüften Studiengänge selbst zu verleihen. Dabei muss eine Hochschule nachweisen, dass sie die in der Musterrechtsverordnung der KMK niedergeschriebenen formalen und fachlich-inhaltlichen Kriterien systematisch umsetzt. Hierfür muss das Qualitätsmanagementsystem regelmäßige Bewertungen der Studiengänge und der für Lehre und Studium relevanten Leistungsbereiche vorsehen, an denen interne und externe Studenten, hochschulexterne wissenschaftliche Experten, Vertreter der Berufspraxis und Absolventen beteiligt sind. Eine positive Systemakkreditierung bescheinigt der Hochschule, dass ihr Qualitätsmanagementsystem im Bereich von Studium und Lehre

geeignet ist, das Erreichen der Qualifikationsziele und die Qualitätsstandards ihrer Studiengänge zu gewährleisten. Die Hochschule trägt das Qualitätssiegel »System akkreditiert« der Stiftung.
Aus meinem Umfeld haben sich beispielsweise ehemalige Mitglieder des Erfurter StuRa als studentische Akkreditierer engagiert und sich damit etwas hinzuverdient. Voraussetzung ist eine Schulung – und dann geht es deutschlandweit auf Reisen, um Studiengänge zu akkreditieren. Meine Kommilitonin aus dem Studienunterausschuss arbeitet heute sogar fest angestellt im Bereich Qualitätssicherung. Für Studenten gibt es an vielen Hochschulen vom Qualitätsmanagement das Angebot, die im Semester belegten Lehrveranstaltungen – Vorlesungen oder Seminare – zu bewerten. Diese Lehrevaluationen richten sich nicht nur auf die Prüfung der einzelnen Lehrveranstaltungen, sondern auch auf die Beurteilung der verwendeten Lehr- und Lernmittel oder des Lehrpersonals.
Über den Erfolg oder Misserfolg des Bologna-Prozesses gibt es unterschiedliche Auffassungen. Unter Studenten beispielsweise sind Erasmussemester im Ausland auch deshalb so beliebt, da sie nicht nur die Möglichkeit bieten, den Winter im warmen Spanien, in Italien oder Südfrankreich zu verbringen, sondern auch, weil gute Noten einfacher zu erlangen sein sollen. Da die Hoheit zur Umsetzung der vereinbarten Ziele bei den Nationalstaaten liegt, sind unterschiedliche Tempi oder Interpretationen des politischen Programms nicht ausgeschlossen und offenkundig seit rund 25 Jahren überall verbreitet. Der Begriff »Prozess« ist auch deshalb sehr passend, da sich die Reformbemühungen mittlerweile schon über ein Vierteljahrhundert hinziehen. Dabei gehört die Bundesrepublik nicht gerade zu den Tempomachern.

Verschulung auf Kosten akademischer Freiheit

Zu Recht tat sich Deutschland lange Zeit sehr schwer damit, die Diplomstudiengänge auslaufen zu lassen. An ihrer Stelle wurde das gestufte Studiensystem mit den Abschlüssen Bachelor und Master eingeführt. An einigen Standorten kann man zwar noch mit Diplom als Abschluss studieren. Dennoch: Die Studiengänge, auf die Deutschland besonders stolz war, und die – gerade in den Natur- und Ingenieurswissenschaften – im Ausland überaus angesehen waren und lockten, liefen seit 2010 schrittweise aus. Ein Fakt, mit dem sich der deutsche Bildungsstandort erst seit einigen Jahren abfindet. Das Gleiche gilt für das deutsche Staatsexamen. Während sich die Bundesärztekammer jahrelang gegen die Einführung eines gleichwertigen Medizinstudiums im Bachelor/Master-System positionierte, werden für Jura und Lehramt immer häufiger in immer mehr Bundesländern neben den Examensstudiengängen auch gleichwertige Möglichkeiten im neuen Studiensystem geschaffen.

Bologna war eines der ersten größeren Bildungsthemen, zu dem ich vertieft in die Debatte einstieg. Noch auf der Bundeskonferenz 2017 haben wir die flächendeckende Abschaffung der Diplom-Studiengänge heiß diskutiert. Das – mittlerweile nicht mehr neue – Studiensystem gilt darüber hinaus als sehr verschult. Meine Eltern fielen zu Beginn meines Studiums aus allen Wolken, als sie hörten, dass ich einen Stundenplan im Studium habe. Trotz des weiterhin andauernden Bologna-Prozesses gibt es nach wie vor noch einige Hürden für studentische Mobilität, die aus pragmatischer Sicht schon längst hätten angepasst werden müssen.

Denn nach wie vor sind die Semesterzeiten im europäischen Hochschulraum nicht aufeinander abgestimmt. Das bedeutet: Während das Wintersemester in den meisten Ländern bereits im August oder im September beginnt, starten die deutschen Hochschulen erst Mitte Oktober. Damit verschieben sich aber auch die Prüfungszeiten, die in den allermeisten Studiengängen zum Ende des Semesters geschrieben werden.

Solange die vorlesungsfreie Zeit an deutschen Hochschulen im Sommersemester also zwischen Anfang und Mitte Juli beginnt und ab diesem Zeitpunkt Klausuren und Hausarbeiten geschrieben werden, kommt ein Student, der anschließend ein Auslandssemester machen möchte, zeitlich in die Bredouille. Denn drei Hausarbeiten in vier bis fünf Wochen schreiben, ins Ausland umziehen und auch noch alles Bürokratische (der Bürokratieaufwand für Studenten ist selbst bei einem Erasmussemester durchaus noch hoch) regeln zu sollen, ist sportlich kalkuliert. Dieses Zeitproblem haben vor allem deutsche Studenten oder Studenten, die für ein Semester wiederum nach Deutschland kommen. Denn außerhalb Deutschlands herrschen bereits überwiegend harmonisierte Start- und Endzeiten der Semester – weil sie entweder im Zuge von Bologna angepasst wurden oder schon immer so lagen. Rechtlich müssten die deutschen Hochschulen auf eine Änderung der Semesterzeiten zu einer Harmonisierung hinwirken. Denn die Universitäten und Fachhochschulen bestimmen diese eigenständig. Welches Motiv auch immer hier zugrunde liegt: Bislang scheinen wir für diesen Schritt noch nicht bereit gewesen zu sein.

Klar ist, dass der Bologna-Prozess weit fortgeschritten und daher nicht mehr rückgängig zu machen ist. Da gerade die studentische Mobilität durch die europäische Hochschulreform enorm erleichtert wurde, darf eine Umkehr des politischen Programms auch nicht die Zielrichtung sein, mit der die Reform heute diskutiert werden sollte. Kritisch hinterfragt aber muss werden, welche negativen Auswirkungen und Probleme Bologna mit sich brachte und wie diese angegangen werden müssten. Z. B. eben die noch ausstehende Harmonisierung der Semesterzeiten, die teilweise Wiedereinsetzung von Diplomstudiengängen oder die Qualitätssicherung der nach wie vor hoch angesehenen Examina – wobei die bereits existierenden Bachelor/Master-Studiengänge für Jura oder Lehramt als sinnvolle Zusatzangebote funktionieren können; etwa, wenn ein Student kein Volljurist werden, sondern sich juristische

Fachkenntnisse als Weiterqualifizierung aneignen möchte. Die Verschulung der höheren Bildung auf Kosten individueller akademischer Freiheit und Reifung ist nach wie vor ein Problem des Bologna-Prozesses, genauso wie die marktorientierten Hochschulstrukturen unter Vernachlässigung der Grundlagenforschung.

Idealisierte Bedingungen

Feste Regelstudienzeiten sind heute elementarer Bestandteil der Studiensystems und begründet durch den europäischen Vereinheitlichungsdrang sowie den Willen nach Vergleichbarkeit der Studiengänge und Lehrangebote im europäischen Hochschulraum. Die tatsächliche individuelle Studienzeit kann der Regelstudienzeit entsprechen oder sie unter- bzw. überschreiten. Laut Statistischem Bundesamt beendeten im Jahr 2021 nur rund 32 Prozent aller Studenten in Deutschland ihr Studium innerhalb der Regelstudienzeit. Der Großteil wird stattdessen innerhalb der folgenden zwei Semester fertig.

Dies hat drei Gründe: Erstens wird bei der Regelstudienzeit von idealisierten Bedingungen ausgegangen, die in der Praxis häufig nicht gegeben sind. Überfüllte Seminare und Vorlesungen, Terminüberschneidungen von Pflichtveranstaltungen, der Ausfall von Kursen oder schlicht die Notwendigkeit einer (zeitaufwendigen) Nebentätigkeit zur Finanzierung des Studiums und des Lebens definieren den Referenzrahmen der tatsächlichen Verhältnisse. Auch Prüfungsangst, private Herausforderungen oder Überforderung können dazu führen, dass Prüfungen im darauffolgenden Semester wiederholt werden müssen und Verzug entsteht. Man denke hier beispielsweise an die Coronapandemie. Zwar wurden die betroffenen Semester nicht auf die Regelstudienzeit angerechnet, psychische Probleme aber haben gerade junge Menschen – darunter viele Studenten – nachhaltig belastet.

Zweitens bilden die Fülle an Möglichkeiten und der Konkurrenzdruck ein auf den ersten Blick ungleiches Ursachenpaar für die

Überschreitung der Regelstudienzeit. Auslands- und Erasmussemester, Praktika in wichtigen Institutionen im Inland oder im Ausland, in Anwalts- und Wirtschaftskanzleien, Traineeships in den mächtigen EU-Institutionen oder Intensivsprachkurse in Hongkong, der schlecht bezahlte Nebenjob für die Kontakte: All diese Zwischenstationen bergen einerseits Möglichkeiten für den Erfahrungs- und Kompetenzschatz junger Menschen, sie sind andererseits auch für den Lebenslauf bedeutsam. Durch den Konkurrenzdruck sehen sich Studenten dazu angehalten, ein oder zwei Semester »Pause« vom Studium einzulegen, um die individuellen Weichen für Netzwerk und Karriere zu stellen und den Lebenslauf mit zusätzlichem Kompetenzerwerb durch Jobs, Praktika und andere Stationen zu füllen.

Nicht alle diese Praktika und Aufenthalte sind im Studienpensum vorgesehen bzw. vorgeschrieben. Je nach Studiengang gibt es zwar Pflichtpraktika. In meinem Bachelorstudium hätte ich aber insgesamt nur rund sechs Wochen hospitieren dürfen. Ich absolvierte mein Praktikum über die Pflichtzeit hinaus im Brüsseler Büro der Hanns-Seidel-Stiftung und geriet dadurch in Verzug, da die Regelstudienzeit indessen weiterlief. Dasselbe galt für meine Zeit als RCDS-Bundesvorsitzende. Auch Ehrenamt kann zu dem Umstand führen, die Regelstudienzeit zu überziehen.

Im Ausnahmefall sind »Urlaubssemester« vorgesehen. Wird der Antrag zu einem solchen »Pausensemester« von der Hochschule genehmigt, wird das Urlaubssemester nicht in die Regelstudienzeit mit einberechnet. In dieser Zeit aber dürfen keine Leistungspunkte absolviert werden, man gilt als »beurlaubt«. Das Urlaubssemester muss von mehreren Stellen genehmigt werden und bedarf eines »triftigen« Grundes. Es ist weder gewollt noch vorgesehen, dass Studenten ihre Regelstudienzeit für Praktika und Auslandserfahrungen überziehen. Urlaubssemestern sind Hürden gesetzt, und mehr als zwei »beurlaubte« Semester gibt die Prüfungsordnung ohnehin nicht her.

Selbstverständlich – und das ist sehr gut – gibt es die Möglichkeit, sich aufgrund von Mutterschutz und Elternzeit beurlauben zu lassen. Die Zählung der Fachsemester wird während der Beurlaubung ausgesetzt und das Problem der Höchststudiendauer entschärft. In dieser Zeit kann der Beurlaubte trotzdem an Veranstaltungen teilnehmen, Praktika absolvieren sowie Studien- und Prüfungsleistungen (inkl. Abschlussarbeiten) erbringen. Ein Urlaubssemester dieser Art können beide Elternteile wahrnehmen, aufgrund von Elternzeit auch gleichzeitig. Diese Urlaubssemester können individuell über die Studienzeit verteilt werden. Wenn nun jemand anmerken möge, dass Studenten zuvorderst studieren müssen, wenn es der Staat schon bezahlt, und nicht im Ausland und im Ehrenamt »herumtrödeln« sollten, dann merke ich an: Wir – die allermeisten – Studenten studieren, und das auch ehrgeizig und hinsichtlich der Anzahl ihrer belegten Leistungspunkte sehr ambitioniert. Doch für den späteren Arbeitgeber sind vor allem Auslands- und Berufserfahrungen durch Praktika oder einen einschlägigen Nebenjob, Fremdsprachenkenntnisse und eine ausgeprägte Kommunikationsfähigkeit wichtig. Die Relevanz der Inhalte im Studium ist vor allem in den Geisteswissenschaften eher untergeordnet, insbesondere die Organisationsfähigkeit und Leistungserbringung sowie Disziplin und Interdisziplinarität sind die Vorzüge dieser Studenten für den Arbeitgeber. Heutzutage lernt man im Betrieb oder im Unternehmen die wichtigen Fertigkeiten und Anforderungen der Arbeitsstelle. Sich selbst zu organisieren und eigene Vorstellungen umzusetzen ist dafür essenziell. Der Lebenslauf sollte also sowohl »herausragende« Stationen im In- und Ausland vorweisen als auch einen hohen Grad an Disziplin und Eigenständigkeit vermitteln, etwa durch die Einhaltung der Regelstudienzeit. Diese Rechnung geht schlichtweg nicht auf. Ideale Bedingungen gibt es gerade heute nicht, mehr Flexibilität wäre notwendig.

Denn der dritte und wohl gravierendste Grund für die Überschreitung der Regelstudienzeit ist die falsche Bemessung der »idealen« Fachsemester vorbei an der heutigen Studienrealität.

Die Inhalte und Anforderungen im Studium sowie die Lebensrealitäten und Lernmethoden verändern sich. Die genannten Zahlen des Statistischen Bundesamtes zeigen noch größere Probleme auf. Seit dem Jahr 2011 nimmt die Quote der Absolventen, die ihren Abschluss in Regelstudienzeit machen, nicht nur kontinuierlich ab, von knapp 40 Prozent im Jahr 2011 über 35 Prozent 2017 bis hin zu dramatisch niedrigen 32 Prozent im Jahr 2021. Darüber hinaus sind die Studentenzahlen im letzten Jahrzehnt drastisch angestiegen. Während 2,4 Millionen Studenten an deutschen Universitäten noch im Jahr 2011 studiert haben, sind es zehn Jahre später 600 000 mehr – knapp drei Millionen. Das bedeutet, dass trotz des drastischen Anstiegs an Studenten der Anteil der Regelstudienzeitabsolventen abgenommen hat.
Allgemeiner Konsens besteht darin, dass die Anforderungen in vielen Studiengängen und der Druck nicht mehr den idealisierten Bedingungen der verschulten Regelstudienzeiten entsprechen. Bei lernintensiven Studiengängen wie Medizin oder Jura ist es sogar üblich, die Regelstudienzeit zu überschreiten. Der Stoff wird dichter, der Stress größer, der Organisationsdruck nimmt wegen immer mehr Pflichtveranstaltungen zu, Ablenkung nimmt zu. Unabhängig vom Grund wird deutlich, dass die Regelstudienzeit mehr und mehr an den Realitäten vorbei diktiert und zum Problem wird.

BAföG und Regelstudienzeit

Nun werden sich einige fragen, was an der Regelstudienzeit so nachteilig sei, wenn das ein oder andere Semester überschritten werden kann. Unfair an diesem verschulten und restriktiven System ist die Tatsache, dass die Regelstudienzeit diejenigen in ihren Chancen einschränkt, die auf die Unterstützung durch das BAföG angewiesen sind. Denn an der Regelstudienzeit bemisst sich auch die Förderung durch das sogenannte Bundesausbildungsförderungsgesetz, das BAföG. Studenten, die vom Staat durch das BAföG Unterstützung erhalten, müssen in Regelstudienzeit studieren, um Anspruch auf die finanzielle Hilfe zu haben. Wird sie überschritten, entfällt der Anspruch auf das BAföG. Obwohl die Überschreitung also viele verschiedene Gründe haben kann – zumal die Bemessungsgrundlage längst veraltet ist –, könnten die staatlichen Gelder auch fleißigen Studenten versagt werden. Dann brechen Studenten ihr Studium ab, fangen gar nicht erst einen bestimmten Studiengang an oder erleiden einfach den finanziellen Druck. Und wer wird dann Richter oder Anwalt? Eher nicht derjenige, der auf BAföG angewiesen ist. Das mag plakativ wirken, entspricht aber der Realität. Einer meiner Kommilitonen hat sich z. B. genau aus diesem Grund gegen Jura und für eine Geisteswissenschaft entschieden. Als er nämlich von Freunden aus der Heimat erfahren hatte, Juristen würden die Regelstudienzeit öfters um einige Semester überschreiten, ließ er von seinem Traumstudiengang ab. Da die Regelstudienzeit im Jurastudium kaum einzuhalten ist und ein Teil des BAföGs in jedem Fall zurückgezahlt werden muss, war dies für ihn keine Option mehr.

Vielleicht hätte er es trotz des Drucks geschafft und aus ihm wäre ein guter Jurist geworden. Er ist auch jetzt auf staatliche Hilfe im Studium angewiesen. Auch jetzt muss er sich an die Regelstudienzeit halten, wobei die Wahrscheinlichkeit, diese im Master Staatswissenschaften an der Universität Erfurt einhalten zu können, realistisch gegeben ist. Es kommt eben ganz auf den Studiengang an. Und dennoch: Es fehlt hier die Flexibilität, etwa um ein nicht verpflichtendes Praktikum im Ausland zu machen, das interessiert oder eine gute Möglichkeit bietet, Kompetenzen zu erwerben, Erfahrungen zu sammeln und persönliche Kontakte zu knüpfen. All das, was später ein Ankommen am Arbeitsmarkt erleichtert und befördert.

Grundsätzlich ist es absolut richtig, die Regelstudienzeit als Bemessungsgrundlage und damit als einen Faktor für das BAföG heranzuziehen. Denn nur so wird dem Missbrauch staatlicher

Gelder vorgebeugt und werden Anreize geschaffen, das Studium in einem zeitlich kalkulierbaren Rahmen erfolgreich zu beenden. Diesen Anreiz haben auch viele Studenten, die nicht auf das BAföG angewiesen sind. Ich kenne viele Fälle, meine Situation eingerechnet, wo vom Elternhaus auf den Abschluss hingewirkt oder die finanzielle Unterstützung gestrichen wird, sofern im Studium ohne Begründung nicht wirklich etwas vorangeht. Auch das: vollkommen gerechtfertigt.

So oder so muss das mittlerweile sehr verschulte Studiensystem flexibilisiert werden, um es an die Lebensrealitäten, die inhaltlichen Anforderungen in den unterschiedlichen Studiengängen und an die neuen Lehr- bzw. Lernmethoden anzupassen. Voraussetzung dafür ist eine kritische Überprüfung der aktuellen Regelstudienzeiten. Wann passiert das, und wer macht das eigentlich?

BAföG-Reform?

Das habe ich im Frühjahr des Jahres 2022 auch gefragt. Ich war Bundesvorsitzende des RCDS, und der erste Teil der BAföG-Reform stand an. Die damals neue Bundesregierung mit Bundesbildungsministerin Bettina Stark-Watzinger von der FDP hatte es sich direkt zu Beginn der Wahlperiode zur Aufgabe gemacht, das Gesetz »anzupassen«. Das BAföG wird von vielen Seiten kritisiert und ist umstritten, um seinen zukünftigen Funktionsmechanismus wird gerungen. Vor allem die politisch linken Hochschulgruppen haben spezifische Vorstellungen von der Ausrichtung der finanziellen Unterstützung für Schüler, Auszubildende und Studenten.

Das BAföG ist an die Bedürftigkeit geknüpft, es handelt sich also um eine staatliche Sozialleistung, die zinslos nur zur Hälfte zurückgezahlt werden muss. Sofern jemand nach seinem Studienabschluss nachweislich nicht in der Lage ist, den Betrag zurückzuzahlen, entfällt diese Anforderung nach einer gewissen Zeit. Je nachdem, wie viel Geld die Eltern verdienen, hat ein junger

Mensch darauf Anspruch oder eben nicht. Wie hoch diese Freibeträge sind und ab welcher Einkommensstufe der Förderhöchstsatz ausgezahlt werden kann, steht im Bundesausbildungsförderungsgesetz.

Während der RCDS seit Jahrzehnten am BAföG als Sozialleistung festhält, arbeiten beinahe alle anderen politischen Hochschulgruppen samt des fzs daran, die Abhängigkeit vom elterlichen Einkommen abzulösen und ein elternunabhängiges BAföG zu etablieren. Die Kampagne des fzs im Jahr 2021 zum 50-jährigen Jubiläum des BAföGs – es trat 1971 in Kraft – titelte: »50 Jahre BAföG – (k)ein Grund zu feiern? Ein Meilenstein auf dem Weg zu freier Bildung über sozioökonomische Klassengrenzen hinweg. Doch es ist nicht gut gealtert.« Die Juso-HSG bliesen in der Pressemitteilung in dasselbe Horn: »In keinem anderen Industriestaat bestimmt die Herkunft so sehr über den Bildungsweg, wie in Deutschland. Wir brauchen eine umfassende Reform der Ausbildungsfinanzierung, um der wachsenden sozialen Ungerechtigkeit entgegenzuwirken.«

Der erste Satz ist schlicht falsch, da es sich nicht nur um eine bloße Behauptung ohne Quellenangabe handelt, sondern Erhebungen beispielsweise des UN-Kinderhilfswerks Unicef etwas anderes diagnostizieren. Deutschland stehe demnach bei der Bildungsgerechtigkeit im Vergleich zu anderen Industrieländern im Mittelfeld.

Dazu verglich das Unicef-Forschungszentrum Innocenti im Jahr 2018 in Florenz 41 Industrieländer. Deutschland belegte Platz 23. Für ein reiches Land wie die Bundesrepublik ist das kein zufriedenstellendes Ergebnis. Im Gegenteil, unser Anspruch müsste lauten: beste Bildungsstandards, maximale Bildungsgerechtigkeit und Systemdurchlässigkeit. Dass in keiner anderen Industrienation die Herkunft, also das Elternhaus und das Einkommen der Eltern oder z. B. ein Migrationshintergrund, so sehr über den Bildungsweg bestimmt wie in Deutschland, ist aber eine bewusst verzerrende, ja nachgerade populistische Darstellung.

Die Herstellung von Bildungsgerechtigkeit wird nicht gelingen, wenn wir wichtige Grundsätze wie Leistungsprinzip, die Finanzierung der Ausbildung der Kinder durch die Eltern oder Rückzahlungsmodalitäten über Bord werfen. Genau das wird nämlich durch den (emotionalisierten) zweiten Satz der Juso-Pressemitteilung impliziert: Die Abschaffung aller Bedingungen und Pflichten seitens der BAföG-Empfänger hin zu einer staatlichen Leistung für jeden Menschen in Ausbildung – bestenfalls ohne Rückzahlungsanforderungen, also praktisch geschenkt.
Was daran gerecht sein soll, frage ich mich bis heute. Ist es nicht sehr unfair, dass Studenten aus Elternhäusern mit der erforderlichen finanziellen Grundlage ebenso Anspruch auf Steuergelder haben wie tatsächlich bedürftige junge Menschen in Ausbildung? Wo bleibt bei der Abschaffung von Rückzahlungsmodalitäten noch der Anreiz, ein Studium zügig zu absolvieren? Wo ist die Gerechtigkeit gegenüber den Steuerzahlern, wenn jedermann bedingungslos Geld bekommen kann, ohne es zurückzahlen zu müssen? Von daher sind diese Forderungen weder sozial gerecht noch gesellschaftlich verträglich noch entspricht es meinem Verständnis von liberaler Demokratie. Die Schwächeren werden unterstützt, die Stärkeren unterstützen. Das sollte doch eigentlich ganz im Sinne der umverteilungsaffinen Linken und Grünen sein, oder?
Die Motive der linken (Hochschul-)Politiker sind leicht durchschaubar: Gleichmacherei und mehr Staat im Privatleben – unter dem Deckmantel einer vermeintlichen »Gerechtigkeit«? Der RCDS und ich waren immer gegen die Elternunabhängigkeit und sind es nach wie vor. Aus Gründen der Fairness. Gleichberechtigung heißt nicht Gleichbehandlung. Und dennoch halten diese Einstellung die Linken für unmoralisch. Wir seien gegen die »Armen«, gegen »Bildungsgerechtigkeit«, vertreten nur die Snobs aus gutsituiertem Hause, erkennen die wahren Probleme von Studenten nicht und wollen die herrschenden Ungerechtigkeiten zwischen den »Klassen« aufrechterhalten und

stärken: Solche Ungeheuerlichkeiten musste ich mir manchmal anhören.

Diese Sichtweise ist deshalb falsch, weil das BAföG als Sozialleistung gerade für diejenigen mit weniger Geld gemacht wurde, es so auch tatsächlich mehr »Bildungsgerechtigkeit« schafft, weil durch die elternabhängige Bedürftigkeitsprüfung finanziell Bessergestellten keine staatliche Unterstützung gewährt wird: Die Forderung nach elternunabhängigem BAföG macht das Studium nicht sozial gerechter, sondern schafft gesellschaftliche Ungerechtigkeit.

Bei der BAföG-Diskussion handelt es sich auf den ersten Blick um einen Nebenschauplatz der Bildungspolitik. Auf den zweiten Blick wird aber erst einmal die gesellschaftliche Tragweite dieser Forderungen sichtbar, mit denen bisher geltende Grundsätze von Gerechtigkeit über Bord geworfen werden sollen. Ob elternunabhängiges BAföG oder bedingungsloses Grundeinkommen, die Argumente dagegen sind verblüffend ähnlich: fehlendes Leistungsprinzip, die immense und sozial ungerechte Belastung der steuerzahlenden Bevölkerung oder die fehlende Anreizsetzung zum Arbeiten – um nur drei Aspekte zu nennen.

Vielleicht geht dem ein oder anderen gerade ein Licht auf, woher die irrsinnigen und mittlerweile durchaus salonfähigen Vorschläge zum Bürgergeld ohne das Prinzip des Forderns oder zum bedingungslosen Grundeinkommen stammen könnten: Richtig, vom Campus, aus der Black Box Uni!

Faires BAföG, aber keine Geldverteilung nach dem Gießkannenprinzip: Das war schon immer unsere Position als größter und ältester politischer Studentenverband. So war aber auch klar, dass die Überprüfung der Regelstudienzeiten als ein Grund, weshalb BAföG-Empfänger schlechter gestellt sein könnten als ihre Kommilitonen, unabdingbar wird, sobald die BAföG-Reform kommt. Zwei weitere wichtige Kriterien adressieren die Bedarfssätze und die Freibeträge für das Einkommen der Eltern. Diese waren und sind immer noch pauschal festgelegt.

BAföG und Inflation

Die starre und willkürliche Regelung der Bedarfssätze wird vor allem dann zum Problem, wenn Deutschland wie im Jahr 2022 infolge des Krieges gegen die Ukraine und der Sanktionen gegen Russland eine hohe Inflationsrate ereilt. Während die Studenten unter den steigenden Miet- und Energiekosten sowie hohen Lebensmittelpreisen ächzen, steigen die Bedarfssätze mit der Inflation nicht an, wie es z. B. Löhne durch den Marktmechanismus oder Tariflohnverhandlungen im öffentlichen Sektor tun. Um den BAföG-Empfängern mehr finanzielle Hilfe z. B. infolge einer hohen Inflation zu gewähren, müssen immer erst per Gesetzänderung die Bedarfssätze im Gesetz erhöht werden. Einen Mechanismus, der die Sätze an bestimmte Kriterien wie beispielsweise die Teuerungsrate knüpft und diese dadurch automatisch steigen oder sinken lässt, gibt es auch heute nicht.

Im Jahr 2021 haben in Deutschland insgesamt 623 000 Personen, davon 155 000 Schüler und 468 000 Studenten, staatliche Unterstützung erhalten. Die Zahl der geförderten Studenten stieg gegenüber dem Vorjahr zwar leicht um 0,4 Prozent an. Zuvor war ihre Zahl seit 2012 aber jährlich gesunken – und zwar drastisch. Dem 22. BAföG-Bericht zufolge wurden zuletzt nur noch rund 11 Prozent der Studenten gefördert. Grund für diese niedrige Förderquote ist nicht etwa der plötzliche Anstieg von Wohlstand. Im Gegenteil, denn mit einem erheblichen Anstieg der Studentenzahlen in den letzten zehn Jahren und der schrittweisen Abschaffung der Studiengebühren in den einzelnen Bundesländern sind auch mehr und mehr Studenten aus finanziell schwächer gestellten Familien an den Campus gekommen. Doch auch die Zahl der Vollgeförderten sank gegenüber dem Vorjahr um 5 Prozent. Nur noch knapp die Hälfte der BAföG-Empfänger erhielt im Jahr 2021 den maximalen Förderbetrag.

Der Grund für die sinkenden Gefördertenzahlen und für weniger Vollgeförderte liegt erneut in der rigiden Ausgestaltung der

Bedarfssätze. Die Freibeträge für das Einkommen der Eltern, also die Grenze, bis zu der jemand als bedürftig gilt, wurden nicht adäquat an die Lohnentwicklung angepasst. Dies wäre jedoch dringend nötig gewesen, da gestiegene Nominallöhne durch ein ebenfalls gestiegenes Preisniveau zu nur geringfügig höheren Reallöhnen geführt haben. Berücksichtigt man bei dieser Betrachtung noch die kalte Progression, die zu einer überdurchschnittlich gestiegenen Steuerbelastung führte, zeigt sich schnell, dass das Kaufkraftäquivalent der Einkommensfreibeträge der Eltern deutlich gesunken ist.

Daraus resultieren drei Befunde: Erstens ist die Ausgestaltung des BAföG an einigen Stellen unfair und vor dem Hintergrund der »Bildungsgerechtigkeit« im Studium tatsächlich nicht mehr zeitgemäß. Darunter leiden die sozial Schwächeren am meisten. Das BAföG beinhaltet starre Grenzen, die nur durch die Änderung des Gesetzes verschoben werden können. Weder die Bedarfssätze noch die Freibeträge sind an Kriterien geknüpft, die sie dynamisch steigen oder absinken lassen würden. Eine etwaige Erhöhung der Sätze ist frei gewählt. In den vergangenen sieben Jahren wurden sie willkürlich einmal um 5, einmal um 7 oder einmal um 3 Prozent erhöht. Darüber hinaus sind, wie dargestellt, die Regelstudienzeiten an ideale Bedingungen geknüpft, die heutzutage in vielen Studiengängen und je nach Modulkatalog nicht die Realität abbilden.

Zweitens verdeutlichen die Missstände beim BAföG das Desinteresse an studentischen Belangen, Problemen und Lebensrealitäten. In dieser Lage verfängt zu meinem Bedauern in der Politik dann auch noch allein die Forderung nach elternunabhängigem BAföG. Doch eine zukunftstaugliche Lösung ist dies nicht. Denn die Kosten für das bedingungslose Grundeinkommen für Studenten werden später dann wiederum meine und nachfolgende Generationen tragen müssen.

Als würden wir in der Zukunft nicht schon genug belastet sein: Der demografische Wandel und der sinkende Wohlstand werfen ihre Schatten voraus. Den bedürftigen Studenten wäre deshalb mit einem flexiblen Gesetz, das dynamisch und punktuell den Gegebenheiten im Kontext des 21. Jahrhunderts angepasst werden kann, geholfen. Um Missbrauch vorzubeugen, wäre es endlich einmal wünschenswert, wenn sich Politik und Gesellschaft ernsthaft und lösungsorientiert mit der Realität von Studenten auseinandersetzten. Das würde dann auch die unsägliche Debatte um die elternunabhängige Förderung verpuffen lassen.

Drittens stehen die vor sich hin tröpfelnden BAföG-Änderungen in der Hochschulpolitik sinngemäß für die Unfähigkeit der Politik, Gesetze zu entschlacken, an Realitäten anzupassen und zu entbürokratisieren. Es fehlt der Wille, eine neue Struktur zu schaffen. Statt ordentlich zu reformieren, wird nur rumgeschraubt und versucht, nicht mehr zeitgemäße Gesetze am Leben zu halten.

So wie z. B. auch beim Rentensystem: Das wird aufgrund des demografischen Wandels nie wieder so funktionieren, wie es einst gedacht war. Die Rentenbeiträge aller Arbeitnehmer und Arbeitgeber von heute reichen schon jetzt nicht mehr aus, die Ansprüche der heutigen Rentner zu bedienen. Das sogenannte Umlageverfahren ist schon lange dysfunktional. Würde der Staat nicht seit Jahren Steuergelder mit schrittweisem Anstieg in die gesetzliche Rentenkasse pumpen, wäre das System schon längst kollabiert.

Im Vergleich zum Renten- und Bildungssystem ist das Ausbildungsförderungssystem weit weniger komplex. Es wurde, wie das Rentensystem, in einer anderen Zeit unter anderen Rahmenbedingungen konzipiert. Allein die damaligen Studentenzahlen unterschieden sich von den heutigen. Vor der Wiedervereinigung im Jahr 1980 gab es zehn Bundesländer in der Bundesrepublik und viel weniger Menschen, die studierten.

Heute brauchen die BAföG-Ämter teilweise monatelang, um einen Antrag, der ausgedruckt auf Papier gestellt wurde (!), zu prüfen. Die Ämter sind unterbesetzt und auch unterfinanziert. Neben den rigiden Bedarfssätzen, Freibeträgen und der Regelstudienzeit-Problematik braucht es auf jeder Ebene Reformen. Und dennoch wird nicht einmal ernsthaft darüber nachgedacht, etwas zu verändern. Wieso das BAföG nicht komplett neu aufgleisen? Statt neue Flicken an den Teppich zu nähen, braucht es den Reset-Knopf für einen Neustart.

Dem Ziel, für umfassende Chancengerechtigkeit junger Menschen hinsichtlich der schulischen, beruflichen und akademischen Ausbildung zu sorgen, wird nur entsprochen, wenn sowohl die Zahl der Anspruchsberechtigten als auch die der Geförderten wieder steigt. Auch Studenten im unteren mittleren Einkommensbereich müssten wieder erreicht werden. Hinzu kommen die bürokratischen Hürden einer Beantragung. Insgesamt müssen die Verfahren aber schlanker und vor allem deutlich effizienter werden. Eine Antragstellung in elektronischer Form und die konsequente Digitalisierung des gesamten Verfahrens sind nach wie vor Desiderate.

Wieso ein tiefgreifender BAföG-Relaunch so dringend notwendig ist? Weil auch im damaligen ersten Teil der BAföG-Reform in der ersten Jahreshälfte 2022 nur Symptome behandelt wurden, aber keine grundsätzliche Neuausrichtung stattfand. Bereits bei der Beratung zum Referentenentwurf des Änderungsgesetzes wurde klar, dass es sich dabei lediglich um eine Anhebungsnovelle für die Förder- und Bedarfssätze handelte. Die Elterneinkommensfreibeträge sollten deutlich um 20 Prozent angehoben werden, was zu einer Erhöhung der niedrigen Förderquoten führen konnte. Dahingegen sollten die Bedarfssätze nur um 5 Prozent steigen.

Die Anhebung des BAföG-Grundbedarfs von 427 Euro auf 449 Euro und des Wohnzuschlags für auswärts Wohnende von 325 Euro auf 360 Euro (mehr als 5 Prozent) deckten dabei allerdings nicht annähernd die gestiegenen Lebenshaltungskosten. Neben einer anhaltenden Inflation von ca. 7 Prozent, damals wie auch ein Jahr später noch, steigen die Mietkosten in den Ballungsräumen und Universitätsstädten seit Jahren exorbitant an. 90 Prozent aller Studenten konkurrieren mit nicht mehr in der Ausbildung stehenden Arbeitnehmern auf dem privaten Wohnungsmarkt. Nur rund 10 Prozent kommen in öffentlich geförderten Wohnheimen unter. Das Ziel, welches sich die Bundesregierung gesetzt hatte, nämlich Vertrauen in eine staatliche Ausbildungsförderung zu schaffen, die auf Dauer verlässlich breitenwirksam ist, konnte mit der geringen Erhöhung der Bedarfssätze und der Wohnpauschale jedenfalls nicht erreicht werden. Auch der studentische Wohnungsbau in den Hochschulstädten hinkt seit Jahrzehnten den Bedarfen hinterher.

Besprechung des Referentenentwurfs

Bevor ein Gesetzentwurf aus dem Ministerium dem Parlament vorgeschlagen wird, werden üblicherweise Verbände, Vereine oder Interessenvertretungen, die sich mit einer Thematik eingehend beschäftigen, dazu eingeladen, Stellung zu beziehen. So wurde Ende März 2022 eine digitale Runde seitens des Bundesbildungsministeriums mit allen politischen Hochschulgruppen initiiert, um den sogenannten Referentenentwurf zu besprechen. Die Diskussionsweise linker Hochschulgruppen war mir bereits seit vielen Jahren geläufig. Entsprechend war ich nicht sehr verwundert, dass man sich auch auf Bundesebene und gegenüber erfahrenen Ministeriumsmitarbeitern im Ton vergriff. Mein ehrliches Bedauern galt den Mitarbeitern, die sich mit den teilweise unverschämten Wortmeldungen auseinandersetzen mussten.

Eigentlich war alle Kritik nach einer Stunde mitgeteilt, begründet und diskutiert worden, denn bis auf ein paar zusätzliche Anpassungen und Modifikationen sollte gemäß diesem Referentenentwurf nichts weiter geändert werden. Aus Sicht des RCDS kam dieser Gesetzentwurf nicht nur zu spät, sondern war auch völlig unzureichend – gerade vor dem Hintergrund, dass die Bundesregierung noch ein halbes Jahr zuvor ambitioniert schnelle und effektive Reformen versprochen hatte. Der große Wurf fiel gänzlich aus. Dieser sollte nach Angaben der Regierung in Teil zwei der BAföG-Reform irgendwann später einmal erfolgen. Nachdem wir uns als Interessenvertretungen für Studenten allesamt einig darüber waren, dass die Anhebung der Bedarfssätze viel zu gering ausgefallen war, räumten wir denn ein, dass die Erhöhung der Förderquoten mit 20 Prozent ein guter Schritt war. Völlig destruktiv war hingegen der linke Anschuldigungsmonolog in besagter digitaler Runde Ende März.

Das Ministerium diskriminiere Studenten nach wie vor, weil es das elternunabhängige BAföG nicht einführte. Mit fortschreitender Zeit wurden die Formulierungen unverschämter und zunehmend polemisch und die Forderungen allgemeiner. Es sei eine Schande für die Demokratie und für eine Bundesbehörde, wie hier Politik gemacht werde. Studenten müssten auf der Straße schlafen, und dem Bildungsministerium sei das gänzlich egal. Mir war diese ganze Inszenierung unangenehm.

Ja, Studenten sind eine Gruppe, die sichtlich zu wenig beachtet wird, stellt man in Rechnung, dass sie mittlerweile immerhin über 3,5 Prozent der Menschen in Deutschland ausmachen. Das beste Beispiel dafür lieferten die sogenannten Energieentlastungspakete, bei denen wir Studenten lange Zeit komplett ausgeklammert waren – obwohl die Parteien der aktuellen Regierung eigentlich ja ihre nach Geld schreienden Hochschulgruppen haben –, diesmal wäre es sogar gerechtfertigt gewesen, nach Unterstützung zu verlangen, wenn der Großteil der Bevölkerung Energiepauschalen ausgezahlt bekommt. Aber entweder lobbyierten Juso-HSG, Grüne und LHG in ihren eigenen Parteien nicht gut genug, oder sie wurden ignoriert. Auch bei den Coronaverordnungen fielen Studenten und Hochschulen beinahe über Jahre durch das Raster. Während Stadien im Frühjahr 2021 wieder öffneten, wusste bei uns niemand, ob wir im Sommer im Hörsaal oder vor dem Laptop zu Hause sitzen würden. Es interessierte die Politik offensichtlich nicht, welchen Bedingungen wir ausgesetzt waren. Wir waren nicht auf dem Radar.

Es läuft insofern zwar nicht alles optimal, aber kein Student muss gegen seinen Willen auf der Straße schlafen oder verhungern. Solche Behauptungen sind übertrieben, wenn nicht gar falsch, populistisch und emotional. Zur Lösung der Probleme von Studenten, etwa Mangel an studentischem Wohnraum, steigende Mieten in den Hochschulstädten und Ballungsräumen, die ohne Job nicht mehr zu stemmen sind, muss man Druck machen. Das ist auch und zuvorderst die Aufgabe einer RCDS-Bundesvorsitzenden. So hatte ich gerade in dieser Zeit in diversen nationalen Medien für einen Freedom Day für Studenten am Ende der Coronapandemie gekämpft und auch innerhalb der CDU und der Bundestagsfraktion auf die fehlende Unterstützung der Bundesregierung in der Energiekrise aufmerksam gemacht. Mit Erfolg.

Aber die Attitüde von fzs, Campus Grün und Juso-HSG in diesem digitalen Gespräch zur BAföG-Reform hatte ja nicht zum Ziel, Verständnis zu schaffen oder für Studenten zu lobbyieren. In dieser Runde sahen sich einige Hochschulgruppen dazu verleitet, ihrem Frust und ihrer Abneigung gegen das Establishment Luft zu machen und unstrukturiert und ungefragt neue Beschwerden zum Studium allgemein anzubringen. Das war – fernab der Art und Weise dieser Wortbeiträge – deshalb so verfehlt, da einerseits keine konkreten Einschätzungen oder Verbesserungsvorschläge zum Referentenentwurf selbst geäußert wurden bzw. sie redundant waren, andererseits die Verwaltungsmitarbeiter in den Ministerien keine Politiker sind. Sie können weder etwas entscheiden noch in irgendeiner Weise in eine politische Diskussion einsteigen. Sie sind schlichtweg die falschen Adressaten. Sie vertreten einzig und allein die Haltung ihres Ministeriums. Wenn weder die Ministerin selbst noch ein Parlamentarischer Staatsekretär anwesend sind, ist die Meinung des Ministeriums dann die, die niedergeschrieben ist, also der Referentenentwurf. Dieser Umstand ist selbstverständlich auch den linken Hochschulgruppen bewusst. Aber – so schien es mir – ihr Aktionismus-Eifer beschränkte in diesem Moment die notwendige Professionalität.

Stichwort bedingungsloses Grundeinkommen: Wieso fordern Campus Grün, die Juso-HSG, der fzs, die LHG (da ihre Partei das Bildungsministerium stellt, hielten sie sich in der Debatte sehr zurück) und Linksjugend Solid (der Verband war zu der Verbände-Anhörung nicht eingeladen und ist auf Bundesebene im »politischen Berlin« nicht sehr präsent, da er zu Recht in vielen Kreisen als linksextrem gilt) es dann wirklich? Ein Blick in deren Programme bringt Aufschluss.

Im Grundsatzprogramm von Campus Grün findet sich deren Position zum BAföG im Kapitel »Antifaschismus«. Dort heißt es: »Antifaschistische Theorie und Praxis sind gerade dann nötig, wenn die selbsternannte ‚Mitte' der Gesellschaft angesichts progressiver Bewegungen reaktionär mit der extremen Rechten kollaboriert. In der Hochschule, der hochschulpolitischen Organisierung und der gesamten Gesellschaft darf kein Platz für Faschist*innen, Rassist*innen und Antisemit*innen sein. Um solchen Kräften den Raum zu nehmen, müssen Hochschule und Studium am Grundsatz der Gleichheit organisiert werden. Damit dieser Grundsatz gelebt werden kann, bedarf es aber struktureller Änderungen. Ganz grundliegend gehört dazu die finanzielle Absicherung Studierender durch flächendeckendes und Elternunabhängiges BAföG und Wohngeld. Außerdem müssen die Hochschulen durch egalitäre Lehre für Gleichheit unabhängig von Diskriminierungsmerkmalen einstehen.«

Die Motive für elternunabhängiges BAföG sind also »Gleichheit« (nicht etwa »Chancengleichheit« oder »Gleichberechtigung«, wo staatliche Hilfeleistungen ja eigentlich ansetzen) und »Antifaschismus, Antirassismus und Antisemitismus«. Setzt Campus Grün damit Elternunabhängigkeit mit Überprüfung der Weltanschauung gleich, an deren Ergebnis sich dann die finanzielle Unterstützung bemisst? Sollten dann die »selbsternannte Mitte« alias Union und die »Bürgerlichen« kein Geld erhalten? So ganz schlau wird man aus diesem identitätspolitischen Abschnitt nicht. Vielleicht sollte Campus Grün in Zu-

kunft das »Politisch korrekte BAföG« oder das »BAföG der Guten« fordern. Dann ist wenigstens auch begrifflich eindeutig erfasst, welche Ziele verfolgt werden. Die Juso-HSG gehen es dagegen etwas softer an. Sie setzen sich auch für Bedarfssätze und Wohnpauschalen ein, die an den Lebensrealitäten orientiert sind. Damit würde ich sofort konform gehen. Darüber hinaus wird ein sozialistisches, faires BAföG zur Sicherung der Studienfinanzierung für alle Menschen gefordert. Fair ja, aber was ist an dieser Stelle das »sozialistische« Element? Vielleicht muss das Wörtchen »sozialistisch« deswegen aufscheinen, weil es die JungSOZIALISTEN vom Campus sind, die hier etwas einfordern?
Sie gehen aber noch einen Schritt weiter. Es sei nicht sofort und nicht in den nächsten Jahren vorstellbar, aber »mittelfristig setzen wir uns für ein eltern-, alters- und ehepartner*innen BAföG als Vollzuschuss als zentrales Mittel für die gesamtgesellschaftliche Öffnung der Hochschulen ein«, schreiben die Juso-HSG auf ihrer Homepage. Das aus sozialistischer Perspektive zentrale und sonst immer unvermeidliche Attribut »unabhängig« fehlt in deren Ausführungen hier allerdings. Gefordert werden expressis verbis also ein Eltern-BAföG, ein Alters-BAföG und ein Ehepartner-BAföG statt eines eltern-, alters- und ehepartnerunabhängigen BAföGs. Ein grobes Versehen aus Juso-Perspektive, wie mir scheint. Aber Hauptsache, die Gendersternchen sitzen.
Bei der vom fzs initiierten Bündniskampagne zum 50. Jubiläum des BAföG lautet eine Forderung:
»Klare Perspektive zur familienunabhängigen Förderung: das aktuelle BAföG baut auf einem veralteten Familienbild auf. Wessen Familie die eigene Ausbildung nicht unterstützen will oder kann, obwohl sie es nach BAföG rechtlich müsste, hat keine Chance auf Förderung. Der einzige Weg, der aktuell bleibt: die eigenen Eltern verklagen.« Daher brauche es das elternunabhängige BAföG. In die gleiche Kerbe schlägt auch die LHG.
Meines Erachtens ist dies das einzige Argument, das rational und halbwegs frei von ideologischem Säbelrasseln in dieser Debatte

ernsthaft diskutiert werden kann. Jedoch ist die Begründung nicht frei von Emotionalität. Über welche Größenordnung belegter Fälle in Zahlen wir hier sprechen, ist vollkommen unklar. Es mag drastisch klingen, dass Kinder die Möglichkeit haben, ihre Eltern zu verklagen, da diese für deren Ausbildung finanziell aufkommen müssen. Das ist gesetzlich festgelegt. Statistisch nicht festgehalten ist aber bisher, wie oft das tatsächlich vorkommt. Außerdem kann die Lösung für dieses Problem niemals das elternunabhängige BAföG sein. Selbst wenn bei einem Prozent aller Studenten die Eltern nicht zahlen wollten, rechtfertigt es nicht ein bedingungsloses Einkommen für 100 Prozent der Studenten. Auch das wäre nach wie vor nicht gerecht.

Linksjugend Solid trumpft mit radikalen und auch utopischen Forderungen auf. Unter der Überschrift »Studium ohne Hunger und Armut ermöglichen« heißt es:

»Auch Semesterbeiträge sollen zukünftig auch [sic!] vom BAföG abgedeckt werden. Zudem soll die Altershöchstgrenze entfallen, das BAföG generell elternunabhängig sein und für Studierende aus einkommensschwachen Familien soll eine Studienstarthilfe in Höhe von 1000 € zum Studienbeginn gezahlt werden.«

Elternunabhängiges BAföG ist also ein Instrument der Linken. Ideologische Vorstellungen über Staat, Gesellschaft und Fairness werden vom Campus in die Politik getragen und dort fantasielos diskutiert. Es ist so weit gekommen, dass die Bundesregierung im Koalitionsvertrag 2021 festgehalten hat, man wolle das BAföG »elternunabhängiger« gestalten. Was auch immer das heißen mag. Ich denke, so richtig hat sich noch niemand darüber Gedanken gemacht, wieso diese Form der Studienfinanzierung überhaupt gefordert wird. Der Blick in die Programme der Verbände hat uns hierüber Aufschluss gegeben.

Was passiert, wenn diese Forderung irgendwann einmal Realität wird? Die Politik denkt, sie tut Studenten etwas »Gutes«, es wird ja von vielen Seiten gewünscht, so scheint es. Sie gibt dem Druck einiger lautstarker Anspruchsgruppen arglos nach und erhofft sich bei den jungen Menschen einen gewissen Erfolg bei der nächsten Wahl.

Hier würden jedoch leichtfertig Steuergelder vergeudet, denn die Mehrheit der Studenten ist nicht auf die Unterstützung durch den Staat angewiesen. Darüber hinaus besteht die Gefahr, falsche Anreize und Möglichkeiten für Missbrauch zu schaffen. Personen mit Hochschulzugangsberechtigung könnten sich auch ohne echte Studienabsicht immatrikulieren und erhielten finanzielle Zuwendung, die nicht an Bedingungen geknüpft wäre. Eine Art »Bürgergeld superlight« für junge Menschen. Wer sollte da denn freiwillig noch eine Ausbildung anfangen? Schon jetzt können in Deutschland nicht mehr alle Lehrstellen besetzt werden. Das bedingungslose BAföG würde diese Situation noch verschärfen. Und wer hat dann noch ein Interesse daran, sein Studium ambitioniert zu verfolgen? Was passiert bei Studienabbruch? Nach den Vorstellungen linker Kommilitonen müsste das Geld nicht mehr zurückbezahlt werden.

Ich befürchte, dass gerade mit Parteien wie der SPD, der FDP, den Grünen und der Linken in Regierungsverantwortung solche problematischen und unzureichend durchdachten Konzepte bald Wirklichkeit werden könnten. Bestehende Probleme wie die zu niedrigen Bedarfssätze im BAföG oder die realitätsfernen Regelstudienzeiten bleiben dagegen unbearbeitet. »Elternunabhängigkeit« klingt eben besser als »Evaluation der Regelstudienzeit«. Das darf aber nicht das Leitmotiv sozialgerechter Politik sein.

Nach gut drei Stunden endete das digitale Meeting zum Referentenentwurf Ende März 2022 in aufgeheizter Atmosphäre. Polemik und radikale Positionen wurden artikuliert. Ich war entsetzt und schämte mich für das Auftreten der anderen Studentenverbände. Das durfte nicht das Bild sein, das studentische Vertretungen in toto abgaben – jenseits inhaltlicher Divergenzen. Denn am Ende schadet es der Sache, wenn es heißt: »Die meisten Studentenverbände sind eh nur Spinner, die sich rhetorisch nicht im Griff haben.«

Anhörung

Umso wichtiger also, dass der RCDS sowohl als Studentengewerkschaft als auch als studentische Stimme mit Vernunft, Ausdauer und Schlagkraft sowie als Hochschulgruppe mit Gespür für politische und gesellschaftliche Fragestellungen seriös und konstruktiv auftritt. Diese Kombination unter Beweis zu stellen war am Tag der eigentlichen Anhörung zum 27. Änderungsgesetz zum Bundesausbildungsförderungsgesetz (BAföGÄndG) maßgeblich. Die öffentliche Anhörung im Ausschuss für Bildung, Forschung und Technikfolgenabschätzung des Deutschen Bundestages fand am 18. Mai 2022 statt.
Zu einer Anhörung kann ein Ausschuss mehrere Sachverständige hinzuziehen, die von den Abgeordneten der Fraktionen zu einem Gesetzentwurf befragt werden können. Die eingeladenen Experten haben die Möglichkeit, in einem Eingangsstatement zu dem Entwurf Stellung zu beziehen. Danach werden je nach Fraktionsstärke reihum Fragen an sie gestellt. Welche Fragen kommen werden, weiß man vorher nicht. Wichtig ist also, sattelfest in den Gesetzesparagrafen zu sein, eine Position zu vertreten und diese in der Anhörung argumentativ den Abgeordneten darzustellen. Die Politiker wiederum sollen sich auf Grundlage der Anhörung eine dezidiertere Meinung zu dem Thema bilden können, werden auf Lücken und Probleme im Entwurf hingewiesen oder können nach Einschätzungen und Perspektiven fragen. So z. B. nach der Sichtweise einer Studentin wie mir. Nach der Anhörung kann der Gesetzentwurf weiterhin verändert und bearbeitet werden.
Die eingeladenen Sachverständigen haben oftmals unterschiedliche Hintergründe und Kompetenzbereiche, sodass ein Gesetzentwurf in der Anhörung möglichst vielseitig bewertet werden kann und Fragen zu unterschiedlichen Bereichen adressiert werden können. Als ich die Einladung zur Anhörung mit der Sachverständigenliste zugeschickt bekam, wurde mir klar, wieso einige Studentenvertreter das Gespräch mit dem Ministerium zwei

Monate zuvor so in die Länge ziehen wollten. Sie waren und sind nicht relevant genug, um im Ausschuss angehört zu werden. Neben dem RCDS als einzige politische Hochschulgruppe war auch der fzs eingeladen. Bei allen bisherigen BAföG-Anhörungen, die mir aus den letzten zwei Jahrzehnten geläufig sind, haben diese beiden Verbände die studentischen Stimmen abgebildet. Eine Art Relevanzkriterium, mit dem aber auch Verantwortung einhergeht.

Denn es ist essenziell, Probleme im Gesetzentwurf zu identifizieren, exakt zu analysieren und darzulegen. Bereits im Vorhinein soll eine schriftliche Stellungnahme abgegeben werden, die ich mit Jonas aus meinem Bundesvorstand unter hohem Zeitdruck schrieb; sie musste plausibel begründet und fundiert sein. Dazu hatte ich die Positionen zahlreicher anderer Verbände durchgearbeitet, um zu sehen, wo Schnittmengen und Unterschiede bestehen.

Am Tag der Anhörung war ich anfänglich durchaus angespannt, schließlich wurde die Sitzung aus dem großen Europasaal des Marie-Elisabeth-Lüders-Hauses im Sinne maximaler Transparenz live ins Netz übertragen. Der größte Ausschusssaal des Bundestages ist mit modernster Kongresstechnik und Dolmetscherkabinen ausgestattet. Dies hängt mit der Sonderstellung des Ausschusses für die Angelegenheiten der Europäischen Union zusammen: Als einziger ständiger Ausschuss kann er in bestimmten Fällen anstelle des Plenums Beschlüsse fassen. Regelmäßig nehmen Abgeordnete des Europäischen Parlamentes an seinen Sitzungen teil oder es werden ausländische Delegationen empfangen. Dort finden aber auch größere Anhörungen statt. Ich selbst war einmal bei einer öffentlichen Sitzung des Untersuchungsausschusses zum Terroranschlag auf dem Breitscheidplatz in Berlin vom 19. Dezember 2016. Im Jahr 2018 wurde im Europasaal ein Polizist angehört, der den späteren Attentäter Anis Amri an der deutschen Grenze registriert hatte. Schon damals war mir die besondere und würdige Anordnung des Sitzungssaals aufgefallen.

Die Ausschusssäle sind allesamt rund, die Abgeordneten sitzen an Tischen, die im Rund angeordnet sind; in der Mitte stehen in den meisten Räumen ebenfalls ein paar Tische. Im imposanten Europasaal ist es beinahe noch einmal ein ganzer Kreis an Tischen, der fester Bestandteil der Raumordnung in seiner Mitte ist. Von der Decke hängt ein großer Würfel herab. An den vier Seiten sind jeweils Screens montiert. Zudem besitzt der Saal eine große Zuschauertribüne, von wo aus Gäste und Interessierte die öffentlichen Sitzungen verfolgen können.

Die Anhörung im Bildungsausschuss begann um 9:30 Uhr. Ich stand früher auf als sonst, es war ein sonniger Frühlingstag. Nach der Anhörung würde ich direkt weitersprinten müssen zu einem Gesprächstermin mit Friedrich Merz. Er war soeben zum CDU-Parteivorsitzenden gewählt worden und hatte mich für ein Kennenlerngespräch eingeladen. Das brachte mich unter Zeitdruck, denn die öffentliche Sitzung war auf drei Stunden angesetzt.

Ich fühlte mich gut vorbereitet und hatte richtig Lust, unsere Meinung zu dem Gesetzentwurf vorzutragen. Vor Ort waren sogar ein paar Fernsehkameras aufgebaut, ein kurzes Statement gab ich gegenüber der *WELT* ab, bevor es in den Saal ging. Als Sachverständige waren neben der Vertreterin des fzs und mir das DSW, der Deutsche Gewerkschaftsbund, das Centrum für Hochschulentwicklung, die Bundesvereinigung der Deutschen Arbeitgeberverbände e. V., die HRK und Arbeiterkind.de gGmbH vertreten.

Während die Abgeordneten im großen Tischkreis Platz nehmen, sitzen die Experten oder »Angehörten« im kleineren Kreis in der Mitte. Da wir acht Sachverständige waren, saßen wir alle nebeneinander im Halbkreis mit Blick zum Ausschussvorsitzenden. Auf den Monitoren in der Mitte sah man die Liveübertragung und, noch viel wichtiger: den Timer. Denn solche Sitzungen und Anhörungen unterliegen einem strengen Protokoll, das für Ausgleich und Gerechtigkeit, z. B. in Hinblick auf Redeanteile, zwischen den Fraktionen sorgen soll. So wie die Fraktionen im

Bundestag vertreten sind, sind sie es auch proportional in den Ausschüssen. Eine Fraktion mit nur 50 Abgeordneten hat daher weniger Sitze im Ausschuss als eine Fraktion mit 200 Mandaten. Ebenso kann die Zeit für Fragen und Antworten in einer Anhörung je nach Fraktionsstärke kürzer oder länger ausfallen. Daher wird penibel darauf geachtet, dass niemand überzieht, weswegen der Timer mit seinen neongrünen Zahlen so wichtig ist.

Grundkonsens unter uns Sachverständigen war, dass die Bedarfssätze angesichts der Inflation viel zu gering waren. Umso mehr wollte ich den Anwesenden die drängenden Probleme mit den Regelstudienzeiten verdeutlichen. Ich wollte erreichen, dass im BAföGÄndG festgehalten wird, eine Evaluation der Regelstudienzeiten anzustoßen, die ein bis zwei Jahre dauern sollte. Zum einen ist sich dieser Schieflage in der Politik so gut wie niemand bewusst. Auch dass die Studiengänge je nach Bundesland oder Universität und Hochschule unterschiedlich ausgestaltet sein können, mag den wenigsten bekannt sein. Denn nur weil ein Studiengang in Nürnberg und in Berlin den gleichen Titel, beispielsweise Wirtschaftswissenschaften, trägt und sogar Module ähnlich benannt sind, können Welten zwischen den inhaltlichen Ausgestaltungen der Studienprogramme liegen.

Zum anderen schien und scheint mir das Thema Regelstudienzeiten eines der Probleme beim BAföG zu sein, das zwingend angegangen werden müsste, um die Studienfinanzierung fairer zu gestalten. Es war eines der wenigen hochschulpolitischen Themen, das frei von Ideologie war und worüber sich alle Studentenvertreter einig waren, sogar die (vor allem ideologisch) verfeindeten Verbände RCDS und fzs.

Die dreistündige Anhörung im Bildungsausschuss war unglaublich intensiv. Man ist dauerkonzentriert, jederzeit könnte eine Frage gestellt werden, die an einen selbst adressiert ist. Schnell stichpunktartig mitnotieren und ad hoc eine pointierte Antwort parat zu haben, und das unter dem Zeitdiktat des vor einem schwebenden Timers – das stresst nicht nur, sondern macht auch angriffslustig. Denn sowohl die Frage eines Abgeordneten als auch die Antwort des Sachverständigen müssen innerhalb der vorgesehenen Zeit vollzogen werden.

Nachdem die Sitzung beendet worden war, sprintete ich weiter zu meinem nächsten Termin mit Friedrich Merz. Da die Gebäude des Bundestages auf weiträumigem Terrain verteilt sind, muss man für die Wege teilweise zehn bis 15 Minuten einplanen. Dort angekommen leerte ich erst einmal ein Glas Wasser. Mit Merz sprach ich über den RCDS und die CDU, über mehr Frauen und junge Menschen in der Partei.

Der Gesetzentwurf wurde nach der Anhörung so gut wie nicht überarbeitet. Einzig wurden die Sätze noch einmal geringfügig angehoben. So gab es 5,75 Prozent statt nur 5 Prozent mehr Geld für BAföG-Empfänger als bisher – bei einer Inflationsrate von rund 7 Prozent. Dass sich die Problematik mit der Regelstudienzeit nicht einmal in einer Äußerung seitens der Regierung oder der Koalition niederschlug, wunderte mich zwar nicht, es ärgerte mich aber. Denn auch wenn die Regelstudienzeiten nicht vom Bund festgelegt werden, sondern je nach Studiengang und Hochschule unterschiedlich definiert werden können, ist es im Interesse des BAföG-Gesetzgebers, also des Bundes, die tatsächliche Studiensituation der Studenten überhaupt einmal zu kennen. Man hätte eine über längere Zeit angelegte, deutschlandweite Studie in Auftrag geben können, um das Kriterium, an dem sich das BAföG maßgeblich bemisst, besser einschätzen zu können. Selbst wenn dabei registriert würde, dass die aktuellen Rahmenbedingungen angemessen wären, hätte man Gewissheit. Aber: Fehlanzeige.

Ich versuchte es noch über einen anderen Weg: Mit den Bildungspolitikern der CDU/CSU-Bundestagsfraktion war ich natürlich im engen Austausch. In meine Amtszeit als RCDS-Vorsitzende fielen nicht nur das letzte Pandemie-Semester und die fehlenden Planungssicherheiten und Öffnungsperspektiven für Hochschulen, sondern auch die BAföG-Reform und die Energiekrise, mit der niemand gerechnet hatte. Heizkosten und steigende Lebensmittelpreise machten Studenten genauso zu schaffen wie anderen Haushalten. Daher war auch hier eine starke Interessenvertretung gefordert. Als »Lösung« wurde die »schnelle und unbürokratische« 200-Euro-Pauschale für Studenten präsentiert. Als ich das hörte, wunderte ich mich, wie der Staat schnell und unbürokratisch an die Kontonummern aller Studenten kommen wollte: binnen weniger Wochen und ohne Antragsverfahren.

Meine Verwunderung war nicht unberechtigt, denn alsbald wurde dem Bildungsministerium bewusst, dass es diese Daten gar nicht hat und auch nicht haben kann. Wie auch, die meisten Studenten empfangen im Gegensatz zu Rentnern beispielsweise kein Geld vom Staat, die wenigsten zahlen Steuern oder haben einen sozialversicherungspflichtigen Job.

Das Ministerium bat sowohl das DSW als auch die HRK um Mithilfe. Beide Organisationen winkten dankend ab. Für diesen bürokratischen Aufwand wollte man sich nicht »vor den Karren spannen« lassen. Ohnehin war die Herausgabe von Daten aufgrund des Datenschutzes nicht möglich. Gleiches galt für die Kontoverbindungen. Das DSW hat, wenn überhaupt, nur die Daten der BAföG-Empfänger und derjenigen, die im Wohnheim wohnen. Wobei bei Letzteren die Mieten auch durch Eltern oder Verwandte überwiesen werden können. Beide Gruppen machen jeweils ungefähr 10 Prozent aus, zumal sie sich zum Teil überschneiden. Ähnlich ist es auch bei der Hochschulrektorenkonferenz. Zwar müssen alle Studenten den Semesterbeitrag an ihre Hochschule entrichten, aber hier übernehmen ebenfalls oft Dritte die Überweisung.

Am Ende lief es dann doch auf ein Antragsverfahren hinaus. Es dauerte ein gutes halbes Jahr, bis die 200-Euro-Pauschale durch einen komplizierten digitalen Prozess beantragt werden konnte. Da war der Winter schon wieder vorbei. Statt »schnell und unbürokratisch« wurde das Geld »langsam und sehr bürokratisch« ausgezahlt. Aber immerhin hat es am Ende funktioniert.

Es gab also viel zu tun in der Hochschulpolitik, weshalb ich für unsere Studententhemen und Positionen auch in der Unionsfraktion warb und mit vielen Vertretern in gutem Kontakt stand. Also nutzte ich auch dort die Gelegenheit, um noch einmal für die dringend notwendige Evaluation der Regelstudienzeit zu werben. Die Union sah Handlungsbedarf und nahm sich der Sache an. In ihrem Änderungsantrag zum 27. BAföGÄndG forderte sie die Regierung auf zu handeln und dieses doch einfach umzusetzende und sehr pragmatische Vorhaben einer Evaluation anzugehen. Auch wenn ich es mir anders erhofft hatte, so war mir klar, dass die Regierungskoalition den Antrag der größten Oppositionsfraktion ablehnen würde. So kam es dann auch.

6 – »Das muss an die Öffentlichkeit!« – Die Fallsammlung

Der RCDS ist der Gegenpol der Einheitsmeinungen auf dem Campus. Im Laufe meiner drei Jahre im Bundesvorstand suchten wir die Öffentlichkeit, wollten auch damals schon aufzeigen, wie die grünen und linken »Campusaktivisten« handeln. Hamburg und die illegalen Fahrten zu den G20-Protesten sollten sich niemals mehr wiederholen können. Und auch das, was in Bezug auf undemokratische Abstimmungen in den Studentenräten und -parlamenten passierte, musste öffentlich gemacht werden. Schon als ich 2019 im Bundesvorstand anfing, wurde der Meinungskorridor in den Medien spürbar enger. Wir wussten: Die Ideologie war vom Campus aus in die Medienhäuser vorgedrungen. Und wer wusste, wohin sonst noch?

Mir reichte es! Dass eine laute, radikale Minderheit mit ihren perfiden Methoden und Netzwerken in den studentischen Selbstverwaltungen vorgab, welche die richtigen Ansichten zu sein hatten, und damit auch noch extreme Positionen salonfähig machte, durfte nicht weiter fortschreiten. Wir gingen im Januar 2021 an die Öffentlichkeit und traten damit ein Medienecho los, das wir in seinem Ausmaß nicht erwartet hatten.

»Der RCDS warnt vor schleichender Einschränkung der Meinungsfreiheit an Universitäten. Politisch motiviert haben linke Hochschulgruppen, Verbände und Personen in den letzten Jahren vor allem Debatten an Universitäten gestört, freie Meinungsäußerung verhindert, Vorträge niedergebrüllt, Täter gedeckt und Aktionen gegen die Freiheit der Wissenschaft begrüßt«, titelten wir. Neben den praktischen Beispielen an Universitäten wie in Hamburg oder Göttingen belegte eine Studie der Konrad-Adenauer-Stiftung zur Jahreswende 2020/2021 die wachsende Einschränkung der Freiheit an deutschen Hochschulen.

Veranstaltung gecancelt

Bekannt geworden waren bereits in den Jahren zuvor diverse Störungen von Vorträgen oder No-Platforming-Aktionen in deutschen Hörsälen, wie etwa im Fall Bernd Lucke. Der Wirtschaftsprofessor und AfD-Mitbegründer hatte im Oktober 2019 seine erste Vorlesung abbrechen müssen, nachdem er an die Universität Hamburg zurückgekehrt war. Er wurde beschimpft, körperlich bedrängt und am Reden gehindert. An dem Protest beteiligten sich – nicht überraschend – unter anderem Mitglieder der Antifa. Auch Luckes zweite Vorlesung musste er nach lediglich 45 Minuten vorzeitig beenden. Rund zwanzig Demonstranten waren – trotz Sicherheitsdienstes – gewaltsam in den Hörsaal eingedrungen. Die teilweise Vermummten skandierten »Kein Recht auf Nazipropaganda«. Das Präsidium der Hochschule verurteilte die Störungen nachdrücklich aufs Schärfste. Dem schloss sich auch Hamburgs grüne Wissenschaftssenatorin Katharina Fegebank an: Dieses Cancelling sei Unrecht in seiner reinsten Form. Ebenso erwartbar wie die Teilnahme von Antifanten an der Störaktion war die Wortmeldung des hiesigen AStA-Vorsitzenden: So ein Mensch gehöre an keine Universität. Lucke habe mit »seiner bürgerlichen Fassade den Weg der AfD zur menschenverachtenden und rassistischen Partei geebnet«. Dass der Ökonom Lucke 2015 im Streit über eine stärker nationalkonservative Ausrichtung der AfD abgelöst worden war und aufgrund ihrer zunehmenden rechtsextremen Tendenzen die Partei verließ, spielte für den Studentenvertreter keine Rolle.

Neben dem prominenten Lucke-Beispiel, das aufgrund der Parteivergangenheit des Professors polarisiert, lässt einen auch eine Situation, die Thomas de Maizière erleben musste, ratlos zurück. Der ehemalige Bundesinnenminister wurde etwa zeitgleich zu

Lucke gecancelt. Anlässlich einer Lesung in Göttingen zu de Maizières neuem Buch mit dem Titel »Regieren« blockierten teils vermummte Linke die Veranstaltung. Auch die Ortsgruppe der »Fridays for Future«-Bewegung war anwesend, um sich »gegen Rechts zu positionieren«. Insgesamt 100 Menschen nahmen an der politisch motivierten Blockade teil; die Lesung musste abgesagt werden.

»Fridays for Future« startete zwar als Schülerprotest, stellenweise radikalisierten sich Mitglieder jedoch. Viele der grünen und linken Hochschulgruppen beteiligen sich an Aktionen, mitunter auch gewaltbereit. Die Göttinger Ortsgruppe schrieb in einem Post, sie würde sich als antifaschistisch verstehen. »Faschist*innen auf der ganzen Welt zerstören nicht nur das Klima, leugnen den Klimawandel und diffamieren Klimaschutzbewegungen (siehe Bolsonaro in Brasilien, Trump in den USA oder die AfD und andere rechtsextreme Parteien in Deutschland), sondern greifen uns auch aktiv an«, hieß es.

Es ist das bekannte Narrativ, welches auch hier wieder ausgespielt wird. Thomas de Maizière ist konservativ und über jeden Verdacht erhaben, rechtsextrem zu sein. Was gibt diesen Radikalen das Recht, einen Menschen mit einer anderen Meinung zu diffamieren, ihm die Plattform zu entziehen und wüst zu beschimpfen? In welcher Hinsicht sollte Thomas de Maizière ein Faschist sein? Welche Hinweise und Belege liegen für diese Behauptung vor? Das können die »Aktivisten« nicht beantworten. Und wenn, dann heißt es: »Jeder, der das Klima zerstört, ist ein Faschist.«

Meine erste Frage wäre daraufhin: In welcher Hinsicht zerstört Herr de Maizière das Klima? Zweite Frage: Seid ihr euch als ‚Fridays for Future'-Bewegung bewusst, dass ihr mit diesen in jeder Hinsicht von der Hand zu weisenden Aussagen die Gräueltaten der Nationalsozialisten im Dritten Reich sowie den Holocaust relativiert?

Meine Gedanken gehen aber noch weiter, und ich frage mich, ob die offensichtlich unzureichenden oder nicht vorhandenen (Er-)

Kenntnisse über die NS-Diktatur, deren ideologische Ausrichtung, Methodik, Zielsetzung und Wirkmacht nicht tatsächlich Ausdruck einer gefährlichen Fehleinordnung des NS-Regimes und anderer totalitärer Systeme sind.
Apropos »Aktivisten«: Ich tue mich schwer, Anhänger von Protestbewegungen wie der »Letzten Generation« oder »Fridays for Future« als »Aktivisten« – also politisch aktive und handelnde Menschen – zu bezeichnen. Das klingt beinahe harmlos und durchaus positiv konnotiert. Partiell trifft dieser Begriff aber überhaupt nicht zu. Vielen ist nichts am gesellschaftlichen Kompromiss gelegen. Mitglieder der »Letzten Generation« versuchen selten, ihre Überzeugungen mit demokratischen Mitteln durchzusetzen. Meines Erachtens ist die Letzte Generation mehrheitlich eine Gruppe von Autonomen und Straftätern, die unseren Rechtsstaat für ein vermeintlich höheres Ziel ablehnen.
Der ehemalige Bundesinnenminister konnte also seine Lesung in Göttingen nicht mehr halten, weil er unter anderem von »grünen Antifaschisten« daran gehindert worden war. Tatsächlich hatte ich Mühe, den Vorfall nachzurecherchieren. Es scheint, als wäre der Google-Algorithmus zu wenig mit Suchanfragen gefüttert worden. Wenn nicht einmal mehr de Maizières Plattformentzug, der eines prominenten Mannes mit langer Politikkarriere, zu finden ist, wie sieht es dann erst bei all den anderen Fällen von No-Platforming aus, die im Dickicht der Black Boxes schlummern?

Zeit, etwas zu tun!

Im Auftrag der Konrad-Adenauer-Stiftung und des Deutschen Hochschulverbands hat das Institut für Demoskopie Allensbach 1106 Interviews mit Professoren und wissenschaftlichen Mitarbeitern geführt. Die Studie ergab: Viele Hochschullehrer empfinden das Meinungsklima an deutschen Universitäten als einengend und intolerant. Im Alltag sehen sich die Hochschullehrer in Deutschland eingeschränkt durch zeitliche Überlastung, über-

bordende Bürokratie, fehlende Finanzmittel – und rigide moralische Standards!
Ein knappes Drittel der Befragten gab an, sich durch formelle oder informelle Vorgaben zur Political Correctness eingeschränkt zu fühlen. 36 Prozent der Geisteswissenschaftler verspüren Einschränkungen sowie ein als intolerant empfundenes Meinungsklima an den Universitäten. Politische, religiöse und Genderfragen spielen dabei eine große Rolle, insbesondere in der Lehre. 72 Prozent des Lehrpersonals sind der Auffassung, es dürfe keinen Zwang zu »gendergerechter« Sprache geben, man sollte sich ihr verweigern dürfen. 40 Prozent rechnen dabei aber mit Widerstand – von Studenten.
Zu dieser Zeit regte sich konsequenterweise auch seitens einer anderen Gruppe Widerstand. Professoren aus ganz Deutschland sammelten sich und gründeten das Netzwerk Wissenschaftsfreiheit. Das Netzwerk war gedacht als ein Zusammenschluss von Wissenschaftlern, die sich für ein freiheitliches Wissenschaftsklima einsetzen. Darunter wurden eine plurale, von Sachargumenten und gegenseitigem Respekt geprägte Debattenkultur und ein institutionelles Umfeld verstanden, in dem niemand aus Furcht vor sozialen und beruflichen Repressalien Forschungsfragen und Debattenbeiträge zurückhält.
Die Gründung des Netzwerks und die Anfänge unserer Studentenproteste wurden zum Startschuss einer RCDS-Kampagne, während der ich viele Tage und Nächte mit Recherchen zubrachte. Ich redete in dieser Zeit mit Studenten, Dozenten und Professoren, führte Gespräche mit Journalisten, Politikern, Anwälten und anderen Organisationen, die sich mehr und mehr mit den Themen Political Correctness und Cancel Culture auseinandersetzten.
Vom einen auf den anderen Tag, so fühlte es sich für mich damals an, waren wir als liberale und konservative, christdemokratische Studenten nicht mehr allein mit unserer Einschätzung über die seit Jahren zunehmende Einschränkung des Meinungskorridors. Viel

zu lange hatten Menschen im Unikosmos geschwiegen, Selbstzensur und Angst vor Repressalien waren offenbar auch beim Lehrpersonal weit verbreitet.

Just in dieser Zeit machte ein junger Linksextremist Schlagzeilen. Bengt Rüstemeier, seines Zeichens studentischer Senator an der Humboldt-Universität zu Berlin, damals Juso, heute bei der Linken, philosophierte auf X/Twitter unter anderem offen über die Erschießung von Jungliberalen und Vermietern. Rüstemeiers menschenverachtende Gedankenspiele zeigen nicht nur, wie sicher sich linksradikale Meinungsäußerer mit ihren Forderungen fühlen, selbst wenn diese unverhohlen brutal und verfassungsfeindlich daherkommen. Offensichtlich wird auch, dass diese Positionen im Campus-Umfeld mehr und mehr salonfähig zu sein scheinen. Wie sonst sollte man auf die Idee kommen, auf einer internationalen und reichweitenstarken Social-Media-Plattform zum Mord an Menschen aufzurufen? Wer sich derart äußert, nimmt billigend in Kauf, dass auf Worte Taten folgen. Dieser Tweet ist auch Ausdruck der immer weiter fortschreitenden Radikalisierung der linken Szene in Deutschland.

Zeit also, etwas zu tun! Das Thema war brandaktuell. Über Political Correctness bzw. Cancel Culture wurde vorrangig noch zu Vorfällen in den USA, Frankreich oder Großbritannien berichtet. Das Bemerkenswerte ist: Auch in diesen Ländern nahmen Cancelling oder No-Platforming, Mobbing und Selbstzensur ihre Ursprünge auf dem Campus und wurden motiviert durch aktivistische Studenten in Institutionen und Organisationen weitergetragen – daher auch die englischen Begriffe. Über Missstände an den eigenen Hochschulen zu berichten, daran hatten die deutschen Medien bisher jedoch kein gesteigertes Interesse gezeigt. Nach den prominenten Vorfällen im Herbst 2019 mit Lucke und de Maizière dauerte es noch einmal rund eineinhalb Jahre, bis eine Gegenbewegung auf dem Campus einsetzte und darüber dann schlussendlich auch die nationalen Medien berichteten.

Zu Beginn des Jahre 2021 wurde der *FOCUS* auf unsere RCDS-Position aufmerksam. Eine Redakteurin des Magazins schrieb per E-Mail. Sie suchte nach konkreten Fällen und fragte, ob wir Situationen schildern könnten, die Political Correctness bzw. Cancel Culture auf dem Campus oder im studentischen Umfeld belegten. Ich telefonierte mit ihr. In der Vergangenheit gab es bereits die Idee und auch eine rudimentäre Umsetzung einer »Sammlung«, die Fälle im studentischen Umfeld identifizieren sollte. Gemeinsam mit der LHG hatte der RCDS im Jahr 2017 eine Homepage angelegt, auf der Vorfälle von Meinungsbeschneidung und Linksextremismus gesammelt werden sollten. Zu diesem Zeitpunkt konnte ich der Journalistin allerdings mit Konkretem nicht weiterhelfen. Wir vereinbarten, in den nächsten Tagen noch einmal zu sprechen. Das war der Beginn der Fallsammlung.

Wir starteten auf unseren Social-Media-Kanälen einen Aufruf. Wer Fälle schildern konnte, die etwas mit Political Correctness zu tun haben, sollte uns kontaktieren. In einem Video erklärte ich die Aktion. Wir telefonierten die RCDS-Vorsitzenden der Landesverbände und Gruppen ab. In den vergangenen Jahren waren Mitglieder immer wieder Opfer von Cancel Culture geworden und hatten diese auf Facebook und Instagram öffentlich gemacht. Vor Ort an den Hochschulstandorten sind diese Fälle zwar aufgedeckt worden. Wir hatten eine deutschlandweite RCDS-WhatsApp-Gruppe, in der die Vorkommnisse intern geteilt worden waren. Nur wurden sie über die Jahre weder zentral archiviert noch überregional in der Presse aufgegriffen. Das sollte sich nun ändern.

Nicht nur RCDS-Mitglieder meldeten uns auf den Aufruf hin Fälle, sondern auch externe Personen. Unsere Hochschulgruppen organisierten Veranstaltungen und Diskussionsrunden zu diesem Thema. Gemeinsam mit Professoren und Angehörigen der Hochschulen, aber auch mit den Hochschulleitungen wurden verschiedene Fälle debattiert und beleuchtet. Den Einladungen, über Political Correctness ins Gespräch zu kommen, folgten sogar Journalisten wie Jan Fleischhauer, ehemals tätig beim Spiegel, in den 80er- und 90er-Jahren nach eigener Aussage links und langjähriger Grünen-Wähler, der sich aber im Titel seines 2005 erschienenen Buches selbst als einen charakterisierte, »der aus Versehen konservativ wurde«.

Nachdem ich die ersten Fälle an die Journalistin vom *FOCUS* gesendet hatte, wurde unabhängig davon auch die *FAZ* aufmerksam. Mit einem Redakteur der Politik-Abteilung telefonierte ich länger. Auch ihm schilderte ich die bis dato gesammelten deutschlandweiten Vorfälle. »Was verstehen Sie denn unter den beiden Begriffen?«, fragte der Journalist. »Cancel Culture und Political Correctness bedeuten nichts anderes, als mit auf die Sensibilität von Grüppchen rekurrierenden Instrumenten den Artikel 5 des Grundgesetzes auszuhebeln: die Meinungsfreiheit! Hier wird Revolution nicht mit dem Brecheisen, sondern ganz schleichend mit Konformität durchgesetzt«, antwortete ich.

Die »gute« Sprache

Zur Durchsetzung der identitätspolitischen Agenda dient vor allem die sprachliche Konformität. Im englischsprachigen Raum richtet sich der Sprachkodex vorrangig an den Inhalt des Gesagten. In den USA dokumentierte 2019 die Stiftung für individuelle Rechte in der Erziehung (FIRE) die Verbreitung von Sprachkodizes. 28,5 Prozent der untersuchten Hochschulen verfolgten in mindestens einem Bereich eine gravierende Einschränkung der freien Meinungsäußerung. 2017 entdeckte FIRE an einer Universität sogar eine Vorschrift, die »unangemessenes Gelächter« untersagte. In Großbritannien stellte das Online-Magazin *Spiked* für das Jahr 2018 fest, dass über 50 Prozent der Universitäten und Studentenvereinigungen explizite Einschränkungen des Sprechens auferlegt hätten und weitere 40 Prozent die freie Rede durch übermäßige Regulierung behindern würden.

Religiöse Empfindlichkeiten von Mitgliedern der Hochschule sollten z. B. respektiert werden. Im Umkehrschluss würde dies aber bedeuten, über Religion und Kirche nicht mehr kritisch debattieren zu können. Schlussendlich wären bei einem solchen inhaltlichen Sprachverbot die vielen Misshandlungen in der katholischen Kirche nie aufgeklärt worden. Aber auch Missbrauchsfälle in Koranschulen der Türkei oder die Rolle der Frau im Islam – je nach Auslegung des Koran – könnten so nicht im Kontext eines demokratischen Staatsverständnisses diskutiert werden.
Das Schlimmste dabei: Opfer von Missbrauch oder autoritären Familienstrukturen, also diejenigen, die in diesem Kontext Hilfe benötigen, würden nicht geschützt werden. Sie könnten in dieser konformen Sprachwelt nicht einmal über Erlebtes sprechen. Diese Vorgaben passen allesamt nicht in das ebenfalls von dieser Gruppe gezeichnete Bild des Kampfes gegen das unterdrückende Patriarchat. Es sind diejenigen, die auf der einen Seite emotionale Verletzungen von Minderheiten durch die Mehrheitsgesellschaft anprangern wollen, auf der anderen Seite aber Sprachverbote auferlegen.
In Deutschland geht die sprachliche Konformität allerdings noch einen ganzen Schritt weiter. Denn im Gegensatz zur englischen Sprache existiert im Deutschen das generische Maskulinum. Wieso das ein gesellschaftliches Problem sei, erklärt uns – wer auch sonst – der öffentlich-rechtliche Rundfunk. In der Rubrik des ZDF-Nachrichtenformats für Kinder und Jugendliche logo! wird im März 2023 folgende Erklärung auf der Homepage abgegeben: »Spricht man von Schulkindern, so sagt man in der Regel ‚die Schüler'. Denn in der deutschen Sprache verwendet man in der Mehrzahl die männliche Form, das ‚generische Maskulinum', um über alle – Mädchen und Jungs – zu sprechen. So sind die Regeln der deutschen Grammatik. Allerdings: Man erkennt am Wort Schüler nicht direkt, ob dabei in der Gruppe nur die Jungs oder auch die Mädchen gemeint sind. Menschen können sich dadurch ausgeschlossen fühlen.«

Natürlich hat das ZDF einen Ausweg für dieses Problem parat: Es gebe einen Vorschlag, anders zu sprechen, damit sich alle angesprochen fühlen. Ziel sei es, dass die Sprache gerechter werde. Dazu brauche es aber die »gendergerechte« Sprache. Sodann werden verschiedene Möglichkeiten vorgestellt, diese Sprache zu verwenden. Im Detail wird erklärt, wie das »Gendersternchen« zu verwenden sei, wo eine Pause eingelegt werden müsse, damit die korrekte Anwendung erfolgen könne. Immerhin wird darauf verwiesen, dass das Sternchen in der Schule nicht zugelassen sei, da es keine offizielle Schreibregel ist. Dann stellen sich mir aber zwei zentrale Fragen: Wieso wird auf einer Seite des öffentlich-rechtlichen Rundfunks diese sogenannte »gerechte« Sprache überhaupt beworben? Wieso wurden meiner Schwester in der Oberstufe durch den Lehrer die verschiedenen Formen des Genderns als wortwörtlich »gerechte Alternative« beigebracht?
Ich selbst wurde in einem Diskussionsformat einmal als »Gästin Franca Bauernfeind« vorgestellt. Ich will mich aber weder der verzweigten und mittlerweile ausdiskutierten Debatte um »Sex« und »Gender« widmen noch mich einmal mehr darüber echauffieren, welche absonderlichen und grotesken Züge die Genderformen angenommen haben.
Ich möchte vielmehr einordnen, welche Gefahren durch Sprachverbote für die Demokratie bestehen und weshalb das »Gendersternchen« Identitätspolitik in Reinkultur ist; es sogar bei der Durchsetzung des vermeintlich moralisch Guten hilft. Sobald es der »linken Gerechtigkeitsideologie« gelungen ist, die Sprache zu erobern und in ihrem Sinne zu verändern, ist es ein Leichtes, die Gesellschaft im identitätspolitischen Duktus zu ordnen. Denn auch hier zeigt sich wieder die Aufteilung in »gut« und »böse«. Während das »böse« generische Maskulinum mit dem vermeintlich stets vorherrschenden Patriarchat gleichgesetzt und die sprachliche Unterdrückung der Frau inszeniert wird, bekommt man nun ein die »Ungerechtigkeit endlich auflösendes« Angebot unterbreitet. Die »gute« Sprache, eine Art Heilsbringerin,

um unsere Gesellschaft gerechter zu machen. Wie unschwer zu erkennen, geht es auch bei diesem Instrument darum, die »Guten« von den »Schlechten« zu trennen. Es sei diskriminierend, das generische Maskulinum zu verwenden. Wer nicht als diskriminierend gelten möchte, der gendert.

Nicht anders darf man die Argumentation des ZDF verstehen, die bereits viele Jahre zuvor genauso auf dem Campus hätte stattfinden können. Ziel sei es demnach, die Sprache gerechter zu machen. Dies suggeriert, dass die aktuelle Sprache diskriminierend sei. Es wird wie selbstverständlich angenommen, Menschen könnten sich ausgeschlossen fühlen, also Minderheiten und Grüppchen. Daher soll die »gendergerechte« Sprache eine inklusive Atmosphäre schaffen. Diese Inklusion endet für diejenigen, die nicht gendern wollen, die aus der Schublade ausbrechen.

Auf dem Campus beugen sich die meisten dem Druck und gendern einfach. Wer es nicht tut, wird nicht selten diffamiert. Wie oft wurde mir als Frau vorgehalten, ich solle gendern, um Frauen sprachlich nicht zu exkludieren. Auf mein Feststellen hin, dass ich selbst eine Frau sei und mich in der neutralsten Form der deutschen Grammatik, dem (geschlechtslosen) generischen Maskulinum, sehr wohl inkludiert fühle, gab es immer zwei Antworten. Entweder »Ach ja, du bist ja bei den Rechten« oder »Mach es doch einfach, nur weil du dich nicht unterdrückt fühlst, muss das nicht auch für andere Frauen gelten«. Es ist dasselbe Spiel wie mit der Frauenquote. Bricht man aus der Schublade aus, ist man böse. Im Vergleich zur Quotendiskussion gibt es beim »Gendersternchen« jedoch einen gravierenden Unterschied: Während die Quoten oftmals an Satzungsfragen und formalen Kriterien wie ihrer undemokratischen Natur scheitern, kann die »geschlechtergerechte Sprache« im Alltag und am Arbeitsplatz leichter erzwungen werden. Sie wird in vielen Bereichen mittlerweile mit Druck durchgesetzt. Sei es in universitären Prüfungen durch die Androhung von Punktabzug oder auferlegt durch den Arbeitgeber. Dass bestimmte Formalia in Unternehmen oder öffentlichen

Einrichtungen eingehalten werden müssen, ist nachvollziehbar. Aber es ist absurd, wenn es – wie das ZDF auf seiner Homepage richtigerweise statuiert – sich dabei um keine offizielle Schreibweise handelt. Das ist gerade für Prüfungen an Hochschulen, wo die korrekte Anwendung der deutschen Grammatik und Rechtschreibung (eigentlich) ein offizielles Bewertungskriterium ist, am wenigsten nachvollziehbar. Aber besonders dort sind Genderleitfäden am längsten und am weitesten verbreitet.

Genderleitfäden an Hochschulen

Zum Erstellen von schriftlichen wissenschaftlichen Arbeiten werden an Hochschulen von den Professoren oder Dozenten, dem Lehrstuhl, dem Fachbereich oder der Fakultät, manchmal sogar von der gesamten Universität Hinweisblätter herausgegeben, an die sich der Student beim Anfertigen einer Hausarbeit zu halten hat. An diesen Hinweisen bemisst sich die Bewertung einer Prüfungsleistung. Z. B. werden dort der Seitenumfang einer Arbeit vorgegeben, der Zeilenabstand und die Schriftgröße festgelegt oder der Aufbau des Literaturverzeichnisses angeordnet. Hält ein Student diese Vorschriften nicht ein, weil er z. B. Schriftgröße und Zeilenabstand erhöht, um mit weniger Inhalt die geforderte Seitenzahl zu erreichen, droht Punktabzug.

Zunehmend stehen in diesen Hinweisen zum wissenschaftlichen Arbeiten aber auch Vorschriften zur gendersensiblen Sprache. Diese sogenannten Genderleitfäden sind an beinahe allen Hochschulen vertreten. In einem Hinweisblatt für Lehrämtler an der Universität Erfurt steht: »Die Qualität der sprachlichen Gestaltung der Arbeit resultiert aus folgenden Aspekten: [...] Wird durchgehend eine gendergerechte Sprache verwendet, welche die Diversität der Geschlechter sichtbar macht? (z. B. Schüler*innen, Lehrerschaft, Studierende).«

Das Institut für Philosophie der Fakultät für Sozialwissenschaften und Philosophie an der Universität Leipzig gibt gleich ein zehnseitiges Papier heraus, das detailliert erklärt, weshalb man gendern sollte und wie es am besten umzusetzen ist. Unter anderem heißt es dort: »Die Gender_Gap kann wie das Gender*Sternchen verwendet werden. Die Gap soll als ‚Leerstelle' auf soziale Unterschiede der Geschlechter in der Gleichstellung aufmerksam machen. Die Gender_Gap wird zum Teil auch als dynamischer Unterstrich verwendet, d. h. an einer beliebigen Stelle im Wort (Beispiel: Phi_losophinnen). Der dynamische Unterstrich soll Aufmerksamkeit erzeugen und zugleich darauf hinweisen, dass es nicht bloß um die Unterscheidung von zwei Geschlechtern geht.« Und weiter: »Der Gender:Doppelpunkt [...] erzeugt im Schriftbild weniger Aufmerksamkeit als das Sternchen oder die Gap. Daher kann die Verwendung des Zeichens zwar die Leserlichkeit erhöhen, aber auch ein Überlesen wahrscheinlicher machen.«

Am Ende der zehnseitigen Ausführung werden dem Leser noch weiterführende Literaturhinweise zum Thema Genderleitfäden mitgegeben. Eine Professorin an der Universität Leipzig für Neuere deutsche Literatur und Literaturtheorie unterstreicht die angeordneten Möglichkeiten des Genderleitfadens in ihren Hinweisen zum wissenschaftlichen Arbeiten noch einmal deutlich: »Verfassen Sie Ihre Arbeit in Inklusiver Sprache. Es sollten unterschiedliche Autor*innen, Leser*innen usw. darin vorkommen, nicht nur weiße Männer. Ob Sie dazu einen Asterisk, Unterstrich oder Doppelpunkt benutzen, bleibt Ihnen überlassen. Achtung: Frauen und non-binäre Personen ‚mitzumeinen' ist nicht inklusiv!« Das klingt deutlich.

Ein weiteres Beispiel eines ausufernden Genderleitfadens bietet Graz. Auf sechs Seiten haben die drei Autorinnen des Papiers (unter der Überschrift nennen sie ihre Namen) verfasst, was sie beim wissenschaftlichen Arbeiten offensichtlich für essenziell halten: »Bitte vermeiden Sie die Verwendung des generischen Maskulinums der deutschen Sprache. [...] Auch die sehr beliebte Variante, mittels einer Generalklausel am Beginn eines Dokumentes auf

das ‚Mitgemeintsein' des weiblichen Geschlechtes zu verweisen, stellt in dieser Hinsicht keine geeignete Lösung dar, da hierbei lediglich eine Fortschreibung der traditionellen Ausklammerung der Frauen aus der Sprache stattfindet.« Immerhin wird der Leser nett gebeten, die vielen Auflagen des Papiers einzuhalten. Offenbar sind sie sich der Übergriffigkeit ihrer Belehrung doch bewusst, denn spürbar dezent wird ein Satz hinterhergeschoben, der das Gendern legitimieren soll: »Die Gesetzgebung beginnt übrigens punktuell und allmählich geschlechtergerecht zu formulieren (zB ArbeitnehmerInnenschutzgesetz; UG oder B-GlBG sind weitgehend gegendert ...).« Auch hier werden die verschiedenen Möglichkeiten zur richtigen Anwendung der »Genderzeichen« beschrieben und Beispiele formuliert. Man muss sich diese tabellenartige Niederschrift so vorstellen wie ein Arbeitspapier im Spanischkurs für Anfänger!
Wie im Fremdsprachenunterricht wird auch beim A1-Kurs für Gendersprache auf Besonderheiten hingewiesen und klarsichtig erkannt, wie unpraktikabel die Vorschriften sind. Denn in roter Schrift steht im Text das Wort »ACHTUNG!«. Auf was geachtet werden soll, steht direkt darunter: »Es muss ein grammatikalisch korrektes Wort entstehen. Mit der sogenannten ‚Weglassprobe' kann man überprüfen, ob ein grammatikalisch korrektes Wort entsteht, indem man die Schrägstriche weglässt.« Tipps und Tricks zum richtigen Gedern werden in Graz eben nicht für sich behalten!
Neben dem Sternchen, der Gap und dem Schrägstrich adressieren die Autorinnen weitere Möglichkeiten, die das »gerechte« Formulieren erleichtern können: Der Dekan/die Dekanin soll zu »das Dekanat«, die Angehörigen eines Instituts zu »das Institut«, die PersonalvertreterInnen zu »die Personalvertretung« werden. Bei Satzbildungen beispielsweise mit »Wer ...?«, »Alle, die ...«, »Diejenigen, die ...« soll der Schwerpunkt nicht auf die Person, sondern auf die Tätigkeit gelenkt werden. Alle Studentinnen/alle Studenten wird zu »wer studiert«, die heutige Refe-

rentin/der heutige Referent wird zu »die, die heute referieren«, alle Teilnehmerinnen/alle Teilnehmer wird zu »alle, die teilnehmen«. Darüber hinaus wird zur Verwendung der Passivform oder des Infinitivs geraten.
Ebenfalls soll die Handlung und nicht die Person selbst in den Vordergrund gerückt werden. So wird aus: »Der Antragsteller hat dem Antrag seine eigenen Gedanken beigefügt« einfach: »Die eigenen Gedanken sind dem Antrag beigefügt.« Handeln Personen oder handelt die Handlung selbst? Werden so nicht auch Frauen ausgeklammert? Irrsinn!
An der Ernst-Abbe-Hochschule in Jena wurde vom Senat ein Genderleitfaden in Form eines aufklappbaren Flyers herausgegeben. Er ist auf einen Beschluss des Senats zurückzuführen, der für die gesamte Hochschule eine gendersensible Sprachregelung umsetzen sollte. Das generische Maskulinum soll natürlich mit allen Mitteln vermieden werden. Minutiös werden in verschiedene Kategorien hierzu Alternativvorschläge gemacht. Die Flyer liegen überall an der Hochschule zum Nachlesen aus.
Auch die Universität des Saarlandes sattelte um. Weil, wie es sinngemäß hieß, das bloße sprachliche »Mitmeinen« von Frauen gesetzlich nicht zulässig sei (auf welches Gesetz sich hier auch immer bezogen wurde – ich weiß es nicht), folgen für die Universität konkrete Vorgaben: Sämtliche Korrespondenzen, Anträge, Vordrucke, Formulare, Berichte und Ordnungen seien in gendersensibler Sprache zu gestalten. Dies schließe Internetauftritte mit ein.
Die Hochschule für Technik und Wirtschaft (HTW) Berlin hat gleich zwei Papiere veröffentlicht. Einmal durch die Hochschulleitung und einmal durch die Frauenbeauftragte der HTW Berlin. Die Leitfäden sind schön gestaltet und aufeinander abgestimmt. Die Liste der Genderleitfäden aller Art könnte so endlos fortgeführt werden.
Auch an der Technischen Universität Dresden verweisen Infoblätter zum wissenschaftlichen Arbeiten etwa im Fachbereich Kunst-

pädagogik wie selbstverständlich auf den Genderleitfaden des Gleichstellungsbüros der Universität. Eine Studentin aus Dresden sagte mir: »Wer nicht gendert, bekommt hart Punkte abgezogen. Dabei hast du keine Auswahl und bist dir selbst überlassen. Das führt bei Wörtern wie ‚Lehrertisch' zur grammatikalischen und seelischen Verzweiflung. Beim Praktikumsbericht im ersten Semester bestehst du locker, außer du genderst nicht.« Im Hinweisblatt ihrer Fakultät ist folgendes Zitat aufgeführt: »Diese Schreibweisen werden von den Mitarbeiter*innen der Professur für Erziehungswissenschaft mit dem Schwerpunkt inklusive Bildung genutzt und präferiert.«

Ein Jurastudent aus Freiburg wandte sich ebenfalls an uns: »An der Universität Freiburg heißt es unter einem Sachverhalt einer juristischen Hausarbeit: ‚Der Umfang des Gutachtens darf 45 000 Zeichen einschließlich Leerzeichen nicht überschreiten. [...] Führt allein eine gendergerechte Schreibweise zu einer Überschreitung der zulässigen Zeichenzahl, wirkt sich dies nicht negativ auf die Punktzahl aus.'»

Ist das gerecht? Haben diese Bewertungskriterien noch etwas mit wissenschaftlichem Arbeiten zu tun?

Durch Druck das Gendern erzwingen

Viel diskutiert wurde die Frage, ob Studenten tatsächlich schlechter bewertet würden, wenn sie die »Gendervorschriften« nicht einhalten. Denn vor Gericht landete bisher kein Fall. Gemeinsam mit dem Verein Deutsche Sprache (VDS) hatten wir als RCDS Anwälte und Spender an der Hand, die im Falle einer Klage eines Studenten gegen eine Schlechterbewertung seiner Arbeit zur Seite gesprungen wären. Dazu kam es nie. Bis heute gibt es in Deutschland keinen Präzedenzfall zum Punktabzug in universitären Prüfungsleistungen. Rechtlich, so wurde mir gesagt, sei das Gendern an Hochschulen eine Grauzone. Jeder Jurist würde dies anders bewerten. Man müsse vor einem Verwaltungsgericht klagen, um

Klarheit zu bekommen. Wir suchten im RCDS-Netzwerk nach Studenten, die schlechter benotet wurden, weil sie nicht genderten. Niemand war bereit, vor Gericht zu gehen.
Die Studentin aus Dresden fasst gut zusammen, was viele Studenten in Deutschland denken und folglich tun: Sie haben Angst davor, in Prüfungen durchzufallen. Daher trauen die allermeisten sich gar nicht erst, nicht zu gendern. Selbst wenn diese Leitfäden vor Gericht keinen Bestand hätten: Will man das Durchfallen riskieren? Man fiele zumal nicht aufgrund von schlechten Leistungen durch, sondern lediglich deshalb, weil man eine Form der Sprache nicht anwendet, die nicht einmal offiziell Bestand der deutschen Grammatik ist. Das wäre sehr ärgerlich.
Die Leitfäden setzen junge Menschen massiv unter Druck. Damit wird die Anwendung einer Sprache an der Universität durchgesetzt, die nicht grammatikalisch festgeschrieben ist. Allein die Länge dieser Papiere zeigt aber, wie ernst es den Professoren und Dozenten mit dem Gendern ist und wie wenig Spielraum ein Student dabei hat. Bewertungsmaßstäbe für Arbeiten, deren Priorität an der Hochschule eigentlich auf dem Inhalt liegen sollte, verschieben sich hin zur Einhaltung der Gendervorgaben. Dieser Eindruck drängt sich jedenfalls auf, wenn man die ausufernden Leitfäden in der Hand hält. Welcher Student glaubt, dass er da nicht gendern muss?
Die Linken, die Machtgefälle und Autoritäten hassen, müssten nun eigentlich auf die Barrikaden gehen. Denn Professoren und Dozenten sind aufgrund ihres Amtes in der Position, durch Druck die »geschlechtergerechte Sprache« erzwingen zu können. Sie nutzen ihre Stellung aus, um identitätspolitische Absichten durchzusetzen. Das ist purer Aktivismus, den linke Studenten ebenfalls unterstützen. Und so halten sie ihre Füße still. Denn hier verhilft ihnen die »Obrigkeit« zum Sieg. Schön, wie die linke Doppelmoral hier offensichtlich wird!
Auch wenn wir keinen Studenten helfen konnten, gegen ihre Schlechterbewertung vor Gericht zu klagen, so bedeutet dies

nicht, dass es keine Fälle gegeben hat. Als RCDS lagen uns Tatsachen vor, mit denen man ein juristisches Verfahren hätte initiieren können. Allerdings trauten sich die Betroffenen nicht. Es hätte die Studenten Jahre gekostet, in denen sie keinen Abschluss hätten machen können, da eine Benotung ja noch ausstand. Zudem sind Studenten vom Lehrpersonal abhängig, sofern Prüfungsleistungen noch abgelegt werden müssen. Dieses Risiko wollte niemand in Kauf nehmen.

Dann sich lieber beugen, die eigene Meinung und Überzeugung selbst zensieren.

So wie drei Studenten aus Tübingen. An der Fakultät für Katholische Theologie, am Lehrstuhl Dogmatik, Dogmen, Geschichte und Ökumenische Theologie, wurde ein Hinweisblatt mit folgendem Inhalt herausgegeben: »Im Grundkurs DDgÖk wird zusätzlich auf geschlechterneutrale Sprache in den schriftlichen Arbeiten Wert gelegt und fließt daher in die Korrektur mit ein. Dafür wird der Leitfaden der Universität Tübingen mit der empfohlenen Schreibweise vorausgesetzt. Zur weiteren detaillierteren Orientierung wird der Leitfaden der Universität Graz [...] empfohlen.« Eine klare Anweisung zum Gendern also. Zusätzlich wurde verlangt, beispielsweise statt »Gott« das Wort »Gott*in« zu verwenden.

Die drei Studenten – einer von ihnen ist RCDS-Mitglied – weigerten sich, bei ihrer Hausarbeit zu gendern. Sie wiesen darauf auch am Anfang der Arbeit hin. Alle drei fielen durch den Erst- und Zweitversuch. Einer von ihnen erzählte mir vor dem Drittversuch (letzter Versuch), dass seine zwei Kommilitonen nun – wenn auch ungern – zu gendern gewillt waren. Er selbst war sich noch unsicher, ob er es ihnen gleichtun wollte oder nicht, und erzählte mir von dem Druck, unter dem er stand – dem er schließlich auch nachgab. Nun bestanden die drei. Ein Zufall?

Ich übergab diesen Fall der Journalistin des *FOCUS*. Sie hakte damals in Tübingen nach. Die Lehrstuhlinhaberin sowie die Universität wichen aus. Am Gendern allein liege es nicht. Die Studenten bekamen in die Arbeiten, aufgrund derer sie durchgefallen waren, keine Einsicht und damit auch keinen Aufschluss darüber, wie die Bewertung ihrer Arbeit zustande gekommen war. Ein Recht, das jedem Studenten eigentlich zusteht.

Dafür schaffte es ein anderer Fall in die Presse. Im April 2021 war in allen Leitmedien vom »Fall Kassel« die Rede. Die Universität Kassel gab folgenden hochschulweiten Vermerk auf ihrer Homepage heraus: »Im Sinne der Lehrfreiheit steht es Lehrenden grundsätzlich frei, die Verwendung geschlechtergerechter Sprache als ein Kriterium bei der Bewertung von Prüfungsleistungen heranzuziehen.« Ein Kasseler Lehramtsstudent und RCDS-Mitglied hatte in seiner Arbeit zwar inhaltlich sauber gearbeitet, aber lediglich das generische Maskulinum verwendet – und bekam Punktabzug. Andere Dozenten gäben selbst dann schlechtere Noten, wenn man per Fußnote klarstelle, dass in der Hausarbeit stets alle Geschlechter gemeint seien, sagte der Student. Der Fall schlug hohe Wellen. Die Universität musste sich mehrfach rechtfertigen. Aufgrund des öffentlichen Interesses und des Drucks, der durch uns und den VDS ausgeübt wurde, gab die Hochschule ein Gutachten in Auftrag. Dieses sollte erarbeiten, inwieweit die Vorschrift der Universität Kassel zulässig sei.

Das Gutachten war abgeschlossen, aber nicht veröffentlicht worden. Wollte die Universität Kassel etwas verheimlichen? Ja, denn es war nicht so in ihrem Sinne, wie es sich die Hochschulleitung erhofft hatte. Mit knapp zwei Wochen Verspätung wurde es für die Öffentlichkeit dann doch noch freigegeben. Der Gutachter, ein Kölner Rechtswissenschaftsprofessor, kommt darin zu dem Schluss, dass keine »allgemein anerkannte Notwendigkeit« bestehe, Gendersternchen und Co. zu verwenden: »Die Bewertung ihrer (Nicht-)Berücksichtigung bei der Prüfung scheidet unter dem Aspekt der Einhaltung allgemeiner Grundvoraussetzungen für Prüfungsleistungen aus.«

Jeder der sich bemüßigt dazu fühlt, gendern zu müssen, soll dies meinetwegen tun. Das darf jedoch nicht denjenigen aufoktroyiert werden, die dies nicht tun mögen. Dieser sprachliche Konformitätsdruck wird an deutschen Hochschulen bisweilen aber praktiziert. Nach all den Jahren ist mir jedoch immer noch nicht klar geworden, weshalb es überhaupt einen Präzedenzfall vor Gericht braucht, um zu klären, ob die Genderpflicht in universitären Prüfungsleistungen nun mit dem Grundgesetz vereinbar ist oder nicht. Eine Sprache, die offiziell nirgendwo festgeschrieben ist, kann doch nicht ernsthaft verlangt werden und die Nicht-Anwendung in Form einer schlechteren Benotung sanktioniert werden. Aber offensichtlich kann sie es doch.

Gendern als identitätspolitische Methode

Für mich bleibt Gendern ein aktivistisches Instrument, die identitätspolitischen Ziele durchzusetzen, die Gesellschaft in Gut und Böse aufzuteilen und ein vermeintlich diskriminierungsfreies Miteinander zu erwirken. Gemeinhin wird Aktivismus als Verhalten mit Bestätigungsdrang definiert. Das passt, denn nur aufgrund von Freiwilligkeit wäre die Gendersprache heute nicht in jeder dritten Fernsehwerbung oder in WDR-Sendungen zu finden.

Nicht nur die deutsche Sprache wird für diese Politik genutzt. Als ich im Jahr 2019 am anderen Ende der Erde, in Chile, ein Praktikum machte, erzählten mir Studenten von dort aus ihrem Unialltag. An den Universitäten in Santiago de Chile hielt, ebenfalls von linken Studenten und dem ein oder anderen Professor motiviert, das Gendern Einzug auf dem Campus. Weil auch im Spanischen das generische Maskulinum existiert, wird auch dort Druck ausgeübt, die »neutrale« Form »x« für den Plural zu verwenden.

Die drei Autorinnen des sechsseitigen Genderleitfadens aus Graz haben verstanden, dass Sprache zur Durchsetzung politischer Ziele maßgeblich hilft, dass sie dafür aktiv eingesetzt werden soll. Daher beginnen sie ihr Papier auch mit folgendem Zitat: »Schreiben ist (...) nicht nur ein Medium, sondern auch eine komplexe und machtvolle Methode. Sie ist für unser Arbeiten in universitären Kontexten, aber auch in unseren politischen Zusammenhängen zentral.«

Noch Fragen?

Gendern als zentrale identitätspolitische Methode: Darauf wollte ich die öffentliche Debatte lenken. Klar, das Sternchen sieht komisch aus, noch dazu sind alle diese »alternativen« Schreibweisen vollkommen unpraktikabel. Aber das eigentlich Gefährliche für die Demokratie ist in meinen Augen nicht die »Verhunzung« der deutschen Sprache, sondern die aktivistische Agenda, die dahintersteckt. Dieser Fakt ging in der Berichterstattung damals aber völlig unter. Das »Genderthema« polarisierte die öffentliche Debatte und wurde ab dem Frühsommer 2021 für einige Wochen ein echter Titelseitenrenner. Die Journalisten waren ganz heiß darauf, junge Frauen für eine Positionierung in ihren Zeitungen zu gewinnen. Eine konservative junge Frau gegen »gendergerechte« und somit eine Art »weibliche« Sprache zu finden, das schien Mangelware zu sein. In RCDS- und JU-Kreisen wurden wir Frauen von Journalisten angesprochen und unsere Telefonnummern innerhalb der Redaktionsnetzwerke weitergegeben. Es gab einen regelrechten Ansturm auf uns, wir avancierten zu Raritäten in dieser aufgeheizten Debatte.

Ein Gespräch mit einem Journalisten einer bekannten Tageszeitung schockte mich regelrecht. Eine unbekannte Nummer rief mich an, ich rechnete schon damit, dass gleich womöglich ein Journalist am anderen Ende der Leitung sein würde. Er kam schnell zum Thema, raunte eher beiläufig seinen Namen ins Telefon und erwähnte, er hätte meine Nummer von irgendjemandem bekommen, der sagte, ich sei auch gegen Gendern. Er hatte offensichtlich schon genügend Zitate von anderen zusammengesammelt und wollte mich jetzt noch abarbeiten. Ich machte deutlich, dass es mir weniger um die »geschlechtergerechte« Sprache selbst ging als vielmehr um den sprachlichen Zwang, der durch linken

Aktionismus gerade an Hochschulen bestehe und die Meinungsfreiheit eingrenze. Das, so sagte ich, sei viel schlimmer und werde die Demokratie untergraben. Der Redakteur nuschelte weiterhin gelangweilt vor sich hin und fragte nach meiner E-Mail-Adresse, um mir die Zitate zur Freigabe zu senden, die er womöglich verwenden würde. Ich diktierte die Adresse.

Plötzlich wurde der Journalist hellhörig. »Ach sooo, Sie sind Mitglied im RCDS-Vorstand?« »Ja, das hatte ich Ihnen doch vorhin gesagt?!« Vom einen auf den anderen Moment wechselte seine Stimmung von schläfrig auf unverschämt. Binnen zehn Sekunden stellte er mir fünf verschiedene Fragen. Er wollte mich unter Druck setzen, aus mir irgendeine »unbedachte Antwort« herauskitzeln, als er merkte, dass ich eine Funktion hatte, nicht »nur« Studentin war.

Ich war damals 22 Jahre alt. Glücklicherweise hatte ich schon einige Interviews hinter mir und wusste: alle Zitate per E-Mail freigeben! Sonst kann das ganz schön nach hinten losgehen, Wörter können im Mund herumgedreht oder Aussagen falsch notiert worden sein. Ich traute keinem Journalisten. Und dieser hier am Telefon versuchte mich zu verunsichern: »Wieso sind Sie denn gegen Gendern, wenn Ihre E-Mail-Adresse eine weibliche Endung hat?«, fragte der Redakteur. Offensichtlich hatte er immer noch nicht durchdrungen, was Gendern eigentlich ist, wollte aber darüber berichten.

Ich entgegnete forsch: »Wie Sie vielleicht wissen, gibt es in der deutschen Grammatik für alle Wörter mit Bezug zum biologischen Geschlecht eine weibliche Endung.« Danach reichte es mir, und ich ordnete an: »Sie senden mir jetzt eine E-Mail mit allen Zitaten, die Sie von mir haben, und die gehen nicht raus, bis ich sie freigegeben habe!«, und legte auf. Das Telefonat war beendet, und keine drei Minuten später hatte ich in meinem Postfach die Freigabe-E-Mail mit den Zitaten. Das mit meiner E-Mail-Adresse hatte er vorsichtshalber ganz weggelassen, vielleicht hatte meine kurze Nachhilfe in Grundschulgrammatik geholfen.

Am Ende nutzte er kein einziges Zitat von mir, ich kam noch nicht einmal in dem Artikel vor. Also viel Aufregung um nichts.

Anträge in gendersensibler Sprache

Der Sprachzwang geht zwar meist von den Autoritäten der Universität aus, nicht weniger forcieren aber auch Studentenvertretungen die Sprachvorschriften. Dass linke Hochschulgruppen die »gerechte« Sprache miterfunden haben, ist unumstritten, und dass sie in den studentischen Vertretungen maßgeblich beteiligt sind, ist auch bewiesen – schaut man sich nur einmal die Verteilung der Sitze an.

So verwundert es nicht, dass das StuPa der Freien Universität Berlin die Mitglieder dazu verpflichtet, ihre Anträge in einer gendersensiblen Sprache einzureichen. Diese Entscheidung wurde mehrheitlich von den Mitgliedern des Parlaments getroffen und in die StuPa-Satzung aufgenommen. Ebenso erwartbar wie dieses Abstimmungsverhalten war, von wem der Anstoß dazu kam. Die hiesige Juso-HSG formulierte in einem Antrag: »Entsprechend fordert der Antrag, gendergerechte Sprache als Kriterium für Formgerechtigkeit zu definieren. Anträge, die das generische Maskulinum oder das Binnen-I verwenden, würden so zukünftig vom Stupa nicht mehr behandelt und könnten nicht beschlossen werden.« Das Binnen-I ist in diesen Kreisen deshalb nicht mehr zulässig, da es lediglich weibliche und männliche Personen anspricht, wenn man beispielsweise von »StudentInnen« spricht. Dabei werden nach Meinung der Jusos allerdings Menschen, die sich weder dem einen noch dem anderen Geschlecht zuordnen wollen, sprachlich exkludiert. Das Gendersternchen wie in »Student*innen« ist hingegen dazu da, neben Frau und Mann auch alle anderen zu inkludieren.

Aufgrund dieser Satzungsänderung werden Anträge von Studenten, die sich nicht an die neue Gendervorschrift halten, nicht mehr bearbeitet. Einspruch dagegen einzureichen ist nicht möglich, die Verpflichtung ist bereits in der »rechtlichen Ordnung« festgelegt. Der Hochschulleitung ist dieser Umstand zwar bewusst, das Rektorat hat bisher jedoch dagegen nichts unternommen. Wenn man den Ruf der Freien Universität Berlin kennt, die unter Studenten als sehr linke Hochschule bekannt ist, erstaunt das Verhalten nicht.

Rednerliste geschlossen

Nach der Beschneidung der Wissenschaftsfreiheit durch »gendergerechte« Sprache in universitären Prüfungsleistungen und der Nicht-Bearbeitung von Anträgen in einem Berliner StuPa aus sprachlichen, nicht inhaltlichen Gründen offenbart ein tieferer Blick in die Satzungen der deutschen Studentengremien auch die Beschneidung der Meinungsfreiheit. Das Recht eines Studenten, Funktionen in einer von ihrer Struktur her demokratischen Studentenvertretung auszuführen, wird von seinen Kommilitonen vielerorts beschnitten.

Sachsen: In der Geschäftsordnung des Student_innenRates der Universität Leipzig in der Fassung vom 13. Oktober 2020 ist unter §7 (2) festgelegt: »Die Sitzungsleitung besteht aus vier Student_innen, die vom Student_innenRat zu Beginn jedes Semesters gewählt werden, sowie aus mindestens einer Geschäftsführerin/einem Geschäftsführer. Bei der Wahl ist mindestens die Hälfte der Plätze in der Sitzungsleitung durch Frauen und/oder Trans*- bzw. Inter*Personen zu besetzen. Stehen keine Kandidat_innen eines Geschlechts zur Verfügung, bleiben die offenen Stellen bis zu einer erneuten Wahl unbesetzt.«

Der StuRa ist also dazu verpflichtet, Plätze in der Sitzungsleitung für bestimmte Gruppen freizuhalten. Erst im dritten Wahlgang kann diese Regelung umgangen werden. Quoten nehmen in diesem Fall einem fähigen und motivierten Mann die Chance, zu kandidieren, sofern die »Männerplätze« bereits besetzt sind. Derweil bleibt ein reservierter Stuhl gänzlich unbesetzt, sofern sich keine

Frauen, Trans- oder Interpersonen für den vakanten Platz melden. Nur aufgrund ihres Geschlechts werden Männer daran gehindert, ihre Kompetenz einzubringen. Sollte es in solchen Gremien nicht darum gehen, das Beste für die Studentenschaft zu erreichen? Und nicht darum, Grüppchen zu »repräsentieren«?

Nicht nur die Besetzung der Sitzungsleitung ist quotiert, sondern auch das Rederecht. In §7 (5) der Leipziger Geschäftsordnung steht: »Die Sitzungsleitung führt eine Redeliste und erteilt danach das Wort. Sie achtet auf die Einhaltung der Redeliste. Die Aufstellung der Redeliste orientiert sich an folgenden Kriterien: (a) Bevorzugung von Mitgliedern des Student_innenRates, die sich summarisch am wenigsten zum aktuellen Tagesordnungspunkt geäußert haben; (b) Quotierung der Redeliste.«

Wie die Quotierung der Rednerliste ausgestaltet werden soll, ist nicht genauer definiert. Gemeinhin geht es darum, Frauen und Männer abwechselnd sprechen zu lassen. Meldet sich keine Frau, dürfen sich auch keine weiteren Männer mehr zu Wort melden. An der Universität des Saarlandes einigten sich die Mitglieder des StuPa bereits im Juli 2018 bei zwei Enthaltungen auf diese Formulierung: »Das Rederecht soll anhand einer geschlechterquotierten Erstreder*innenliste vergeben werden.«

Ganz genau mit der Quotierung nimmt es aber die Geschäftsordnung des Studentenrates in Tübingen. Dort wurde in einer Sitzung Anfang Februar 2021 eindringlich über die Frage diskutiert, wie die Rednerliste ausgestaltet werden sollte. Die Arbeitsgruppe »Satzung Quotierung« brachte verschiedene Vorschläge ein. Die ersten beiden Optionen waren von vornherein zum Scheitern verurteilt, sie sahen keine harte Quote vor. Option 1a: »Der GA soll Erstredner*innen in der Redeliste bevorzugt behandeln.« Option 1b machte die Soll-Vorschrift lediglich zum Muss: »Der GA bevorzugt Erstredner*innen in der Redeliste.« G.A. steht in Tübingen für den Geschäftsführenden Ausschuss. Dessen Aufgabe besteht darin, die regelmäßig stattfindenden StuRa-Sitzungen zu eröffnen und zu moderieren.

Dafür hatte es Option 2 in sich. Hier der Vorschlag in Auszügen: »(1) Der GA führt zwei getrennte Redelisten. Die erste Redeliste ist FLINT-Personen vorbehalten. Die Zweite steht allen Menschen offen. (2) Der GA erteilt abwechselnd einer Person der ersten und der zweiten Liste das Wort (Listenquotierung). Dabei werden Wortmeldungen von Personen bevorzugt, die sich erstmalig zu Wort melden (Erstquotierung). (3) Ist die erste Redeliste leer und gibt es nach Aufforderung durch die Sitzungsleitung keine weitere Meldung für diese, so wird ein letzter Redebeitrag von der zweiten Redeliste zugelassen. Ist die zweite Redeliste erschöpft und auf der ersten Redeliste befinden sich noch Wortmeldungen, so werden diese unter Beachtung der Erstquotierung abgearbeitet. (6) Wenn die Listen geschlossen sind, kann eine Person, die noch reden möchte, aber nicht mehr reden darf, die Wiedereröffnung der Redelisten beantragen. Dieser Antrag muss von der Mehrheit der anwesenden FLINT-Personen angenommen werden und darf höchstens zwei Mal im Verlauf einer Debatte gestellt werden.«
Kurzum: Es existieren nach diesem Vorschlag der Arbeitsgruppe zwei Listen, wobei sich für die eine Liste nur »FLINT-Menschen« melden können. Zur Erinnerung: FLINT steht für Frauen, Lesben, inter-, nicht-binäre und Transpersonen. Liest man die einzelnen Absätze genau, wird klar, dass die Personen auf der FLINT-Liste gegenüber den anderen bevorzugt werden. Nur sie bestimmen, ob eine Rednerliste neu eröffnet wird. Nur sie dürfen ihre Liste leer reden, während die andere Liste dann geschlossen wird, wenn sich auf der ersten keine Redner mehr befinden.
Darüber haben sich auch die Mitglieder des StuRa Gedanken gemacht. Aus dem internen Protokoll der Sitzung geht hervor, dass Bedenken bezüglich der Einhaltung von Art. 3 des Grundgesetzes geäußert wurden. Auch in Landesparlamenten sei eine Quotierung nicht rechtens. Zudem wurde aufgegriffen, dass eine solche Rednerliste Personen diskriminieren würde. Absatz 3 und Absatz 6 könnten Menschen zum Outing zwingen.

Darauf erfolgte Widerspruch. Niemand werde gezwungen, sich auf die FLINT-Liste zu setzen. Sodann wurde die Frage gestellt, ob denn überhaupt Personen im Gremium seien, die sich diskriminiert fühlten. Als Antwort auf diese Frage wird im Protokoll wörtlich festgehalten: »Mehrere Redner*innen merken an, dass der StuRa, auch als Teil der Gesamtgesellschaft, durchaus von diskriminierenden Strukturen durchzogen und von dominantem Redeverhalten geprägt sei. Es sei unsere Aufgabe als VS [Verfasste Studentenschaft, Anm. d. Autorin], für alle Studierenden und insbesondere für Marginalisierte zu kämpfen. Es wird betont, dass Diskriminierungserfahrungen von Personen nicht abgesprochen werden sollen.«
Das tat auch niemand. Beantwortet oder diskutiert wurde die Frage des Studenten, ob sich Menschen – konkret auf die Rednerliste bezogen – überhaupt diskriminiert fühlten – dem Protokoll nach zu urteilen jedenfalls nicht. Angesichts des Eingriffs in die Meinungs- und Redefreiheit, der durch die Quotenregelung erfolgen sollte, war die Frage zwar legitim. Stattdessen wurde aber allgemein darauf verwiesen, dass Diskriminierung grundsätzlich ein Problem sei und man die Existenz durch solche Fragen nicht bestreiten dürfe.
Zuletzt wurde ein Änderungsantrag für Option 2 eingebracht. Er beantragte, Absatz 3 und Absatz 6 zu streichen, da man FLINT-Personen nicht zwingen wolle, sich vor dem StuRa zu outen. Nach kurzer Aussprache wurde dieser abgeänderte Vorschlag mit 16 Ja-Stimmen, drei Gegenstimmen und einer Enthaltung angenommen.

»Ich bin raus«

Die Beispiele stehen stellvertretend für viele solcher Debatten und Vorschläge in den Studentenparlamenten. Das Abstimmungsverhalten und die Art der Auseinandersetzung mit derlei intervenierenden Regelungen zeigen auch die politische und undemokratische Einstellung von Studentenvertretern. Personen, die in eine bestimmte Gruppe und daher für eine gewisse Liste passen, werden anderen Menschen gegenüber bevorzugt. In Debatten werden ihre Interessen über die von anderen gestellt. In diesem Fall werden die Interessen der FLINT-Gruppe antizipiert, nicht einmal diskutiert, und diese Position durchgedrückt. Nicht rationale Gründe, sondern subjektive Empfindungen leiten die Debatte. Kritische Nachfragen oder überprüfende Fragen werden als Verletzung wahrgenommen und unterbunden. Sie sind unerwünscht in einer Welt verordneter Harmonie.

Den vermeintlichen Konsens durchkreuzte ein Student in Konstanz. In einer StuPa-Sitzung im Oktober 2020 stellte ein Vertreter des fzs den freiwilligen Zusammenschluss vor. In Konstanz zahlt jeder immatrikulierte Student mittels seines Semesterbeitrags einen Euro pro Jahr an den fzs. Bei knapp 12 000 Studenten an der Universität sind das entsprechend knapp 12 000 Euro Beitragszahlungen. Nach dem Vortrag wurde der Tagesordnungspunkt geschlossen. Im anschließenden Teil »Sonstiges« meldete sich der Kommilitone Luis zu Wort. Er wollte ohne den Vertreter des fzs, der die Sitzung bereits verlassen hatte, über die Arbeit der Organisation sprechen.

Aus dem internen Sitzungsprotokoll geht hervor, dass Luis die Diskussionen im fzs als wenig offen und wenig vorurteilslos gegenüber Andersdenkenden empfand. Er hatte mit dem Zusammenschluss viel zu tun gehabt. Personen, die nicht mit den Meinungen des fzs übereinstimmten, wurden laut Protokoll in der Vergangenheit sogar das ein oder andere Mal von der Polizei aus dem Saal entfernt. Der fzs, so betonte Luis, vertrete nicht alle Studenten, sondern nur solche mit einer linken politischen Ansicht. Das sehe er kritisch und wolle er gern diskutieren, auch vor dem Hintergrund der Beiträge, die die Konstanzer Studenten an den fzs zahlen. Als Nächstes steht im Protokoll: »TOP 9 war aber geschlossen, weshalb Luis vom Präsidium gebeten wurde, seinen Redebeitrag zu unterbrechen.«

Luis wurde, während er redete, also vom StuPa-Präsidium unterbrochen und durfte seinen Redebeitrag nicht beenden. Und das, obwohl – so wurde es mir geschildert – seine Meinung von gewählten StuPa-Mitgliedern gehört werden wollte. Er hatte eine Meinung, die einigen zwar offensichtlich unliebsam war, jedoch berechtigt ist. Ein StuPa-Abgeordneter ließ nachträglich einen Protokoll-Vermerk einfügen: »Will protokoliert wissen, dass ‚das Präsidium keine Diskussionen zulässt'.«

Diskutiert wurde zwar in Erfurt, allerdings mit Konsequenzen. Anlässlich der Kommunalwahl organisierte der StuRa an der Universität eine Diskussionsveranstaltung mit Kandidaten aller Parteien. Sie sollten sich den Fragen der Studenten im Hörsaal stellen und ihre Ziele für junge Menschen in Erfurt schildern. Bei den Vorbereitungen und während der Podiumsdiskussion halfen Mitglieder des StuRa und Freiwillige mit, um einen reibungslosen Verlauf der Veranstaltung zu gewährleisten.

Auch eine RCDSlerin hatte Hilfe angeboten. Ursprünglich war Johanna in der Gruppe »Fakten-Check« eingeteilt. Diese Gruppe bestand aus drei Studenten, die während der Diskussionsveranstaltung die Aussagen der Parteien-Vertreter anhand dessen, was im Internet zu finden ist, überprüfen sollten. Eine innovative Idee, die wir uns in der vorangegangenen StuRa-Sitzung überlegt hatten. Johanna sollte nach der Pause in der zweiten Hälfte im Fakten-Team aushelfen. Zu Beginn der Veranstaltung hatte sie auf ihrem privaten Instagram-Profil noch ein Bild hochgeladen. Dort schrieb sie, dass auch der CDU-Kandidat bei der StuRa-Veranstaltung anwesend sei und sie sich auf die Debatte freue. Dann ging es los. Wie Johanna taten das auch andere Studenten mit ihren favorisierten Kandidaten. Ein StuRa-Mitglied, das bei Campus Grün war, postete ein Bild der Vertreterin von Bündnis 90/Die Grünen.

Der Post aber hatte Konsequenzen. Nicht für das StuRa-Mitglied der Grünen, sondern für Johanna. Im letzten Moment wurde die Studentin als »nicht-objektiv« eingestuft und kurz vor Ende der

Pause von dem »Fakten-Check-Team« abgezogen. Stattdessen wurde ein StuRa-Mitglied eingesetzt, das keineswegs bei der CDU engagiert war. Wer den jungen Mann aber kannte, der wusste, dass er große Sympathien für die Partei Die Linke hegte. Hätte man das Fakten-Team tatsächlich »neutral« besetzen wollen, hätte man auch ihn nicht nehmen dürfen. Offensichtlich wollte man aber keine RCDSlerin dabeihaben, der durch den Abzug aus dem Team automatisch unterstellt wurde, Fakten nicht objektiv zu überprüfen, sondern ihre Position zum Wohle des CDU-Kandidaten auszunutzen. Dem linken Studenten unterstellte man dies offensichtlich nicht.

Zur nächsten StuRa-Sitzung wurde auf die Tagesordnung der Punkt »Social Media auf Veranstaltungen« aufgenommen. So wirklich konnte sich niemand vorstellen, was darunter besprochen werden würde. Die meisten gingen davon aus, man bespreche eine bessere Social-Media-Strategie. Im Jahr 2019 professionalisierten Vereine, Organisationen und Verbände zunehmend ihren Auftritt auf Online-Plattformen. Als StuRa hatten wir in Erfurt Nachholbedarf. Außerdem würden Reichweiten erhöht werden, wenn jedes StuRa-Mitglied von Veranstaltungen postete. So, dachten wir, würde der Tagesordnungspunkt zu verstehen sein.

Stattdessen stellte sich heraus, dass der Punkt einzig und allein auf das »falsche Verhalten« von Johanna abzielte. Ihr wurde vorgehalten, bewusst parteipolitische Verbindungen zwischen Kandidaten und dem StuRa herstellen und damit die politische Ausrichtung des StuRa beeinflussen zu wollen. Das war Unsinn, niemand ist als gewähltes Mitglied dazu verpflichtet, eigene Positionen und Überzeugungen zurückzuhalten. Auf seinem privaten Profil kann jeder tun und lassen, was er möchte. Zudem hatte sie nicht einmal ihre Sympathie für den CDU-Kandidaten ausgedrückt. Der angebliche Fehltritt von Johanna wurde aber zum Anlass genommen, sie nicht nur aus dem Fakten-Check-Team zu werfen, sondern auch aus dem Studentenrat zu mobben.

Denn auch als sie eine deutliche Erklärung abgab und sich gegenüber den linken StuRa-Mitgliedern rechtfertigte, beharrten die anderen auf ihrer Position. Kurzum entschloss sie sich, noch am selben Abend den StuRa zu verlassen. Sie legte ihr Mandat mit den Worten nieder: »Hättet ihr hier sachlich diskutiert, hätten wir das klären können. Von euch lasse ich mich aber nicht persönlich angreifen und schlechtmachen, noch dazu ohne Grundlage und mit unfairen Methoden. Ich bin raus.«

Intransparente Finanzen

Wem dieser Mobbingfall nicht eindrücklich genug erscheint, der werfe mit mir einen Blick nach Hannover. Der dortige AStA ist ein Paradebeispiel für linke Einflussnahme und unverfrorenen Aktivismus in der Studentenvertretung, auch gegen Widerstand. Die Ausschreibungen für studentische Sachbearbeiterstellen folgen dort zwei Grundsätzen: »Bei gleicher Qualifikation werden Menschen, die Diskriminierungserfahrungen machen, bei allen Sachbearbeitungsstellen bevorzugt eingestellt.« Und: »Bei gleicher Qualifikation werden Frauen* bevorzugt eingestellt.« Für die Arbeit der Referenten sieht der Haushaltsplan des AStA für das aktuelle Jahr 2023 22 600 Euro vor, während es im Vorjahr »nur« 19 400 Euro waren. Für das kommende Jahr sind sogar 32 500 Euro Aufwandsentschädigung veranschlagt.

Noch stärker sind die Summen für die studentischen Sachbearbeiter angewachsen. Während es im Haushaltsjahr 2021/2022 noch rund 118 100 Euro waren, wurde ein Jahr später schon mit 143 340 Euro gerechnet, für das Haushaltsjahr 2023/2024 sind bereits 174 750 Euro eingeplant. Bestimmt sind diese steuerfreien Aufwandsentschädigungen für knapp 60 Sachbearbeiter, deren Anzahl in den letzten drei Jahren ebenfalls angestiegen ist. Neben dem Präsidenten des StuRa, dessen Entschädigung von 750 Euro auf 2250 Euro angehoben wurde, und dem Schriftführer, der ebenfalls 2250 Euro bekommt, stechen in den Haushaltsplänen verschiedene Positionen hervor. Einige bekommen besonders ansehnliche finanzielle Zuwendungen durch den linken AStA. Der Finanzfluss zeigt, wo die politischen Schwerpunktbereiche liegen.

Die vier Sachbearbeiter des Referats »Kritische Bildung« bekommen mit der Erhöhung nun 13 000 Euro, der studentische »Queer-Politik«-Mitarbeiter hat am Ende des Jahres 3250 Euro auf seinem Konto. Die beiden Sachbearbeiter für »Anti-Dis«, gemeinhin als »Antidiskriminierungsstelle« bekannt, bekommen für das Haushaltsjahr 2023/2024 statt 5900 Euro nun 6500 Euro. Die Instrumentalisierung von Minderheiten-Themen führt also auch zu einer Schaffung neuer »Jobs« – insbesondere in der studentischen Selbstverwaltung. Vor dem Hintergrund dieser Schwerpunktsetzung ist auch die Einhaltung des hochschulpolitischen Mandats höchst fraglich sowie die bevorzugte Querfinanzierung linker Projekte offensichtlich.

Für zehn Referenten und 58 Sachbearbeiter werden durch studentische Gelder über 200 000 Euro Aufwandsentschädigungen im Haushaltsjahr 2023/2024 ausgezahlt. Damit nicht genug, werden alle zehn Referenten neben ihrer Aufwandspauschale zusätzlich mit je 14 040 Euro pro Jahr vergütet. Auch die studentischen Senatoren bekommen neben den steuerfreien Entschädigungen ein weiteres Gehalt obendrauf. Die studentische Selbstverwaltung in Hannover zahlt also in der Summe allein für Personal eine halbe Million Euro!

Was machen knapp 70 Mitarbeiter, die ein für Studenten lukratives Gehalt bekommen, den ganzen Tag? Von ehrenamtlicher Tätigkeit kann bei Personalausgaben in Höhe von exakt 497 561,11 Euro, also durchschnittlich rund 8300 Euro pro Kopf, jedenfalls keine Rede sein. Die Gehälter sind auch nicht an Leistungen oder Arbeitsnachweise geknüpft. Um diesen kleinen Luxus zu finanzieren, werden studentische Gelder abgezwackt, die für eine ideologische Politik herhalten. Die entscheidenden Posten werden mit treuen Kommilitonen besetzt, die die Gelder hin und her schieben und sicherstellen, dass sie in die eigenen Taschen fließen. Bei diesen Strukturen kann man getrost von Vetternwirtschaft sprechen.

Es ist eigentlich völlig absurd, ja nachgerade unfassbar: Mit der Hand auf den Finanzen betreibt der linke AStA nicht nur eigenes Agenda-Setting. Er sorgt auch dafür, dass die Genossen aus studentischen Beiträgen alimentiert werden, ob sie für den Job geeignet sind oder nicht oder wie irrelevant eine studentische Sachbearbeiterstelle »Kritische Bildung« für die »ehrenamtliche« Arbeit einer studentischen Selbstverwaltung sein möge. Das mag zwar moralisch höchst verwerflich sein, ist aber rechtlich nicht anfechtbar. Es sei denn, man verweist auf den Umstand, dass das hochschulpolitische Mandat überschritten sein könnte.

Im Herbst 2021 weigerte sich allerdings einer der Referenten, Gehälter auszuzahlen. Schon seit geraumer Zeit fehlten Rechnungsbelege. Für welchen Zweck Geld ausgegeben worden war oder ob die Ausgaben tatsächlich für ein AStA-Projekt getätigt wurden, konnte nicht belegt werden. Dem Finanzreferenten fiel dieser Umstand schon länger auf. Würde er die Überweisungen dennoch tätigen, könnte er wegen Untreue rechtlich belangt werden.

Für jede Überweisung müssen Belege eingereicht werden. Um eine gegenseitige Kontrolle sicherzustellen, müssen die Zahlungen vom Finanz- und Kassenreferenten freigegeben werden. Anfangs forderte der Finanzreferent noch gemeinsam mit der Kassenreferentin die Belege ein. In einem E-Mail-Verkehr schildert der Finanzreferent Ahmed Folgendes: »Jetzt (seit ein paar Wochen) hat die Finanzreferentin [Anmerkung der Autorin: Gemeint ist die Kassenreferentin!] ihre Stellung geändert und ich bin allein geblieben. Die anderen Referent*innen haben sich dadurch stärker gefühlt und haben mich isoliert gesehen. Die haben mich in einem Treffen unter Druck gesetzt damit ich das machen, was sie sagen. Ich war damit nicht einverstanden und sie haben nach zwei Tagen meinen Abwahl Antrag gestellt.«

Ahmed weigerte sich, insbesondere Honorare abzuzeichnen. Er erhielt keine Nachweise über die Existenz der Veranstaltungen, auf denen die Empfänger des Geldes eine tragende Rolle hätten haben sollen, und stellte daher die Überweisungen ein. Sein Druckmittel wurde ihm zum Verhängnis. Denn nach ein paar Wochen knickte die Kassenreferentin ein. Sie erklärte sich bereit, die Zahlungen trotz fehlender Belege wieder freizugeben. Ahmed ließ sich nicht einschüchtern. Immer wieder wurde ihm mit Abwahl gedroht, sofern er weiterhin die Gelder zurückhalte. Er war auf das Gehalt eines Referenten angewiesen, das wusste der AStA-Vorstand.

Im Oktober 2021 war es dann so weit. Weil Ahmed konsequent blieb, stellte der AStA den Antrag auf Abberufung mit sofortiger Wirkung. Die Abwahl sollte durch den Studentischen Rat beschlossen werden. Ein Tag vor der Sitzung schrieb Ahmed einem Kommilitonen:

»Die Probleme, die im AStA sind: Die Finanzen sind nicht transparent, es wird versucht die Ausgaben nicht richtig zu dokumentieren. Gelder werden auf unterschiedliche Art und Weise den Freunden und Bekannten und bestimmten Gruppen gegeben. Die Honorarverträge sind nicht transparent. Gelder werden verschwendet. Alles wird unter Freunden erledigt und damit wissen andere nicht wofür, wie und an wen wird das Geld ausgegeben usw.« Stattdessen werde er als nicht teamfähig beschrieben und bei den StuRa-Mitgliedern diffamiert, um seine Abberufung mehrheitlich beschließen zu können. Denn logischerweise begründete der AStA-Vorstand seinen Antrag nicht damit, dass Ahmed Überweisungen zurückhalte, weil ihm Belege fehlten.

In seiner E-Mail verabschiedet sich der Referent: »Ich werde höchstwahrscheinlich morgen abgewählt. Aber ich werde die Gelegenheit nutzen, um die Probleme zu erzählen.« Doch die Abwahl scheiterte. Insgesamt zweimal. Der AStA bekam für seinen Antrag im StuRa nicht genügend Stimmen zusammen. Es stellte sich heraus, dass die Honorare und Ausgaben angeblicher Projek-

te und Veranstaltungen der Querfinanzierung irgendwelcher linken Organisationen dienten. Mit Hochschule oder Campus hatte das nichts zu tun, stattdessen griffen externe Personen zweckentfremdete Gelder ab.
Der junge Finanzreferent wurde fast aus seinem Amt gemobbt. Dazu wurde er diffamiert und unter Druck gesetzt, ihm wurde mehrfach gedroht und seine finanziell schwierige Stellung schamlos ausgenutzt, ihn zum Einlenken zu zwingen. Der Fall war in der Hochschulpolitik bekannt, aber wurde von keinem Journalisten aufgegriffen. Mit höheren Gehältern und »treuen« Finanzern hat der AStA nun seit zwei Jahren wieder freie Bahn. Oder denken Sie, dass die Damen und Herren im AStA irgendetwas an ihrer Vorgehensweise geändert haben? An wen fließen wohl die ganzen Tausenden von Euros der studentischen Beiträge?
Auch der AStA der Humboldt-Universität zu Berlin (HU) stand in der Vergangenheit unter dem berechtigten Verdacht, studentische Gelder veruntreut zu haben.
In einer von Studenten der HU herausgegebenen Zeitschrift deckten die Autoren im Jahr 2017 auf, dass sich einige Mitglieder des StuPa und des AStA – der dort aus historischen Gründen »ReferentInnen-Rat« (RefRat) heißt – Ämter gegenseitig zuspielen. Monatlich kassieren sie ein Gehalt von 735 Euro. Im Haushaltsjahr 2017/2018 beliefen sich die jährlichen Ausgaben für Aufwandsentschädigungen von Funktionären der studentischen Selbstverwaltung insgesamt auf 114 000 Euro.
»Es scheint so, als ob viele Mitglieder gar nicht wollen, dass ihre Aktivitäten bekannt werden«, heißt es in dem Artikel des Studentenmagazins Unaufgefordert, laut eigener Aussage »eine der ältesten Studierendenzeitungen Deutschlands und die erste freie Zeitung der DDR.« Wer die Funktionäre sind, sei schwierig herauszufinden: Selbst Studenten der HU gelang es nicht, die »eigenen« Studentenvertreter zu identifizieren.
Der angefragte Akademische Senat der HU konnte keine Namen liefern, heißt es in einer schriftlichen Stellungnahme. Wenn der

Senat die Personen nicht nennen will, kann man ihm politische Gründe unterstellen. Denkbar wäre aber auch, dass der Hochschulleitung die Namen studentischer Funktionsträger nicht nach Amtsübernahme mitgeteilt werden. Streng genommen funktioniert die studentische Selbstverwaltung unabhängig von der akademischen Selbstverwaltung.

Was der RefRat von Transparenz hält, zeigt ein Blick auf seine Homepage: Namen findet man kaum. Lediglich die Sprechstunde von Pascal und Mia vom Referat »Lesben, Schwule, Bisexuelle, Trans* und Inter« entlockt der Internetseite zwei Vornamen. Die Recherche beförderte aber noch eine ganz andere, erschreckende Tatsache ans Tageslicht: Der Haushalt der Studentenschaft an der HU wurde das letzte Mal im Jahr 2001, also vor 17 Jahren (Stand 2018) geprüft. Eine Finanzkontrolle durch den Rechnungshof findet also auch nicht regelmäßig statt. Darin wurde auch deutlich, was ebenso Hannover und viele andere ASten betrifft: Die Personalkosten stiegen seit Jahren. Während im Jahr 2015 noch 43 Prozent des Gesamthaushalts dafür aufgewendet wurden, waren es im Jahr 2017 schon 52 Prozent.

Wenn Studenten ihre Vertreter nicht kennen, ist das ein Sache. Wenn aber Haushalte nicht überprüft und Gelder offensichtlich veruntreut werden, ist das eine ganz andere Sache. Postengeschachere, Vetternwirtschaft und die Aushöhlung der studentischen Selbstverwaltung zugunsten undurchsichtiger, radikaler Netzwerke werden zu Unrecht kleingeredet und dadurch sogar noch ermöglicht. Wurde die Intransparenz von vorwiegend linken Studentenvertretern an der HU seit Jahren vom Berliner Senat quasi regierungsamtlich gedeckt? Schützt er seine eigene Klientel?

Ich wüsste nicht, weshalb man diese Probleme bei einem jährlichen Haushalt von knapp einer Million Euro nicht ernst nehmen sollte.

Zurück nach Erfurt. Auch hier beginnen neue Gepflogenheiten und fragwürdige finanzielle Gestaltungsspielräume im StuRa Einzug zu erhalten. Im Sommersemester 2023 gründete sich die

Hochschulgruppe »Kritische Kommunikationswissenschaften« neu. Kritisch, da systemkritisch: »Als KW-Studierende lernen und sprechen wir kaum über Macht, Herrschaft und Kapitalismus; [...] mit der Initiative entsteht ein Raum von und für Studis, damit wir uns selbstorganisiert kritischen Perspektiven nähern können«, heißt es auf der Instagram-Seite Anfang Juni 2023. Seither wurden wenige Vorträge realisiert. Angesichts der Ausbeutung von Mensch und Natur könne es keine neutralen Beobachter geben, auch nicht unter Kommunikationswissenschaftlern. Für eine andere Gesellschaft, die beispielsweise angemessen mit der Klimakrise umgehen könne, müsse sich deswegen auch Wissenschaft verändern, heißt es weiter.

In einem Finanzantrag an den StuRa verlangte die Gruppe 4250 Euro. An einer vergleichsweise kleinen Universität wie Erfurt ist dieser hohe Betrag durchaus etwas Besonderes. Wie überall ist die Bewilligung von Geldern an verschiedene Kriterien geknüpft. Um Missbrauch vorzubeugen, muss bei der Beantragung der Finanzmittel durch die Hochschulgruppe dargelegt werden, für was das Geld gebraucht wird, wann eine Veranstaltung oder ein Projekt stattfindet oder weshalb man bestimmte Ausgaben überhaupt tätigt. Normalerweise müssen Finanzierungen des StuRa also zweckgebunden sein. In einer Tabelle, die dem Antrag angehängt wird, trägt man dann beispielsweise ein: »Für 10 Flaschen Cola-Zero rechnen wir mit 8 Euro.«

Entgegen der üblichen Zweckgebundenheit beantragten die »Kritischen Kommunikationswissenschaften« Finanzmittel, ohne eine konkrete Veranstaltung und Projektplanung vorzuweisen. Das Geld solle für verschiedene Podiumsdiskussionen, Workshops und Honorare für Gastredner ausgegeben werden. Man könne sich auch vorstellen, Essen und Trinken für Abendveranstaltungen mit dem Geld zu finanzieren. Die Hochschulgruppe stecke ja noch in den Kinderschuhen, man verspreche, mit den studentischen Mitteln gut umzugehen. Schließlich setze man sich für die Studenten ein.

Als ich hörte, dass dieser Finanzantrag doch tatsächlich bewilligt worden war und kritische Fragen zur Verwendung der 4250 Euro von StuRa-Mitgliedern an die Hochschulgruppe durch die Sitzungsleitung abgeschmettert wurden, traute ich meinen Ohren nicht. In Erfurt wurde immer penibel auf die Finanzen geachtet. Der RCDS wurde noch ein halbes Jahr vorher zu Unrecht beschuldigt, sich nicht an die Finanzordnung zu halten. Wir hatten auf einer Veranstaltung Sekt ausgeschenkt. Alkohol mit dem Geld des StuRa zu kaufen, ist verboten. Den Sekt hatten wir ohnehin aus eigener Tasche bezahlt und konnten so den linken StuRa-Vorstand mit seiner Kritik ins Leere laufen lassen.
Nun aber kam eine neue Hochschulgruppe um die Ecke, die mit dem Wort »kritisch« im Namen auf der politischen Skala links verortet werden kann, und bekam eine vierstellige Summe überwiesen, mit der sie machen konnte, was sie wollte? Neben den vereinzelten Veranstaltungen habe ich seither jedenfalls nichts Neues vernehmen können, und wie hoch das Honorar der Redner ausfiel, weiß auch niemand. Auf welchen Konten das Geld heute wohl liegt?

Bewusste Verzerrung

Fernab von intransparenten Finanzierungen und politisch motivierten Mobbingfällen in Erfurt und Hannover ereignete sich in Bayreuth eine haltlose Diffamierungskampagne. Als Gast nahm Julius regelmäßig an Sitzungen des StuPa teil. Im Rahmen seiner politischen Betätigung lernte er Michelle kennen, die für die Grüne Hochschulgruppe (GHG) aktiv war. Beide führten – mit entsprechendem Abstand freundschaftlich verbunden – Korrespondenz, tauschten sich hinsichtlich ihrer Ansichten über Medien, aber auch im persönlichen Kontakt aus. Trotz »parteipolitischen« Unterschieden pflegten sie ein kollegiales Verhältnis. Michelle war Präsidentin des Gremiums.

Im Mai 2021 traf sich das StuPa zu einer digitalen Sitzung. Im Glauben, ein Kompliment zu machen, schrieb Julius: »Sehr schick gekleidet heute, Frau Präsidentin.« Michelle war echauffiert, sie sah die Nachricht nicht als Kompliment. Julius entschuldigte sich, es war ihm nicht bewusst, dass sie eine solche Nachricht stören könnte. Daraufhin nahm Michelle die Entschuldigung mit einem »okay« an. Wenige Tage später wurde auf dem Instagram-Kanal »catcallsofbayreuth« ein Bild gepostet, das eine Treppenbeschriftung zeigt, die da lautet: »Während der Gremien-Sitzung schrieb er mir: ‚Sehr schick gekleidet heute, Frau Präsidentin' #stopptbelästigung @catcallsofbayreuth.« Der Text zu dem Foto lautete: »Auch in der Uni gibt es Sexismus. Auch in den Gremien und das auf allen Ebenen. Diese Nachricht ist zynisch und herablassend, oberflächlich und sexistisch.«

Julius wurde also Sexismus vorgeworfen. Er rief Michelle an und brachte ihr gegenüber nochmals sein Bedauern über den Vorfall zum Ausdruck. Nach dem Telefonat erreichte ihn die Nachricht: »Ich verzeihe Dir.« Das Bild auf Instagram bestand fort. Der Kanal beschreibt seinen Auftrag mit: »Schickt uns eure Erfahrungen und den Ort. Wir kreiden sie an.« Den Urheber der Treppenbeschriftung, der Fotografie oder den Verantwortlichen des Kanals kannte Julius nicht.

Ein halbes Jahr verging, und Julius kandidierte für ein Amt im RCDS. Bereits als der RCDS in Bayern e.V. die Nominierung auf Instagram postete, kommentierte Michelle darunter: »Ich würde nicht wollen, dass jemand, der Frauen auf ihr Aussehen, statt ihre politischen Fähigkeiten reduziert, den @rcdsbayern repräsentiert. Noch dazu jemand, der ungefragt anzügliche Kommentare und Andeutungen macht und das Ganze während der StuPa-Sitzungen an der Uni Bayreuth @catcallsofbayreuth.«

Da ich damals als RCDS-Bundesvorsitzende kandidierte, war mir der Fall bekannt. Julius informierte mich und schilderte mir seine Sichtweise. Ich kannte Julius und halte den beschriebenen Sexismus-Verdacht für abwegig bzw. inszeniert. Michelle kontaktierte am Tag der Wahl ungefragt über Instagram auch mich. Sie schrieb: »Ich habe meinen Kommentar gelöscht. Nicht, weil das, was ich gesagt habe, nicht stimmt, sondern weil Julius mir gedroht hat und ich darauf keine Lust habe.« Als Screenshot sendete sie mir den vermeintlichen Beweis für die Drohung. Er zeigte den Chat, in dem Julius sie höflich darum bat, den Kommentar zu löschen. Ich reagierte nicht.

Einen Tag später schaltete sich die Antifa Bayreuth ein. Auf Facebook wurde ein Bild von Julius mit dem Kommentar veröffentlicht, das sei der Gesichtsausdruck von jemandem, der Frauen im StuPa belästige. Dieses postete auch der Kanal »wegen_dir_linx«. Der SDS zog nach. Auf Instagram befand sich dieses Foto in den Story-Highlights des Kanals »sds_bt« unter der Rubrik »Belustigung«. Auch die »Sozialistische Deutsche Arbeiterjugend« beteiligte sich an der Diffamierungskampagne. Sie versahen das Bild zusätzlich mit dem Kommentar »Weg mit sexistischen Fundamentalisten« und teilten es in der Story des Kanals »sdaj.bayreuth«.

Die Darstellung, dass Julius Frauen belästigen würde, ist böswillig konstruiert. Inhaltlich ist sie aber in ihrer Pauschalität geeignet, den Ruf eines Menschen zu beschädigen. Auch wenn sich Michelle durch die flapsige Nachricht von Julius gekränkt gefühlt hat, so hat er sich entschuldigt, und sie hat diese Entschuldigung zweimal schriftlich angenommen. So rechtfertigt der Vorfall weder subjektiv und objektiv die Diffamierungskampagne, die mittels bewusster Verzerrung des Geschehenen auf die öffentliche Bloßstellung und Herabwürdigung einer Person abzielte. Der Fall schlug hohe Wellen. Julius holte sich schließlich anwaltliche Hilfe und stellte Strafanzeige und Strafantrag gegen Unbekannt. Hier wurde ein Missverständnis, das die beiden Beteiligten offensichtlich aufgeklärt und aus der Welt geschafft hatten, nicht nur so weit aufgebauscht, dass der Ruf eines Menschen beschädigt worden ist. Auch Belästigungsfälle gegen Frauen werden durch solches Vorgehen verharmlost. Michelle jedoch schien ihrem Lebensmot-

to im Herbst 2021 zeitweise einen kleinen Schritt näher gekommen zu sein. Auf Instagram steht in ihrer Profilbeschreibung der englische Satz: »My favorite season is the fall of patriarchy.«
Sexismus wurde auch dem deutschen Sänger Cro vorgeworfen. Der AStA der Universität Bielefeld stufte den Rapper als gewaltverherrlichend und frauenverachtend ein und wollte ihn im Jahr 2018 vom dortigen Campus Festival verbannen: »So oft Cro auch daher kommen mag, seine Texte und seine Inhalte nerven uns seit seiner ersten Single: Wir haben keinen Bock auf Sexismus, in gemachte Geschlechterrollen gedrängt oder zu Sexobjekten degradiert zu werden. Deswegen hoffen wir, Rapper wie Cro ein letztes Mal auf dem Campus Festival gesehen zu haben. Für die Freiheit, für das Leben!«
Cros Songzeilen seien wohl irgendwas zwischen nur lieb gemeinten Komplimenten und vulgären Ausdrücken. Ein Shitstorm entbrannte. In einem Kommentar unter dem Facebook-Post des AStA heißt es ironisch: »Was lernen wir daraus? Man kann alles gendern und alles als Sexismus betiteln! Welch wunderbarer Fortschritt, das haben wir doch alle bisher vermisst.« Ein anderer Beitrag lautet: »Die Reaktionen und Aktionen sind ideologisch und nicht rational. Der AStA repräsentiert und vertritt unserer Meinung nach nicht die gesamte Studierendenschaft!« Cro trat auf dem Studentenfestival als Headliner auf. Die AStA-Vertreter wollten dazu nicht mehr viel sagen und gestanden schließlich ein: »Dass der Sexismus von Cro nicht unbedingt die Ausmaße hat wie der der Strassenbande ist uns bewusst.« Den Künstler Cro in eine Linie mit Kollegah, Farid Bang und der 187 Strassenbande zu stellen, ist abwegig; man sehe sich dazu nur einmal die Texte der Letztgenannten an.

Bodenlos und ohne Scheu

Ebenfalls im Jahr 2018 tat sich der AStA der Universität Osnabrück wiederum hervor, diesmal mit seinem Ersti-Tüten-Skandal.

Viele Studentenvertretungen bieten den Erstis zum Studienstart Infomaterial in eigens designten Stoffbeuteln an. So auch 2018 der Osnabrücker AStA, der auf diese Weise mit antideutschen Slogans für die eigene politische Agenda warb. »Für Deutschland keinen Finger krumm – 20 Semester minimum!« war der Leitsatz auf den in der Erstiwoche verteilten Infobeuteln. Es regnete Kritik. Die Botschaft an neue Studenten, dass das Ziel eines Langzeitstudiums anvisiert werden sollte, ist peinlich. Propagiert durch ein eigentlich neutrales Gremium wird hier ein Postulat der Faulheit, finanziert vom Geld, das andere durch ihre Arbeit erwirtschaften.

Der AStA rechtfertigte seinen Standpunkt öffentlich: Der Spruch stelle »eine Absage an die Unterordnung individueller Bedürfnisse, Begabungen und Interessen unter ein Zwangskollektiv dar, dessen Bestand und Identität tagtäglich eben durch gewaltsamen Ein- und Ausschluss gesichert werden müssen.« Zwang seien die Studiengebühren, die BAföG-Richtlinien oder die Exmatrikulation. Die Regelstudienzeit sei vom Staat eingeführt worden und »stellt eine nicht unwesentliche Beschränkung des Lebens seiner Insass*innen dar«. Bitte was? Wir sind Insassen des demokratischen Staates? Meines Wissens ist der Staat kein Selbstzweck.

In diesen Sätzen äußern sich die linksradikalen Autoren wie so oft ambivalent. Zum einen erscheint der Staat als gewollte Umverteilungsmaschinerie. Regelungen beispielsweise der BAföG-Richtlinien seien Zwang. Ginge es nach ihrer Meinung, würde der Staat allen Studenten eine Art bedingungsloses Grundeinkommen zahlen und die Kosten für mindestens 20 Semester Studium auf sich nehmen müssen. Es braucht ihn also, Vater Staat. Zum anderen offenbaren diese Sätze ein Maß an Staatskritik, die an »Obrigkeitshass« grenzt. Das dazugehörige Erzählmotiv lautet: »Wir kleinen Studenten hier unten gegen die bösen Politiker dort oben« und ist ein beliebtes Instrument des Populismus. Es zeichnet Populismus sogar maßgeblich aus.

Zum Schluss dehnt sich dieser Populismus in eine extremere Richtung aus, die an den Grundsätzen der Bundesrepublik rüttelt: »Die Kritik der real existierenden, also der kapitalistischen Gesellschaft und ihrer Ausformungen sind explizit Aufgabe des AStA. Dies gilt gleichermaßen für die Beschäftigung mit dem gesellschaftlichen und politischen Rechtsruck und seinen sozialen Ursachen, der auch vor den staatlichen Institutionen der BRD und der Praxis ihrer Organe nicht Halt macht. Speziell dafür wurde erst im Juni 2018 durch die Studierendenschaft der Universität Osnabrück ein Referat für Antifaschismus eingerichtet.«
Wie kein anderes Beispiel für die Unterstellung, staatliche Institutionen seien rechtsextremistisch unterwandert, steht im studentischen Kontext die Lehrtätigkeit eines Polizisten am Institut für Soziologie in Hannover. Anfang April 2021 regt sich durch den AStA Hannover Widerstand gegen einen neuen Dozenten. Der aktive Polizist sei ungeeignet, als Kriminologe an der Hochschule zu lehren. Begründet wurde dieser Vorstoß mit pauschalen Rassismus- und Rechtsextremismus-Vorwürfen gegenüber der Polizei als solcher. Vorgeworfen wurde insbesondere fehlende kritische Distanz, ohne mit dem Mann überhaupt einmal gesprochen zu haben. Er bekam persönliche Drohungen. Bis heute ist unklar, wer die Reifen seines Autos zerstochen hat. Er entschied sich nach wenigen Wochen, seine Lehrtätigkeit nicht weiter auszuüben. Eine Schande für die Forschung und Lehre im Fach Kriminologie.
Es gehört mittlerweile zum Hochschulalltag, dass Vertreter von Sicherheitsbehörden von linken ASten und Studentenvertretungen diffamiert werden. Immer wieder sehen sich Soldaten und Polizisten haltlosen und pauschalen Anfeindungen ausgesetzt, wenn sie an Universitäten zu Lehrveranstaltungen, Podiumsdiskussionen oder Vorträgen eingeladen werden.
Natürlich waren viele Kommilitonen in Hannover anderer Meinung als der linke AStA. Viele sind dankbar für die Arbeit der Polizei und der Kriminalbeamten. Auch viele Leserbriefe erreichten

die Zeitungen, die das Verhalten der Studenten als diffamierend einstuften und ihnen vorwarfen, nichts außerhalb der eigenen Blase zu dulden. Dem kann ich bis auf einen Punkt zustimmen: Die Leserbriefeschreiber projizierten ihre Einschätzungen und Meinungen zu Unrecht auf alle Studenten. Sie nahmen den AStA als Sprachrohr für die gesamte Studentenschaft wahr und leiteten daraus ab, eine linksradikale »akademische Generation« wachse in den Hochschulen heran. Dass es sich nur um eine kleine, sehr laute, radikale bis extremistische Minderheit handelt, bleibt außerhalb der Black Box Uni verborgen. Das wissen die Linken und setzen ihre Macht gezielt ein. Der theoretische Vertretungsanspruch und das studentische Geld sind ihnen dann gewiss, wenn sie den AStA stellen. Und daran setzen sie alles.

Gegen jedes Bestreben, die gewachsenen und undurchsichtigen Strukturen zu durchbrechen, gehen die Protagonisten mit äußerster Vehemenz und ohne jede Scheu vor. Das zeigen nicht nur der Rauswurf von Ahmed oder die unsäglichen Unterstellungen gegenüber dem Polizisten. Mit der sogenannten »Niedersächsischen Erklärung« haben im Februar 2021 mehrere Unterzeichner den damaligen niedersächsischen Innenminister Boris Pistorius kritisiert. Dieser hatte geäußert, er beobachte eine Radikalisierung in der linksextremen Szene schon länger und wolle ein Verbot gewaltbereiter Gruppierungen der Antifa prüfen. Mit dieser Maßnahme reagierte der Minister wiederum auf einen Brandanschlag auf die niedersächsische Landesaufnahmebehörde, bei dem Anfang Januar ein Dutzend Autos zerstört wurden. Ein Bekennerschreiben deutete auf Täter aus dem linksextremen Milieu.

Zu den Unterzeichnern der Erklärung gehörten auch die ASten der Universitäten Göttingen, Hannover, Oldenburg, Osnabrück und der HAWK (Hochschule für angewandte Wissenschaft und Kunst Hildesheim/Holzminden/Göttingen). In der Erklärung solidarisierten sich die »neutralen« Studentenvertretungen nicht nur mit der Antifa. Sie stellen auch die unbegreifliche wie

ungeheuerliche rhetorische Frage an Pistorius, ob man nach dieser Lesart die KZ-Überlebenden nicht auch als Linksextremisten bezeichnen müsste. Die Gleichsetzung von Überlebenden der Konzentrationslager mit heutigen linksextremen Gewalttätern ist mehr als nur geschmacklos, zeugt von gefährlicher Geschichtsrelativierung und enttarnt die Gesinnung der angeblichen »Antifaschisten«. Das ist kein Vorgehen gegen einen erstarkenden Extremismus in unserem Land. Vielmehr scheint es, als wollten die AStA-Vertreter von ihren eigenen Machenschaften ablenken – um die eigene Haut zu retten. Bodenlos und ohne jede Scheu.
Auch im westlichsten Bundesland Deutschlands stellt sich die Mehrheit des StuPa der Universität des Saarlandes demonstrativ gegen den Auftritt von Sicherheitsbehörden. In einem beschlossenen Antrag heißt es: »Das Stupa fordert den AStA auf, sich bei zukünftigen Veranstaltungen von Verfassungsschutzbeamten an der Universität des Saarlandes zu distanzieren und eine kritische Gegenöffentlichkeit zu schaffen.« In einer Sitzung Mitte April 2018 gingen Mitglieder des StuPa noch einen ganzen Schritt weiter. Die Fraktion »Linke Liste« beantragte:
Bücher mit »rechten und rechtsextremen Tendenzen« in der Saarländischen Universitäts- und Landesbibliothek sollten nur noch unter Verschluss zugänglich sein dürfen. Der Zugang sollte verpflichtend nur mit einem von einem Professor ausgestellten Dokument erfolgen. Das Formular sollte bestätigen, dass das jeweilige Buch aus wissenschaftlichen oder Forschungs-Gründen gelesen werde. Als Beispiel wurden Autoren wie Thilo Sarrazin aufgeführt; eine vollständige Liste, welche Bücher konkret unter Verschluss kommen sollten und mit welcher Begründung, lag nicht vor. Auch wer darüber entscheiden sollte, welche Bücher auf die »Schwarze Liste« kämen, wurde nicht vorgeschlagen. Wahrscheinlich hätten es die linken StuPa-Mitglieder gerne selbst – auch dieses Buch käme dann sicher unter Verschluss.
Ohne den Verschluss einzelner Werke also konkret zu rechtfertigen, sah der Antrag eine politische Zensur von Schriften, Bü-

chern und Autoren vor, die aus ideologischen Motiven heraus pauschal vollzogen werden sollte. Noch dazu für eine Bibliothek, deren Zweck das Forschen ist. Solche Forderungen beschränken nicht nur die Meinungs- und Forschungsfreiheit an Universitäten, sondern zur individuellen Freiheit gehört auch, dass Bücher aus Interesse, zur Informationsgewinnung und Allgemeinbildung gelesen werden können.

Mutmaßlich hätte dieser Antrag zu einem Überprüfungssystem geführt; wer Zugang zu »rechten« Büchern (welche auch immer das sein mögen) verlangt, würde sich trotz Datenschutz sicher herumsprechen. In der Geschichte dienten politische Zensur und Überwachung schon immer nicht dem Guten. Schon gar nicht machten sie eine Gesellschaft liberaler und demokratischer. Das Gegenteil war der Fall, meist endete dieses Vorgehen in einer Diktatur. Ein Blick in die deutsche Geschichte des 20. Jahrhunderts beweist das. Nicht nur Zensur, auch Cancelling und No-Platforming begrenzen Meinungsvielfalt und Diversität und machen Menschen mundtot.

Ein Student sprach in der StuPa-Debatte gegen den Antrag. Erwartungsgemäß wurde er als »Nazi« diffamiert. Nach einer ausführlichen Diskussion, wie dem Protokoll der Sitzung zu entnehmen ist, flossen noch ein paar Änderungen ein. Mit 13 Ja-Stimmen, vier Gegenstimmen und drei Enthaltungen wurde er angenommen. Im Wortlaut kann man ihn auch auf der Homepage des StuPa einsehen: »Anfrage bezüglich universitärer Gelder für die freie Verfügbarkeit von rechtsradikalen, rechtspopulistischen und verschwörungstheoretischen Werken in der Saarländischen Universitäts- und Landesbibliothek: [...] Weiterhin fordert das Stupa eine Stellungnahme der SULB, weshalb die angegebenen Werke offen verfügbar sind, obwohl sie auch im Libri seperati [separater, nicht frei zugänglicher Buchbestand] angeboten werden können.«

Nicht nur Bücher sollen unter Verschluss gehalten werden, auch ein Schachspiel-Verbot wurde bereits diskutiert! Das forderten

Studenten in Schleswig-Holstein: Satire oder bitterer Ernst? Vermutlich aus Indien stammend, war das Brettspiel seit dem 6. Jahrhundert in Persien weit verbreitet, bis es erst sehr viel später auch in Europa gespielt wurde. Um die Spielfiguren auseinanderzuhalten, hatte man sie aus unterschiedlichem Material hergestellt. Heute sind sie gemeinhin weiß und schwarz, ebenso wie das Schachfeld selbst. Mit den beiden »unbunten Farben« scheinen ein paar Studenten offensichtlich aber ein großes Problem zu haben. Da die Regeln besagen, dass der Farbe »Weiß« der erste Zug vorbehalten ist, sehen sie darin die Unterdrückung schwarzer Menschen. Daher die Forderung nach einem Schach-Verbot.

Das Brettspiel soll aber nicht nur vermeintlich rassistisch sein, ihm wird auch ein Sexismusproblem vorgeworfen. Denn Sieger ist derjenige Spieler, der den »König« der Gegenseite, also so gesehen die wichtigste Spielfigur, Schachmatt setzt. Tatsächlich konnte ich bei der Recherche nicht herausfinden, ob das Schach-Verbot Satire war oder ernst gemeint. Nach sieben Jahren »Feldforschung« würde mich aber nichts mehr wundern; so sehr verschwimmen auf dem Campus die Grenzen zwischen Satire und Wirklichkeit. Ich selbst spiele gerne Schach. Viel passender finde ich die Interpretation der Spielfigur »Dame« getreu dem Motto: »Selbst ist die Frau« – keine andere Schachfigur hat so viele Kompetenzen und so viel Einfluss auf das Spiel wie die Dame!

Von der Dame zu den Hausbesetzern in Göttingen. Die Gebäude in der Roten Straße wurden in den 1970er-Jahren von Leuten aus der militanten Hausbesetzerszene besetzt, eigentlich sollten die Gebäude abgerissen werden, um studentischem Wohnungsbau Platz zu machen. Jahre später wurden die besetzten Häuser dem Studentenwerk übertragen und die Bewohnbarkeit dadurch legalisiert: Die Hausbesetzer suchen selbst aus, wen sie dort wohnen lassen, und setzen ihre eigenen Mietverträge auf. Sowohl Langzeitstudenten als auch Personen, die gar nicht mehr studieren, wohnen dort. Natürlich mit dem richtigen politischen Hintergrund. Nach eigenen Aussagen der Linksextremisten handelt es sich um ein politisches Wohnprojekt: »In den Häusern wohnen nun seit mehreren Jahrzehnten knapp 60 Menschen kollektiv und solidarisch, engagieren sich politisch, sozial und kulturell in Göttingen und darüber hinaus.«

Auf der Homepage ist eine Bildergalerie zu finden. Vermummte und maskierte Linksautonome halten Banner mit roter Aufschrift in die Luft und beleuchten sie mit roter Pyrotechnik. »Autonome Strukturen verteidigen! Rote Straße bleibt«, steht darauf; auf die Hauswand ist der Spruch »Häuser für alle« gesprüht. Auf allen Bildern sind verpixelte oder vermummte Gesichter zu sehen.

Ein Foto mit der Unterschrift »Mobfoto Göttingen« ist beängstigend und zeigt die Entschlossenheit und die Radikalität der Szene. Rund 25 Personen, schwarz gekleidet, stehen vor einem Gebäude in der Roten Straße. Ein paar schauen aus den Fenstern, die meisten stehen aber auf der Straße davor. Alle sind maskiert oder nachträglich verpixelt worden. Roter Böllerrauch steigt auf und lässt das Bild noch düsterer aussehen, als es ohnehin schon ist. Eine große Antifa-Flagge wird in die Luft gehalten. Mindestens eine Person hat einen Holzknüppel in der Hand, ein anderer hält einen Eisenschürhaken in die Luft, und eine dritte Person schwingt einen Zimmermannshammer über sich. Beim Schreiben bekomme ich in diesem Moment ein flaues Gefühl – es sind Studenten, die dort zu sehen sind.

Die Liste ließe sich fast endlos fortführen. Von studentischen Selbstbefriedigungskursen für Frauen in Höhe eines Unkostenbeitrags von 250 Euro an der Universität Bielefeld über Solidarisierungsbekundungen mit illegalen Hausbesetzungen durch StuRa-Vorstände und ASten bis hin zu Seminarangeboten der studentischen Selbstverwaltung, die sich mit der Frage beschäftigen, ob gewalttätiger Protest legitimiert werden kann, ist alles mit dabei.

Der Bund des Lebens

Göttingen: Ende August 2023 ist ein Student krankenhausreif geprügelt worden. Nachdem maskierte Männer den 24-Jährigen angegriffen hatten, sprühten sie dem am Boden Liegenden Pfefferspray ins Gesicht. Der Staatsschutz ermittelt wegen einer politisch motivierten Straftat. Sieben Jahre vorher attackierten ebenfalls in Göttingen Vermummte einen Studenten und verletzten den Mann durch Schläge und Tritte – auch im Gesicht. Der 29-Jährige wurde in ein Krankenhaus eingeliefert. Als seine Begleitung dazwischenging, wurde auch sie durch Tritte am Bein verletzt. Die Polizei ging von einem politischen Hintergrund der Tat aus.

Ein 21-jähriger Student wurde in einer Juninacht 2022 in Marburg von zwei Unbekannten mit Eisenstangen verprügelt und schwer verletzt. Das Opfer wurde mit Armbrüchen und anderen schweren Verletzungen in einem Krankenhaus behandelt. Zwei Jahre zuvor war ein Student in Würzburg verprügelt und beraubt worden. Dasselbe in Jena und in Hamburg. Immer wieder ermittelte die Polizei aus politischen Gründen. Diese und viele weitere Fälle eint, dass die Opfer der Attacken Verbindungsstudenten waren. Mutmaßlich sind die Täter aus der linken Antifa-Szene.

Neben körperlicher Gewalt gegen korporierte Studenten kommt es regelmäßig zu Sachbeschädigungen und Drohungen. Meist werden Fassaden der Verbindungshäuser mit Farbbeuteln und Sprühdosen verunstaltet, große Steine in die Fenster geworfen oder gezielt Autos angezündet und Mülltonnen verbrannt. Beleidigungen und Körperverletzungen füllen die polizeilichen Ermittlungsakten in Universitätsstädten in guter Regelmäßigkeit. Auf einer linksextremistischen Seite werden unter der Rubrik »Outings« Mitglieder von Verbindungen mit Steckbrief genannt und Berichte zu den Personen veröffentlicht. Immer wieder werden diese Steckbriefe auch an den Hochschulen verteilt. Mir sind mehrere Studenten bekannt, die fotografiert wurden

und ihre Bilder mit Wohnanschrift und Studiengang auf Internetseiten gefunden haben.
Schaut man gerne Vorabendkrimiserien im öffentlich-rechtlichen Fernsehen wie ich, begegnen dort einem ab und an »Kriminalfälle«, in denen die Täter »rechte« Verbindungsstudenten sind. In solchen meist tendenziösen Fernsehproduktionen werden Stereotype und brachiale Vorurteile mit höchster Reichweite kolportiert. Mir fällt kein Beispiel der letzten zehn Jahre ein, in das etwa historische Wurzeln und Werte oder unterschiedliche Traditionslinien der Verbindungen dramaturgisch eingeflossen wären oder im Plot eine differenzierte Rolle gespielt hätten. Und das, obwohl wir in der heutigen Zeit doch immer aufgeschlossen gegenüber Vielfalt und Diversität sein sollen und bloß keine Intoleranz an den Tag legen dürfen. Wo diese Vorbehalte und Unterstellungen herkommen, die in den öffentlich-rechtlichen Serien bedient werden? Na, vom Campus!
An vielen Hochschulen gibt es »Alternative Vorlesungsprogramme« oder »Alternative Einführungstage«. Diese Programme werden durch die Studentenvertretungen veranstaltet, alternativ sollen die Veranstaltungen deshalb sein, weil sie »kritisch« und »systemkritisch« sind.
Mit dem Titel »danke für nichts« bot das »Alternative Vorlesungsverzeichnis« des AStA Hannover im Sommersemester 2018 ein kompaktes, linkes Programm an. Die Vertreter begründen ihr Angebot mit den Worten: »Kohle ist eh nie genug da. Also wird rationalisiert, gespart und gekürzt, was das Zeug hält. Dem fallen dann oft Lehrinhalte und Fachbereiche zum Opfer, die nicht mehr ‚zeitgemäß' sind, nicht der aktuellen Ausrichtung des Studiengangs oder des Institutes entsprechen, oder eben nicht genug Kohle ranschaffen. Aus diesem Grund schließen sich vielerorts Studierende zusammen, um ihre Lehre selbst und nach ihren Vorstellungen zu gestalten.« Die (politischen) Vorstellungen jedenfalls sind offenkundig. Neben dem Dauerbrenner von Karl Marx »Das Kapital« wird auch die »postmoderne Meta-

morphose des Patriarchats« behandelt. Von mir aus kann jeder das tun, lesen und lernen, was er für richtig hält und wonach ihm ist. Ich habe aber dann ein Problem mit diesen ganzen »Alternativen«, wenn zum einen studentische Gelder für ein politisch unausgewogenes und eindimensionales Programm verprasst werden. Und wenn zum anderen eine ganze Studentengruppe verunglimpft wird.

Denn 2017 wird bei den »Alternativen Einführungstagen« in Hannover die »Fuxjagd« ausgerufen. »Fux« ist ein Begriff aus der Verbindungstradition, er bezeichnet ein noch nicht vollwertiges Mitglied. In der Beschreibung zur »Fuxjagd« heißt es: »Sind Burschenschaften und Verbindungen vielleicht doch nicht so cool, wie sie sich gerne geben? Schaut man ein wenig genauer auf den ‚Kumpelhaufen', merkt man schnell, woher dieses Unbehagen kommt: Verstrickungen in die rechte Szene, Ausgrenzung von Frauen oder ein nationalistischer Bezug auf ihr sogenanntes Vaterland. [...] Auf unserem Rundgang wollen wir euch sowohl inhaltlich als auch anschaulich zeigen, was Burschenschaften/Verbindungen überhaupt sind und welche in Hannover aktiv sind. Zu diesem Zweck wollen wir mit euch ausgewählte Verbindungsstandorte besuchen und euch die nötige Kritik an reaktionären Männerbünden näherbringen.«

Gleiches auch in Marburg, wo zu Semesterbeginn an der Universität mit Flyern, Stickern und Plakaten öffentlichkeitswirksam vor Verbindungen gewarnt wird. Auch einzelne Professoren äußern sich in ihren Seminaren und Vorlesungen negativ zu Studentenverbindungen. Wenn bekannt ist, dass ein Student in einer Verbindung aktiv ist, wird er von den Fachschaften nicht als Ersti-Tutor für die Einführungswoche zugelassen. Wie in Marburg ist das auch in Münster geschehen. Während viele Fachschaften händeringend nach freiwilligen Studenten suchten, die Erstis in den Uni-Alltag einführen, wurde Michael als ehrenamtlicher Betreuer abgelehnt. Grund: Er ist Mitglied einer katholischen Studentenverbindung. Ihm wurde von der linken Fachschaft unterstellt, er könnte für seine Verbindung werben. Würde dieses Argument aber nicht auch auf jedes Mitglied einer Hochschulgruppe oder Organisation zutreffen?

An der Universität Regensburg wurde im Januar 2017 im studentischen Konvent von einer linken Mehrheit ein Antrag beschlossen, mit dem Studentenverbindungen systematisch aus dem Campusleben verbannt werden sollten. Jegliche Präsenz auf dem Campus wurde ihnen untersagt. Stattdessen sollte »die Studierendenschaft z. B. mit Vorträgen oder Informationsbroschüren über das Thema aufgeklärt« werden. Eine tatsächliche Auseinandersetzung oder gar Kontaktaufnahme, um sich über die aktuelle Situation in Studentenverbindungen zu informieren, hatte nicht stattgefunden.

Die Antragsbegründung war gefüllt mit Generalisierungen und Pauschalisierungen, die sich letztlich auf eine Reihe alter und längst widerlegter Klischees reduzieren ließen. Beispielsweise wurde den männlichen Verbindungsmitgliedern Sexismus vorgeworfen, wenn sie Frauen die Tür aufhalten, weil man Frauen damit pauschal als hilflose Wesen stigmatisiere (und die Frauenquote tut das nicht?). Während der Antragsdebatte versuchte man verstärkt, die anwesenden Verbindungsmitglieder daran zu hindern, das Wort zu ergreifen, um sich gegen die Unterstellungen zu verteidigen. Gesprächsangebote zum Kennenlernen der Verbindungen und ihrer Mitglieder wurden bis heute ignoriert.

Im Jahr 2018 sind Verbindungsstudenten in Hannover der StuRa-Sitzung verwiesen worden, obwohl sie immatrikuliert waren und damit ein Recht dazu hatten, der Gremiensitzung beizuwohnen. Ihre Kleidung, die sie als Verbindungsstudenten »enttarnte«, durfte im StuRa nicht getragen werden. Man berief sich dazu auf einen Beschluss: »Verbindungsstudentisch erkennbare Zeichen dürfen nicht getragen werden.« Rechtlich ist dieser Beschluss zwar unzulässig. Letztlich macht der StuRa aber von seinem Hausrecht Gebrauch und verwies die beiden Studenten der Sitzung. Auch das war eigentlich nicht rechtens, denn jeder im-

matrikulierte Student muss der hochschulöffentlichen Sitzung beiwohnen können. So viel zum Thema Vielfalt und Toleranz.
Was Vielfalt und Toleranz tatsächlich bedeuten, hat auch der Bundesverband von Campus Grün nicht verstanden. Er schreibt in seinem Grundsatzprogramm unter dem Titel »Unser Ideal einer Hochschule und Gesellschaft ohne Diskriminierung« Folgendes: »In der Hochschule, der hochschulpolitischen Organisierung und der gesamten Gesellschaft darf kein Platz für Faschist*innen, Rassist*innen und Antisemit*innen sein. [...] Studentenverbindungen und insbesondere Burschenschaften dürfen kein Platz an Universitäten haben und so weder in die Matrikel aufgenommen noch als Hochschulgruppen anerkannt werden.« Das ist paradox, ich lese nämlich aus diesen zwei Sätzen pure Diskriminierung einer studentischen Gruppe aufgrund von einer Mitgliedschaft heraus, mit denen Campus Grün sich wahrscheinlich noch nie wirklich auseinandergesetzt hat.
Was ist nun dran an den Vorwürfen und Verunglimpfungen von Studentenverbindungen?
Sie sind das Feindbild der politisch Linken. Mit ihrer Tradition und ihren Werten mögen sie nicht dem Geschmack des »modernen« Lifestyle-Linken und Mate-Trinkers entsprechen. Das mag einem zuwider sein. Nur rechtfertigt es nicht Gewalt, Ausschluss und Diffamierung. Damit das klar ist: Es gibt sehr wohl Fälle, in denen eine auffällige Nähe von Studentenverbindungen oder einzelnen Mitgliedern zu rechtsextremen Gruppen besteht. Eine solche Nähe umfasst nur eine absolute Minderheit und rechtfertigt nicht Übergriffe auf Mitglieder von Studentenverbindungen, bzw. alle unter Generalverdacht zu stellen und von demokratischen Strukturen auszuschließen. Lassen Sie mich dazu einen treffenden Vergleich ziehen: Würden Sie auf die Idee kommen, wegen rechtsextremen Hooligans alle Fußballfans in Mithaftung zu nehmen?
In Verbindungen sind die politischen Ausrichtungen breit gefächert. Ich kenne Mitglieder aller Parteien – auch der Linken und

der Grünen –, die Verbindungsstudenten sind. Beleidigungen und Körperverletzungen durch »Verbindungsgegner« müssen selbst ausländische Studenten erdulden: Denn auch sie sind Mitglieder von Verbindungen. Es gibt sowohl reine Frauenbünde als auch gemischte Verbindungen. Es ist das gute Recht eines Vereins, seine Aufnahmekriterien nach bestimmten Regeln aufzustellen. Wer nicht zum »Kumpelhaufen« gehen möchte, kann sich auch einen reinen »Frauenhaufen« anschauen.

Auf Verbindungshäusern sind die meisten ohnehin unpolitisch. Vor allem würden sie sich gerne dem universitären Kulturkampf entziehen, in den sie unfreiwillig geraten sind. Sie mögen Traditionen, feiern gemeinsam und unterhalten sich über das Studium. Helfen einander und geben sich gegenseitig das Versprechen, ein »Bund fürs Leben« zu sein. Das mag antiquiert klingen und nicht jedermanns Sache sein. Aber eine pauschale Vorverurteilung oder gar Gewalt rechtfertigt das nicht.

Vielfalt und Toleranz hört nicht bei den politisch Wohlgesonnenen auf. Eine Gesellschaft muss es schaffen, gegenseitige Unterschiede zu akzeptieren. Die Antifa werde ich nicht mehr ändern. Tradition als Feindbild und Ideologie als Richtwert der Linken mögen erklären, wieso sie gegen Verbindungsstudenten unheilvoll vorgehen. Das Bedienen von Klischees in den deutschen TV-Serien erklärt es aber nicht.

Ein Rundumschlag

Abrunden möchte ich die unvollständige und schlaglichtartige Fallsammlung mit einem Vorfall in Köln. Er schaffte es sogar mit dem Titel »So bringt Political Correctness Debatten an Universitäten zum Schweigen« in die Zeitung. Allerdings erschien der Artikel dazu ein Dreivierteljahr nach dem Vorfall. Denn bereits im Wintersemester 2018/2019 wurde an der Universität zu Köln ein Seminar angeboten, das sich mit »Rassismus-Kritik« auseinandersetzte. Auch der Student Lukas besuchte die Veranstaltung.

Inhalt des Seminars war unter anderem die Kölner Silvesternacht im Jahr 2015. Damals wurden im Bereich des Kölner Hauptbahnhofs und des Kölner Doms durch Gruppen junger Männer, vornehmlich aus dem nordafrikanischen und arabischen Raum, Übergriffe überwiegend auf Frauen verübt. Von den rund 1200 Anzeigen, die der Staatsanwaltschaft Köln bis Juni 2016 vorlagen, waren knapp 500 davon wegen sexueller Übergriffe, die 648 Opfer betrafen. Außerdem lagen fünf Anzeigen wegen vollendeter und 16 wegen versuchter Vergewaltigung vor.

Sowohl die Dozentin als auch die meisten Studenten waren einhelliger Meinung: Die Herkunft der Täter sei irrelevant. Harmoniert hat die Mehrheit im Seminar auch über die Frage, dass man alle »kulturrassistischen« Ansichten bekämpfen müsse, etwa die vom damaligen Bundesinnenminister. Äußerungen eines Horst Seehofer, Muslime gehörten zwar zu Deutschland, nicht aber der Islam, müssten auf das Strengste verurteilt werden. Einzig Lukas stimmte dem nicht zu. Der Student hinterfragte den Begriff »Kulturrassismus«, verteidigte Seehofers These argumentativ und vertrat die Ansicht, die Herkunft der Silvester-Täter »aus einer Macho-Kultur« spiele durchaus eine Rolle.

Daraufhin begann das Mobbing: Kommilitonen forderten ihn auf, zu schweigen. Tat er es nicht, wurde er unterbrochen und beschimpft. Die Dozentin riet ihm, das Seminar zu verlassen und versuchte, ihm künftig jede Aussage zu verbieten, die sie für »kulturrassistisch« hielt. Im weiteren Seminarverlauf sollte es Regeln mit Sprechvorgaben geben, die definieren, was geäußert werden darf und was nicht. Kommilitonen drohten damit, das Seminar zu verlassen, wenn er weiterspreche.

Bei einer Sprechstunde zwischen der Dozentin und Lukas wurde ihm mitgeteilt, dass Universitäten kein Ort der Meinungsäußerung seien und dass das Rektorat dies genauso sehe. Dazu sollten Sie wissen: Würde das Rektorat das wirklich so sehen, wäre es allerdings rechtswidrig. Die Dozentin kündigte Lukas an, er werde keine Plattform mehr geboten bekommen und er sei nur willkommen, wenn er sich an die Sprechvorgaben halte. Ihm wurde unterstellt, nach wissenschaftlichen Analysen seien seine Äußerungen »rechtspopulistisch«. Was für wissenschaftlichen Analysen das wären, konnte nicht genannt werden.

Der Student wehrte sich. Er forderte die Dozentin schriftlich dazu auf, die rechtswidrigen Drohungen zurückzunehmen und empfahl ihr, keine Sprechvorgaben zu machen. Dies verstoße ebenfalls gegen Gesetze. Er schrieb: »Was Sie oder andere für rechtspopulistisch halten und was nicht, spielt keine Rolle. Bitte beschränken Sie sich bei der Bewertung meiner Aussagen auf die Kategorien rechtmäßig und rechtswidrig bzw. wissenschaftlich und unwissenschaftlich. Alle anderen Kategorien haben an einer Universität nichts verloren, sondern allenfalls im Feuilleton.« Die sechsseitige Stellungnahme mit seiner Position ist bis heute im Internet zu finden. Zum Schluss schrieb Lukas auf den Vorwurf, er könne keine Gegenargumente aushalten: »Ich unterbreche niemanden, wenn er spricht. Ich drohe nicht damit, das Seminar zu verlassen, wenn andere abweichende Meinungen vertreten. Ich teile keine Listen mit Sprechverboten aus. Ich lege auch niemandem nahe, das Seminar zu verlassen.«

Als ich die Stellungnahme das erste Mal gesehen hatte, dachte ich mir: »Hut ab!« So viel Durchhaltevermögen muss man erst einmal aufbringen, noch dazu in einem Umfeld, das haltlose Vorwürfe nicht verbirgt und willkürliche Regeln aufzustellen versucht. Die Teilnehmer des Seminars samt Dozentin waren nicht in der Lage, eine andere Meinung auszuhalten. Lukas ging es nicht darum, dass seine Argumente von den Kommilitonen gutgeheißen werden. Er wollte sie nur vortragen, was ihm immer wieder verwehrt wurde.

Es war angesichts der Vergewaltigungen und sexuellen Belästigungen aber eine Position, die man gerade in einer universitären Veranstaltung äußern und diskutieren können muss. Das Beispiel verdeutlicht, dass unsympathische Ansichten nicht mehr argumentativ widerlegt, sondern zu unterdrücken versucht werden.

Mit Drohungen, Shitstorms, Blockaden und manchmal auch psychischer Gewalt. Vielleicht auch physischer Gewalt?

Reaktionen

Am 7. April 2021 erschien der Artikel mit dem Titel »Vorsicht, Cancel Culture!« in der *FAZ*, mit der ich, wie erwähnt, dazu telefoniert hatte. Dass wir mit dem Thema noch am Anfang waren, ließ uns ein abschätziger Kommentar auf X/Twitter spüren. Der User schrieb: »Genauso unüberzeugend wie die Fallsammlung so unüberzeugt schien auch der Autor des Artikels selbst davon zu sein.« Ich nahm es als Ansporn, immerhin hatten wir es auf die dritte Seite geschafft. Und dann auch noch mit einem Thema, das das Potenzial hatte, größer zu werden. Schließlich war genau das unser Ziel: eine breite Aufmerksamkeit zu schaffen.

Auf diesen Artikel hin bekamen wir sogar Fanpost. Menschen bedankten sich dafür, dass wir als RCDS dieses Thema angehen. Einige sandten uns obendrein Briefe, in denen Fälle geschildert wurden, die nichts mit der Universität zu tun hatten. Erwartbar waren aber auch die Reaktionen der linken Identitätspolitiker. Ein junger Mann namens »Victor.« postete einen Screenshot meiner privaten Instagram-Story zu einer Cancel-Culture-Dialogveranstaltung auf X/Twitter und schrieb dazu: »Ich kann gar nicht ausdrücken, wie erbärmlich ich das alles finde.« Was an einer Diskussionsreihe zu einem aktuellen Thema »erbärmlich« sein soll, erschloss sich mir auch nach mehrmaligem Lesen nicht. Erst kürzlich hatte sich in der deutschen Presselandschaft ein tatsächlich erbärmlicher Fall zugetragen. Der »Tagesschau«-Sprecher Constantin Schreiber hatte für eine Zeitung im Libanon gearbeitet, für einen TV-Sender in Ägypten, für den Nachrichtensender n-tv. Für die Sendung »Marhaba – Ankommen in Deutschland« erhielt er 2016 den Grimme-Preis. Er hat verschiedene Bücher veröffentlicht und sich intensiv mit dem Islam befasst. Man kann ihn guten Gewissens also unter »Islamkenner«

verbuchen. Im Laufe der Zeit wurden die Anfeindungen und Unterstellungen gegen ihn immer extremer, er wurde als Islamfeind und als rechtsextrem verleumdet. Die Stimmung schien sich Ende August 2023 zu entladen. Gemeinsam mit der Buchhandlung »Thalia« organisierte die Universität Jena im Rahmen einer Veranstaltungsreihe eine Lesung von Schreibers neuem Buch »Glück im Unglück«, in dem es um aktuelle Krisen und individuelle Krisenbewältigung geht.

Im Vorfeld waren Flyer verteilt worden, die dem Autor Hetze gegen Flüchtlinge und Rassismus unterstellten. Auf Flugblättern wurde auf den NS-Propagandafilm »Jud Süß« angespielt. Während der Lesung im Hörsaal wurde der Tagesschau-Sprecher mit einer Torte beworfen. Die Gruppe namens »Undogmatisch Radikale Linke« hatte sich im Nachhinein zu der Tat bekannt.

In den sozialen Netzwerken postete sie ein Video, das den Zwischenfall zeigt: Zwei Personen stürmen nach vorne, »Keine Bühne für Rassismus«, rufen sie. Daraufhin wird ein Banner enthüllt, ehe eine dritte Person auf die Bühne stürmt und Schreiber die Torte ins Gesicht drückt. Ein Abwehrversuch des Journalisten scheitert. Auf das Diskussionsangebot von Constantin Schreiber gingen die Demonstranten nicht ein, stattdessen verließen sie den Hörsaal. Die Lesung wurde nach einer kurzen Torten-Reinigungsaktion fortgesetzt. Frust, Unbehagen und ein Stich in das Herz der freien Meinungsäußerung aber bleiben.

Nachdem die Universität Jena ein stümperhaftes Krisenmanagement verfolgte, indem sie ein Rechtfertigungsschreiben zu diesem Vorfall veröffentlichte und Schreiber eine Einladung zukommen ließ, mit »Vertreter*innen der Universität über Angriffe auf Journalisten und Diskussionskultur zu sprechen«, nahm Schreiber die Einladung zwar an. Viel trauriger aber ist seine Haltung für die Zukunft: »Ich werde mich zu allem, was mit dem Islam auch nur im Entferntesten zu tun hat, nicht mehr äußern. Ich werde keine Bücher dazu schreiben, ich lehne Talkshow-Anfragen ab, ich mache das nicht mehr. [...] Ob das ein Gewinn ist für die Meinungsfreiheit und für den Journalismus, ist eine andere Frage.« Neben dem Vorfall in Jena waren nach Schilderungen von Constantin Schreiber in einem Interview mit der *Zeit* zwei weitere Begebenheiten ausschlaggebend, die zu seinem Schweigen führten. Ein Taxifahrer sagte ihm beim Aussteigen: »Jetzt weiß ich, wo du wohnst!« Die Ankündigung des Rückzugs aus der Islamdebatte ist unter diesen Voraussetzungen nachvollziehbar und obendrein ein schlechtes Zeichen für die deutsche Demokratie und die Freiheitsrechte. So weit ist es schon gekommen, dass sich Menschen, die sich mit unbequemen Wahrheiten auseinandersetzen, aus Angst vor Repressalien selbst zum Schweigen bringen.

Identitätspolitik, Cancel Culture und Political Correctness haben erst einmal nichts mit Parteipolitik zu tun. Es sind viel mehr undemokratische Instrumentarien, um Positionen gegenüber anderen zu erhöhen. In allen Parteien und aus allen politischen Richtungen gibt es Kritik. Meine Erfahrungen mit den deutschen Hochschulen zeigen: Eine woke Minderheit macht sich diese undemokratischen Instrumentarien zu eigen. Diese Minderheit vertritt überwiegend eine politisch linke Meinung. Das muss nicht automatisch bedeuten, dass links sein direkt »woke« ist. Sicher ist aber: Wer diese Werkzeuge kritisiert, wird gemobbt, ausgegrenzt und verunglimpft. Zuweilen bestimmen diese Praktiken nicht mehr nur das Zusammenleben auf dem Campus.

Sie stellen eine Gefahr für die demokratische Gesellschaft dar – mittlerweile sind sie auch in die Medienhäuser gewandert, wie der Fall Constantin Schreiber auf unglaubliche Weise zeigt. Aber auch die Volksparteien scheinen sich dem zu beugen.

7 – Die Frau des 21. Jahrhunderts

Die CDU und die Frauenquote – ein leidiges Thema, das ich vor allem aus meiner studentischen Perspektive miterlebt habe.

Die Einführung der Frauenquote auf dem Bundesparteitag der CDU in Hannover 2022 hatte einen langen und strittigen Weg hinter sich. »Ein Drittel der Macht für Frauen, jetzt bitte mal wirklich«, das Zitat habe ich in einem Artikel der *Zeit* aus dem Jahr 2019 gefunden. Zum Leipziger Parteitag hatte die Frauen Union (FU) für den Samstag einen Antrag eingebracht, »aus dem einem die Ungeduld schon auf den ersten Zeilen entgegenspringt«, heißt es weiter. Damals einigte man sich aber nicht auf eine Quote, sondern beschloss die Einsetzung einer paritätisch besetzten Kommission. Innerhalb eines Jahres sollte diese praktische Vorschläge machen, auf welche Weise mehr Frauen in die Vorstände kämen.

Wie lange der Weg zu einer »Einigung« dauern und wie sehr diese Debatte zur Zerreißprobe der CDU werden würde, ahnten damals nur wenige. Die Befriedung der Partei nach der Ära Merkel, das wussten alle drei nachfolgenden Vorsitzenden, war mitunter von der zentralen Lösung des Frauenquoten-Problems abhängig. Eine Aufgabe, die Verlierer und Gewinner hervorrufen würde. Denn eine Zwischenlösung in Form eines Quorums gab es bereits seit mehreren Jahrzehnten. Nun hieß es also: Quote, ja oder nein?!

Konformitätsdruck in der öffentlichen Debatte

Die alte Regelung besagte, dass Vorstandsposten bei Gruppenwahlen zu einem Drittel mit Frauen besetzt werden müssen.

Diese Regelung konnte im dritten Wahlgang umgangen werden, sofern sich keine Frauen zur Wahl stellten. Damit blieben die »Frauen-Plätze« nicht unbesetzt, und andere engagierte Mitglieder hatten die Gelegenheit, im Vorstand mitzuarbeiten. Die »Quoten-Befürworter« argumentierten, dass diese Regelung viel zu einfach ausgehebelt werden könne und Männer die Frauen dadurch ausbooten würden.
Womit wir schon beim ersten Problem wären. Denn nichts liegt mir ferner als eine Argumentation, die Männer gegen Frauen oder andersherum Frauen gegen Männer ausspielt. Es mag sein, dass ich durch meine Erfahrungen und die Debatten auf dem Campus dahingehend etwas feinfühliger bin als andere. Es stört mich aber, dass in meiner Partei zwischen Geschlechtern unterschieden werden muss und es überhaupt notwendig erscheint, dass eine Gruppe gegen die andere in Stellung gebracht wird. Es gibt sicher immer mal Fälle, dass sich einzelne Männer gegenüber Frauen schlecht verhalten oder sie (aufgrund ihres Geschlechts) gar blockieren wollen. Diesem Problem kommt man aber nicht mit einfacher Pauschalisierung bei.
Bei meinen Kampfkandidaturen waren es oft die Frauen, die mich verhindern wollten, Männer haben mich wiederum unterstützt. Doch auch hier liegt mir fern, zu behaupten, dass Männer die Guten und Frauen die Schlechten wären. Es hängt – wie so oft – von dem Menschen selbst, gegenseitiger Sympathie und politischer Taktik ab. Und nicht genuin vom Geschlecht.
Wieso die Quorums-Regel eigentlich so oft im dritten Wahlgang ausgehebelt wurde, war in der Regel der Tatsache geschuldet, dass sich schlicht weniger Frauen zur Wahl stellen und gestellt haben als Männer. Unter anderem hat das einen natürlichen Grund: Weibliche CDU-Mitglieder hat die Partei zu ungefähr 30 Prozent. Gerade auf dem Land und in kleineren Landesverbänden wie Thüringen ist es ein wirkliches Problem, Frauen für einen Posten im Vorstand zu gewinnen. Meist wird dort händeringend nach ihnen gesucht – auch ohne verpflichtendes Quorum oder Quote!

In allen anderen Parteien inklusive der Grünen und der Linken engagieren sich weniger Frauen als Männer. Daher pauschal zu unterstellen, Frauen würden ausgebootet und deshalb müsse man das bestehende Quorum in eine feste Quote umwandeln, ist in meinen Augen ein schwaches, wenn nicht gar falsches Argument. Ich lasse also weder das vermeintlich nicht funktionierende Quorum gelten noch das Argument des »bösen« Mannes. Solche Generalisierungen sind mir ein Dorn im Auge, und ich fühle mich in eine StuRa-Sitzung mit Schwarz-Weiß-Debatten über »campus mackerfrei« zurückgeworfen.
Zwar würde in der CDU niemand mit dem Begriff »Patriarchat« agitieren und ernsthaft anderen Mitgliedern unterstellen, sie würden »patriarchale Strukturen« fördern. Dennoch hatte ich in dieser deutschlandweiten und zähen Quoten-Debatte das Gefühl, dass zunehmend auch moralische Argumente à la Identitätspolitik eine Rolle spielen und verfangen. Warum?
Der Konformitätsdruck in der öffentlichen Debatte ist bei diesem Thema stark ausgeprägt. Mit dem Zeitgeist kann man heutzutage nur gehen, wenn man »diskriminierungsfrei« lebt. Das scheint auch die Botschaft der Medien zu sein. »Wenn die CDU erst die Quote einführt, ist sie unter den Gerechten« – so habe ich den zu Unrecht ausgeübten Druck wahrgenommen. Gibt es denn nichts Gerechteres, als wenn zwischen den Geschlechtern kein Unterschied gemacht wird? Viele Meinungsbeiträge in der Presse aber nahmen dieses Narrativ zum Anlass, um die CDU als unmoderne und unzeitgemäße Partei darzustellen. Dieses Narrativ wurde zu meinem Ärgernis vermehrt auch von Mitgliedern der eigenen Partei aufgegriffen. Der Druck kam also nicht nur von außen, sondern auch von innen.
Der Konformitätsdruck wirkte. Die CDU – ohnehin durch Umstände wie wechselnde Parteivorsitzende oder Masken-Deal-Skandale geschwächt – wollte Ruhe in ihre Reihen bekommen. Immer öfter wurden statt Argumenten Drohungen ausgesprochen: »Wenn die Quote jetzt nicht eingeführt wird, gewinnen wir gar

keine Wahlen mehr!«, hieß es intern von einigen. Eine negative Schlagzeilenwelle zu bekommen und eines unzeitgemäßen Umganges mit den Frauen in der Partei bezichtigt zu werden, so dachte man, würde der Partei nachhaltig schaden.
Diese Argumente teilte ich nicht. Besser offen diskutieren, als sich von der Medienöffentlichkeit und linken Parteien vordiktieren zu lassen, was man tun sollte, um moralisch gut zu sein. Ich war den Gegenwind vom Campus gewöhnt. Als wir Simons Plakataktion, von der ich in Kapitel 4 erzählt habe, aus umsetzungstechnischen Gründen nicht unterstützten, wurde uns die »Diskriminierungskeule« genauso um die Ohren gehauen, wie es der CDU bei dieser Debatte drohte. Aber wer macht die Regeln? Wer sagt denn, dass man Wähler verlieren würde, wenn man die Quote nicht einführt? Im Zweifel waren es X/Twitter-Nutzer, die Entrüstungswellen über nicht konforme Aussagen lostraten. Ist die Quote der einzige Weg, um »Teilhabe« abzubilden?
Wer sich unter dem Deckmantel einer Quote zurücklehnt und denkt, damit der Chancengleichheit zu dienen, ignoriert die grundlegenden Probleme. Die Quote an sich bietet keine echte Lösung. Eine Quote beseitigt nicht den Mangel an Frauen, sie verteilt ihn nur anders. Darüber hinaus untergräbt die Quote den Wettbewerb, der für eine umfassende und vor allem demokratische Meinungsbildung unerlässlich ist.
Die Tatsache, dass nicht die jungen Mitglieder dieses Thema auf die Agenda brachten, sondern die FU für die feste Quote kämpfte, bestärkte mich in meiner Position. Es war nicht nur das identitätspolitische Narrativ des Schubladendenkens und undemokratischen Wettbewerbs, das abschreckte. Eine Quote ist in meinen Augen zudem ein überholtes und geradezu unmodernes Instrument, das nicht dem Zeitgeist einer stolzen Christdemokratie entspricht. Meine Generation ist unter ganz anderen Voraussetzungen hinsichtlich Chancengleichheit und gesellschaftlicher Geschlechtergerechtigkeit aufgewachsen als vorangegangene Generationen. Modern ist für mich im Sinne der Einzigartigkeit

gerade die Errungenschaft, nicht mehr in Klassen, in Milieus oder in Gruppen zu denken. Das Individuum mit eigenem Platz in der Gemeinschaft: So sind in meinen Augen Zukunftsstrukturen, die es zu gestalten gilt.
Mit meinen Erfahrungen vom Campus und der erlernten Standfestigkeit gegenüber moralischem Widerstand und Konformitätsdruck stieg ich mit in die Quotendebatte ein.

Nachtsitzung

Die paritätisch besetzte Kommission, die mit dem Beschluss auf dem Bundesparteitag 2019 eingesetzt wurde, hatte man »Struktur- und Satzungskommission« getauft. Nicht nur das Quotenthema sollte dort verhandelt werden, auch das Statut der CDU und andere Ordnungen sollten einer Reform unterzogen werden. Darunter fielen beispielsweise auch Themen wie die Rechtssicherheit bei Telefon- oder Onlinesitzungen sowie die Flexibilisierung der Parteiarbeit für junge Eltern. Die gegründete Kommission wurde mit Vertretern aller CDU-Landesverbände sowie CDU-Vereinigungen und Sonderorganisationen besetzt. Seit Jahrzehnten ist der RCDS befreundeter Verein der CDU und Sonderorganisation. Wir teilen den gemeinsamen Wertekanon und verfolgen eine christdemokratische Politik: ob in den Bundes-, Landes- und Stadtparlamenten oder in den Studentenparlamenten und -räten. Strukturell ist der RCDS aber ein eigenständiger Verein, also unabhängig.
Alle Landesverbände, Vereinigungen und Sonderorganisationen hatten das Recht, zwei Vertreter zu entsenden. Drei Sitzungen im Jahr 2020 unter Coronabedingungen sollten die Entscheidung bringen, die dann beim darauffolgenden Parteitag zur Abstimmung gestellt würde. Sebastian, der damalige Bundesvorsitzende, und ich als Stellvertreterin waren für den RCDS entsandt. Geprägt durch die Erfahrungen auf dem Campus lehnt der RCDS Quoten aller Art ab.

In der Debatte wurde schnell klar: Die Quote würde kommen. Die damalige Vorsitzende Annegret Kramp-Karrenbauer und ihr Generalsekretär Paul Ziemiak wollten das Thema vom Tisch haben. Die FU machte Druck. Die Frage schien also nur noch zu sein, wie die Quote ausgestaltet werden sollte. So könnte man beispielsweise den Frauen-Platz leer lassen, wenn sich keine Frau für eine Kandidatur bereit erklärt. Der »Leere Stuhl« könnte dann auch nicht im dritten Wahlgang mit einem Mann besetzt werden. Sebastian und ich lehnten alle Vorschläge ab. Eher wollten wir deutlich machen, welchem Narrativ diese ganze Quoten-Debatte folgt.

In dem oben zitierten *Zeit*-Artikel fiel mir eine weitere Passage ins Auge: Viele FUlerinnen würden mit Neid zu den Grünen blicken, die seit ihrer Gründung alle Ämter paritätisch besetzen. Neidisch sein auf die Grünen? Wie man das fertigbringen sollte, konnte ich mir beim besten Willen nicht vorstellen. Auch nicht, wenn man die Quote zu lieben scheint.

Eine Vertreterin der FU aber zeigte mir, wie das möglich war. Denn als Argument für eine Frauenquote formulierte die etwas ältere Dame Folgendes: »Ich erzähle Ihnen mal, was einer Bekannten, oder sagen wir besser einer Freundin von mir letztens passiert ist. Sie ist politisch sehr interessiert, und ich sagte zu ihr, sie solle doch mal mit zur CDU kommen, dann könne sie sich einmal anschauen, wie es in einer Partei läuft. Gesagt, getan, sie ist dann auch recht zügig eingetreten und just wollte sie auch für den Vorstand kandidieren. Das tat sie auch, wurde jedoch nicht gewählt. Sie war daraufhin so deprimiert, dass sie aus der CDU austrat und zu den Grünen wechselte. Dank der Quote sitzt sie heute in einem Vorstand!«

Das saß tief. Sebastian und ich sahen uns ungläubig an. Wollte die Dame dieses Argument tatsächlich für die Quote anbringen?! Es geht (auch) in einer Partei immer um Eignung, wenn man so will, um eine Bestenauslese. So ehrlich sollte man sein. Der Beste, das kann auch jemand sein, der in seiner Gemeinde gut vernetzt ist und die Probleme vor Ort genau kennt. Dann ist er vielleicht nicht unbedingt der beste Redner, aber er ist der Beste für seine Gemeinde und sollte deshalb in diese oder jene Funktion berufen oder z. B. als Bürgermeisterkandidat aufgestellt werden. Ein bestimmtes Geschlecht alleine, in der geschilderten Episode weiblich, ist noch kein Automatismus, um in ein Gremium oder Amt gewählt zu werden.

Es konnte viele Gründe geben, weswegen sie nicht in den CDU-Vorstand gewählt worden war. Vielleicht gab es andere Bewerber, die besser waren? Hatte sie überhaupt Ideen und Ziele, für die sie sich einsetzen wollte?

Auch die anderen im Raum waren sichtlich irritiert. Ich meldete mich zu Wort, machte unseren RCDS-Standpunkt klar, erzählte von den undemokratischen und wettbewerbsarmen Zuständen auf den deutschen Campussen und warnte davor, die Quote als zukünftiges Allheilmittel zu sehen. Auch gab ich mich freundlich verständnislos über die Aussage der gescheiterten Ex-Parteikollegin, da konnte es mit der Liebe zur Christdemokratie wohl nicht so weit her gewesen sein.

Gegen 23 Uhr wurde die Sitzung für eine Pause unterbrochen. Die Diskussion drehte sich im Kreis, die Argumente waren ausgetauscht. Nun musste ein konkreter Vorschlag her. Die Vorsitzenden der großen Vereinigungen und wichtigen Landesverbände trafen sich in der Bibliothek der CDU-Zentrale. Nach eineinhalb Stunden lag die »Dynamische Quote« vor. Im ersten Jahr sollte sie 30 Prozent, im zweiten 40 und ab dem dritten Jahr dann schließlich 50 Prozent ausmachen. Zudem wurde eine Jugendquote ausgehandelt; ein fester Vertreter bis 40 Jahre sollte ebenfalls jedem CDU-Vorstand von Kreisverbandsebene an angehören.

Was als Kompromiss verkauft wurde, war eine Farce. Genau das warfen uns doch unsere (ehemaligen) Wähler vor: Wir machen das Gleiche wie die linken Parteien, insbesondere die Grünen, nur abgeschwächter und langsamer.

Wir RCDSler werden mit Quoten und quotierten Rednerlisten auf dem Campus nur so bombardiert. Und nun sollten sie bald auch in meiner selbstbewussten und leistungsbereiten Partei gelten? Mir fiel es schwer, das zu akzeptieren. Ich bin CDUlerin durch und durch. Was würde als Nächstes kommen? Die Migrantenquote? Menschen sind doch nicht in Gruppen zu fassen. Frauen sind doch keine bedürftige Spezies!
Die Abschlusssitzung im Frühsommer 2020 dauerte bis in die frühen Morgenstunden des nächsten Tages. Sebastian und ich sowie eine weitere Vertreterin der Jungen Union waren die Einzigen, die in dieser Nacht gegen den Vorschlag stimmten. Personen, die vorher noch dagegen gewettert hatten, enthielten sich oder stimmten für die Quote. Das Ergebnis war damit eindeutig. Die Quote war besiegelt. Um wirksam zu werden, musste sie aber noch vom Bundesparteitag beschlossen werden. Problematisch war dabei allerdings, dass das Statut der CDU nur von einem Präsenzparteitag geändert werden konnte – während einer Pandemie unmöglich.

Das Erbe

In der Zwischenzeit hatte Armin Laschet als neuer Vorsitzender den Vorschlag von Kramp-Karrenbauer geerbt. Der Bundestagswahlkampf stand vor der Tür, immer noch überschattete die Coronapandemie die Parteiarbeit. Der letzte Bundesparteitag vor der Wahl fand digital statt. Die Dynamische Quote lag in der Schublade. Dort hätte sie meinetwegen auch bleiben können, als nach der verlorenen Bundestagswahl Friedrich Merz die Geschicke der Partei übernahm.
Schon im Vorhinein zu den Vorsitzwahlen von Laschet und Merz hatte die FU für die Quote lobbyiert. Und so entschied sich selbst Friedrich Merz für den Weg, über den alten Vorschlag auf dem nächsten Präsenzparteitag abstimmen zu lassen. Über dieses Vorhaben wurden viele über die Presse informiert. Die Debatte, die

eigentlich für beendet erklärt worden war, ging auf diese Weise in der Öffentlichkeit erneut los. Zu diesem Zeitpunkt war ich RCDS-Bundesvorsitzende.

Gemeinsam mit der JU und der mächtigen Mittelstandsvereinigung (MIT) formierten wir die Anti-Quoten-Allianz. Kreisverbände wendeten sich auch an den RCDS persönlich. Anträge von der Parteibasis gegen die Frauenquote wurden erarbeitet, und die Debattenkultur florierte. Mit Gitta Connemann und mir hatten die MIT und der RCDS jeweils weibliche Bundesvorsitzende, was in der öffentlichen Debatte ein großer Vorteil war. Die JU hatte ausgehend von einer Umfrage unter ihren 100 000 Mitgliedern ein klares Votum gegen die Quote abgegeben. Ebenfalls ein wichtiges Signal in der Öffentlichkeit, das ihr damaliger Vorsitzender Tilman Kuban nutzte.

Über die Frage, ob eine Quote nun modern und zielführend sei, entbrannte ein CDU-interner Streit. Er wurde vorrangig von Frauen geführt. Das war schade, denn jeder sollte eine Meinung zu Quoten haben dürfen. Auch Männer. Die Diskussion betraf ja nicht nur Frauenquoten, sondern Quoten im Allgemeinen. Letztlich geht es ja auch um eine weitreichende Änderung der Parteistrukturen. Da sollte jedes Mitglied mitsprechen dürfen und dies ohne Druck auch können. Viele der männlichen Parteikollegen hatten jedoch Angst, als »Frauenhasser« zu gelten, wenn sie sich aus Gründen des Leistungsgedankens oder der Wettbewerbsfähigkeit öffentlich gegen die Quote aussprechen würden.

Die Männer hielten sich also überwiegend zurück, die Frauen formierten sich. Es waren die jungen gegen die älteren, die »Basis« gegen das »Establishment«. Als JU und RCDS vertraten wir die Basis. Das war vor allem dem Umstand geschuldet, dass junge Menschen aufgrund ihres Alters weniger Ämter und Mandate innehaben. Aber es war auch offensichtlich, dass wir jungen Frauen einen selbstbewussten Ansatz verfolgten. Wir wollten uns nicht auf feste Plätze weisen lassen, sondern für unsere Posten kämpfen. Die Frau des 21. Jahrhunderts ist selbstbewusst und mutig. Wir sind zielstrebig und bedacht zugleich: Eigenschaften, die wir vielleicht sogar mehr haben als Männer. Wieso nicht damit trumpfen und diese Eigenschaften öffentlich und alle gemeinsam unter Beweis stellen?

Um nicht nur konfrontativ und in der Öffentlichkeit zu wirken, suchte ich das Gespräch mit der FU. Mir waren die Fronten zu verhärtet. Es musste doch möglich sein, im Vieraugengespräch gegenseitiges Unverständnis auszuräumen. Gerade im Hinblick darauf, dass es sich bei dieser Frage vor allem auch um einen innerparteilichen Generationenkonflikt handelte. Mädchen und Jungen bzw. Frauen und Männer in meiner Generation wachsen heute nicht mehr mit veralteten Rollenbildern auf wie noch meine Großeltern, zum Teil auch die Elterngeneration. Allein diesen Blickwinkel fand ich spannend, wollte ihn diskutieren und so vielleicht zu einer Lösung kommen!

Ich traf mich also mit einer einflussreichen FUlerin. In einer Sitzungswoche im Juni 2022 nahm sich die Bundestagsabgeordnete viel Zeit. Wir sprachen lange miteinander. Im Grunde konnten wir unsere Positionen gegenseitig nachvollziehen. Eine Sache aber störte mich. Sie sagte, sie habe genau wie ich gedacht, als sie in meinem Alter war. Sie habe nur bereits so viele negative Erfahrungen gemacht, dass sie an die Quote als positives Instrument glaube. Sie habe sehr oft erlebt, wie Männer gegen Frauen intrigieren würden und letztlich die Frauen auf der Strecke blieben. Sie erzählte mir auch Privates, von der Universität und vom Umgang des Professors mit ihr. Vieles von dem, was sie berichtete, würde heute Gott sei Dank so nicht mehr vorkommen, mutmaßte ich.

»Kommen Sie erst einmal in mein Alter, dann werden Sie es verstehen«, sagte sie verschmitzt. »Na ja, entgegnete ich, das mag sein, aber ich bilde mir meine Meinung im Hier und Jetzt und mit dem, was ich selbst erfahren habe, und nicht aufgrund dessen, was mir andere erzählen.« Man könne dennoch nicht die Lebensumstände von heute mit denen vor 40 Jahren vergleichen. Nur weil sie im Laufe der Zeit ihre Meinung geändert habe, hieße das nicht, dass ich mit 60 Jahren ebenfalls so denken würde wie sie heute.

Die Aussage meiner Gesprächspartnerin steht für sich. Wollten »wir Frauen« uns nicht eigentlich nicht mehr von anderen (Männern) sagen lassen, was zu tun ist und was nicht? Sie suggerierte, dass ich nicht verstanden hätte, wie die Welt funktionierte. Sie tischte mir, der »naiven« jungen Frau, als erfahrenere ältere Frau auf, was richtige und was falsche Positionen seien. Belehrte sie mich nicht gerade selbst? Vielleicht sollte man analog zum »Mansplaining« einen neuen Begriff prägen: Seniorsplaining!

In einer Sache waren wir uns aber einig: Es gibt zwei Probleme von Frauen in der Politik, in der Berufswelt oder sonst wo, die mit einer Quote niemals gelöst werden können. Quoten sind kein geeignetes Instrument, um die Mitgliederanzahl zu erhöhen. Und sie helfen bei einem Problem überhaupt nicht: Frauen werden anders wahrgenommen als Männer. Aufgrund einer hohen Stimmlage der meisten Frauen wirkt ein klares Wort nicht selten überspannt. Emotionalität, eine Stärke vieler Frauen, ist in der Politik nicht geschätzt und wird gemeinhin als unbedacht und irrational abgetan.

Männer hingegen werden in einer solchen Situation oft zwar als forsch interpretiert, aber das wird ihnen nicht gleich negativ ausgelegt. »Der hat halt einfach mal auf den Tisch gehauen, musste sich eben mal abreagieren, aber in der Sache hat er definitiv recht!«, heißt es dann abmildernd. In den meisten Fällen geschehen die Interpretationen sicher unterbewusst. Aber diese Unterschiede kann keine Quote dieser Welt lösen. Es braucht ein gemeinschaftliches Interesse und den Willen innerhalb der Partei, das anzugehen.

Wir waren uns einig und uneinig zugleich. Zum Schluss unseres Gesprächs musste ich eine letzte Frage loswerden. Ich echauffierte mich darüber, dass das Ziel der FU zwar die Förderung von Frauen in der Politik und der CDU sei, ich dann aber nicht verstehen könne, wieso sie weibliche Kandidaten nicht unterstützt hatte. Ich spielte auf die Kandidatur von Ronja Kemmer für das Präsidium der CDU an. Die junge Bundestagsabgeordnete war als Kandidatin der JU aufgestellt worden. Da es mit ihrer Nominierung nun aber mehr Kandidaten als Plätze gab und die Bundesvorsitzende der FU Angst um ihren eigenen Präsidiumsposten hatte, unterstützten »die Frauen« Ronja offiziell nicht. Meine Gesprächspartnerin wusste, es war Provokation, und antwortete nicht. Denn Ronja gewann die Wahl, und die FU-Vorsitzende wurde nicht erneut in das Präsidium gewählt.

Stand sich die FU bei der Nominierungsphase für das CDU-Präsidium selbst näher als ihrem zentralen Auftrag der Frauenförderung?

Drei Jahre lang war die Partei in Quoten-Befürworter und Quoten-Gegner geteilt. Vielleicht wurde 2022 diese Kluft etwas befriedet, indem eine Entscheidung gefällt wurde. Schade, ich hatte das Gefühl, dass diese Entscheidung nicht frei von äußerem Druck getroffen wurde. Auch das hatte der verengte Meinungskorridor also geschafft.

8 – Der Fall Kemmerich(s)

Nicht unterkriegen lassen – das war und ist auch das politische (Überlebens-)Motto der CDU Thüringen. Ich gehörte dem Landesvorstand fünf Jahre lang an, erlebte Höhen und vor allem Tiefen hautnah mit.

Der Landtagswahlkampf im Jahr 2019 war hart für die CDU. Auf den Dörfern rund um Erfurt wurden wir Wahlkämpfer wortwörtlich vom Hof gejagt. Einmal musste ich tatsächlich wegrennen. Der Mann, der mir beim Haustürwahlkampf die Tür öffnete, war wütend. So wütend, dass er mich anschrie und drohte, sich mir zu nähern, wenn ich nicht sofort verschwinden würde. Auch seine Frau kam dazu. Sie riefen hinterher: »Die CDU hat uns verraten! Haut alle ab! Hier wird AfD gewählt!«

An einem anderen Tag saß ich bei einer Podiumsdiskussion in Jena. Eingeladen hatte eine geisteswissenschaftliche Fakultät der Friedrich-Schiller-Universität. Ich vertrat die CDU auf dem Podium. Neben mir saßen Vertreter der anderen Parteien – außer der AfD. Die war nicht eingeladen. Bis auf den FDPler waren die anderen drei Diskutantinnen Landtagsabgeordnete. Es war ein ungleiches Bild, welches wir abgaben. Ich war damals 21 Jahre alt, hatte ein wenig Erfahrungen in der Politik gesammelt, konnte es im Zweifel aber nicht mit Landtagsabgeordneten aufnehmen. Der FDPler war zehn Jahre älter als ich und wollte den Vertreterinnen von Rot-Rot-Grün inhaltlich einheizen.

Vieles in Thüringen lief nicht gut. Der Lehrermangel wurde immer größer, die Politik der Landesregierung hatte vor allem die Städte im Blick. Krankenhäuser und Schulen auf dem Land wurden und werden nach und nach geschlossen. Bei einem ländlich geprägten Bundesland wie Thüringen machen sich die daraus resultierenden Probleme nach fünf Jahren schnell bemerkbar.

Die Landtagsabgeordnete der Partei Die Linke, die mit mir auf dem Podium saß, war Katharina König-Preuss. Die Diskussion drehte sich immerzu nur um die eine Frage: »Macht es die CDU mit der AfD? Sagen Sie schon, Frau Bauernfeind, Sie müssen es doch wissen!«, wurde ich unaufhörlich angegangen. Ich konnte die Debatte nicht genießen. Ich dachte mir immerzu nur: »Verhasple dich jetzt bloß nicht, die machen dich sonst zu Hackfleisch!«

Eine irgendwie geartete Mehrheit

Die CDU wollte es mit niemandem machen. Schon gar nicht mit der AfD. Das Ziel für die Landtagswahl lautete: Rot-Rot-Grün abwählen! Aber sie stand auch zwischen den Stühlen, wurde von rechts und von links angegangen und drohte, zwischen den Fronten zerrieben zu werden. Die anderen Parteien, SPD, Grüne und FDP, spielen in Thüringen seit Jahren keine Rolle mehr. Sie bekommen zwischen 5 und 8 Prozent der Stimmen.

Am 27. Oktober 2019 hatte es tatsächlich geklappt: Die alte Landesregierung mit Rot-Rot-Grün war abgewählt. Die erworbenen Sitze der drei Parteien reichten nicht, um eine Mehrheit im Landtag zu bekommen und die Regierung zu stellen. Die CDU hatte 13 Sitze verloren, die 21 Mandate holte sie direkt. Kein einziger Listenplatz zog. Die AfD gewann elf Stimmen dazu, sie holte sogar elf Direktmandate und hatte damit einen Sitz mehr im Landtag als die CDU. Stärkste Kraft wurde wieder die Die Linke mit 29 Sitzen. SPD und Grüne mussten ebenfalls Verluste hinnehmen. Mit 73 Stimmen über der Fünfprozenthürde gelang der FDP nach fünf Jahren der Wiedereinzug in den Thüringer Landtag.

Schlimmer als das verheerende Wahlergebnis für die CDU war, dass ohne die Ränder keine Mehrheit zustande kommen konnte. Früher oder später, so wusste man, musste der Landtag einen Ministerpräsidenten wählen. Bis dahin musste eine irgendwie geartete Mehrheit aber stehen, sonst würde es schwierig. Die CDU und die FDP waren gegen die Koalition mit Linke und AfD. In dieser Lage waren nur Minderheitskoalitionen denkbar – gegen die Logik unserer parlamentarischen Demokratie.

Thüringen hatte vor allem das »Pech«, dass es das erste Bundesland war, in dem die Zersplitterung des Parteiensystems so weit fortgeschritten war, dass die Regierungsbildung fast unmöglich war. Und es ist nur eine Frage der Zeit, bis dieses Phänomen auch andere Bundesländer ereilen wird. Der damalige CDU-Landesvorsitzende Mike Mohring holte sich Rat in Berlin. Vergeblich. Es gebe einen Unvereinbarkeitsbeschluss und an den habe man sich zu halten. Mohring wollte sich ja auch nicht das Go dafür holen, den Beschluss zu brechen, sondern diskutieren, wie man nun weiter vorgehe.

Sollte die CDU tatenlos dabei zuschauen, wenn sich Rot-Rot-Grün zu einer Minderheitsregierung zusammenschloss? Jetzt, wo das Wahlversprechen in die Tat umgesetzt war, die alte Landesregierung abzuwählen? Ist es Anspruch einer Partei, die viele Jahrzehnte den Ministerpräsidenten in Thüringen stellte – davon zehn Jahre lang mit absoluter Mehrheit –, sich nun rauszuhalten? Ganz gleich, wie aussichtslos die Situation damals war: Man hätte die Frage nach dem »Und nun?« ernst nehmen müssen. Apodiktisch nur auf einschlägige Beschlüsse zu verweisen, reicht nicht. Man hätte nach der Landtagswahl in Thüringen mindestens diskutieren müssen, ob die Möglichkeit einer »konstruktiven Opposition« ausgelotet werden könnte – für die Sicherstellung des laufenden Betriebes im Freistaat Thüringen.

Annegret Kramp-Karrenbauer entschied sich, nicht nach Erfurt zu fahren, um mit den Landtagsabgeordneten über die Problematik zu sprechen, vor der die CDU stand. Das war der große Fehler. Denn am 6. Februar 2020 kam ihre Anwesenheit in der Landeshauptstadt zu spät.

Am 3. Februar 2020 wurde eine CDU-Landesvorstandssitzung einberufen. Auch die FDP traf sich. Zufällig begegnete ich einem

Kommilitonen in der Straßenbahn, als ich zum Landtag fuhr. Nach ein bisschen Small Talk stellten wir beide fest, dass wir denselben Weg hatten. Er war bei der LHG engagiert und ebenfalls kooptiertes Mitglied im Landesvorstand der FDP. Carsten und ich hatten gleichzeitig das Studium begonnen und es am Campus beide nicht leicht. Als FDPler trägt man den »neoliberalen« Stempel, mit dem es sich am Campus genauso schwer lebt wie mit dem »rechts-konservativen«. Nachdem meine Sitzung vorbei war, rief ich Carsten an: »Bist du noch im Landtag?«, »Ja, unsere Sitzung ist gerade vorbei.«, »Unsere auch. Sag mal, meint das der Thomas ernst?«, freute ich mich.

Wir trafen uns an der Straßenbahnhaltestelle und fuhren gemeinsam in Richtung Innenstadt runter. Carsten war auch überrascht. In den beiden Gremien wurden quasi zeitgleich die bereits kursierenden Gerüchte bestätigt: Thomas Kemmerich will sich als Ministerpräsident zur Wahl stellen. Wenn Bodo Ramelow in den ersten beiden Wahlgängen keine Mehrheit auf sich vereinen kann, so will er im dritten Wahlgang antreten.

Allerdings, das erzählte mir Carsten auch, waren viele in der FDP skeptisch. Gerade seien sie in den Landtag eingezogen. Mit fünf Abgeordneten sind sie die kleinste Fraktion. Konnte das funktionieren? »Was sagt die CDU?«, fragte Carsten mich. »Wir sind dabei, ist doch ein toller Schritt. Und wenn Kemmerich nicht gewählt wird, hat man es wenigstens versucht. Die Leute wollen Rot-Rot-Grün nicht mehr. Eine Alternative zu Ramelow aufzustellen, sind wir ihnen schuldig!«, entgegnete ich. Der Kairos zur Ablösung der rot-rot-grünen Regierung war in diesem Moment zum Greifen nah, das spürte ich. Ich war aufgeregt. Die Antwort von Carsten auf meine Frage, was Kemmerichs Plan sei, sofern er wider Erwarten doch gewählt werden würde, machte mich jedoch nachdenklich: »Damit rechnet er nicht.« Wir verabschiedeten uns.

Alles war möglich

Die Absprachen zwischen CDU und FDP fingen erst zwei Tage vor der Ministerpräsidentenwahl so richtig an. Keiner wagte sich vor; einen Plan, wie es nach einer möglichen Wahl weitergehen würde, und einen Vorschlag für die Besetzung des Kabinetts mit Ministern von CDU und FDP gab es nie. Die beiden Fraktionen glaubten nicht daran, dass es mit der Kemmerich-Wahl klappen würde. Und – so schien es mir – deshalb sah man sich nicht dazu veranlasst, das Thema weiterzudenken. Vielleicht wäre diese Woche anders ausgegangen, wenn es eine durchdachte Strategie gegeben hätte?

Eine Strategie verfolgten dafür aber die drei bisherigen Regierungsparteien. Sie unterzeichneten am nächsten Tag, dem 4. Februar 2020, einen Regierungsvertrag, um das rot-rot-grüne Bündnis als Minderheitsregierung weiterzuführen. Die beteiligten Fraktionen vertrauten dabei auf eine situative parlamentarische Kooperation mit der CDU und der FDP. Auf Deutsch: Irgendeiner würde schon umfallen. Die Koalition brauchte mindestens 45 Stimmen, das heißt, es mussten wenigstens drei Abgeordnete außerhalb der eigenen Reihen Bodo Ramelow wählen.

Ebenfalls am Dienstag traf sich abermals der CDU-Landesvorstand gemeinsam mit den Abgeordneten der CDU-Landtagsfraktion. Die Kandidatur von Thomas Kemmerich war nun konkret: Sollte Ramelow zweimal nicht gewählt werden, würde der FDPler antreten. Es war eine Stimmung im Bernhard-Vogel-Saal, wie ich sie noch nicht erlebt hatte. Nachdem die Landespartei seit vielen Jahren zerstritten war und sich die Anhänger der verschiedenen Lager in den Medien und in aller Öffentlichkeit gegenseitig kritisierten, hatte man an diesem Tag endlich wieder das Gefühl: Wir ziehen an einem Strang!

Absprachen gab es nur mit der FDP, und die waren vage. Zu vage. Mike Mohring bereitete alle im Raum auf die möglichen Szenarien vor, die eintreten könnten. Entweder, Kemmerich wird nicht gewählt. Dann ist es so, und man hat gezeigt, dass CDU und FDP gemeinsam im Rahmen der parlamentarischen Möglichkeiten ein Exempel statuieren. Oder aber, Kemmerich wird gewählt. Diese Möglichkeit war unwahrscheinlich. »Aber wir wissen nicht, wie sich die anderen Fraktionen verhalten«, warnte Mohring. »Es könnte ein Sturm über Thüringen und uns hereinbrechen!« Er spielte auf die AfD an. Die Partei überlegte, einen eigenen Kandidaten für das Ministerpräsidentenamt aufzustellen. In Thüringen ist die Höcke-Partei aber dafür bekannt, möglichst destruktiv aufzutreten. Das könnte auch am morgigen Tag passieren. Aber durfte man sich vor diesen Eventualitäten wegducken? Ist Demokratie, Angst zu haben? Es war zudem nur eines von drei möglichen Szenarien. Denn drittens hätten sich auch die Parteien der Regierungskoalition wider Erwarten gegen Ramelow und für Kemmerich entscheiden können. In Thüringen war alles möglich.

Nach einer langen Diskussion waren sich alle einig: Morgen wird Thomas Kemmerich gewählt. Mike Mohring wollte aber sichergehen: Er fragte jeden Einzelnen im Raum nacheinander, ob er – auch mit dem Risiko, dass Kemmerich in irgendeiner Weise gewählt werden könnte – den FDP-Politiker mit seiner Stimme unterstützen würde. Nicht nur die Landtagsabgeordneten, die ja tatsächlich wählen konnten, wurden befragt. Auch die Landesvorstandsmitglieder und kooptierten Mitglieder – so auch ich – mussten Stellung beziehen. Ich antwortete mit einem deutlichen »Ja«. Ausnahmslos jeder im Bernhard-Vogel-Saal stimmte zu, Thomas Kemmerich zu wählen.

Ich ging heim. Es war ein aufregender Tag. So nah dran an taktischen Gesprächen und politischem Kalkül war ich noch nie gewesen. Ich war gespannt, was passieren würde. Am späten Vormittag des Wahltages, dem 5. Februar 2020, hatte ich einen RCDS-Termin mit einem Verband. Als das Treffen vorbei war, sah ich auf mein Handy. Die Push-Nachricht sprang mir förmlich ins Gesicht: »Kemmerich zum Ministerpräsidenten gewählt!«

Ich konnte es nicht fassen. »Dann hat es also wirklich geklappt«, sagte ich zu meinem Gesprächspartner, während ich meine Jacke anzog. »Ich finde es gut, die linke Landeregierung ist endlich abgewählt. Aber das wird jetzt unangenehm werden«, antwortete er mir.
Ich verstand gar nicht, was er meinte. Ich ging und informierte mich erst einmal, was geschehen war. Nachdem Ramelow in den ersten beiden Wahlgängen entgegen seinen Erwartungen – er hatte damit gerechnet, dass drei Abgeordnete umfallen – nicht gewählt wurde, gewann im dritten Wahlgang mit 45 zu 44 Stimmen Thomas Kemmerich die Wahl. Während Ramelow zwei Stimmen außerhalb seiner Dreierkoalition bekommen hatte, entfielen auf Kemmerich augenscheinlich nicht nur Stimmen von FDP und CDU, sondern auch von der AfD. Die hatte zwar einen eigenen Kandidaten aufgestellt, nur votierte für ihn im entscheidenden Wahlgang niemand.

Ein Sturm über Thüringen

Nach der Wahl ging alles ganz schnell. Die TV-Kameras haben an diesem Tag viele bemerkenswerte Szenen eingefangen. Die sieben Wahlhelfer schauten sich nach der ersten Auszählung des dritten Wahlgangs ungläubig an, beratschlagten sich und zählten ein weiteres Mal. Jeder kennt das Video, in dem die Landeschefin der Linken, Susanne Hennig-Wellsow, Kemmerich den Blumenstrauß vor die Füße wirft. Eine andere Szene zeigt den AfD-Kandidaten für das Ministerpräsidentenamt auf der Empore: Als die Landtagspräsidentin verlas, dass er keine einzige Stimme im dritten Wahlgang bekommen hatte, spottete er freudig. Die einstudiert wirkende Gratulation von Björn Höcke, die an den Handschlag zwischen Hitler und Hindenburg erinnerte. Kurz nach der Wahl grinste auch der parlamentarische Geschäftsführer der AfD hämisch in die Kameras. Im Interview erklärte er den Plan der AfD: »Das war Sinn der ganzen Strategie. Wir haben versucht, Herrn Kemmerich als Gegenkandidaten aufs Podium zu locken. Das hat er gemacht. Und dann haben wir ihn planmäßig gewählt.«

Das saß tief in meiner demokratischen Seele. Ich hatte das Interview auf meinem Handy live mitverfolgt. Sie hatten die Instrumente der Demokratie missbraucht und gegen sie verwendet. Das Ziel: Bedenken säen und den Staat destabilisieren. Sie gaben es offen zu, auch das gehörte zum Plan. Die FDP besaß keinen vertraglichen Koalitionspartner. Vielleicht wäre der Rest der Woche sonst anders verlaufen. Die AfD hätte man insofern ausspielen können, als dass eine Minderheitskoalition aus FDP und CDU ihre Arbeit aufnehmen und unbeirrt eine pragmatische Politik hätte verfolgen können. Vielleicht wäre diese Koalition nach ein paar Monaten gescheitert. Vielleicht hätte man aber auch gemeinsam mit SPD und Grünen einen Modus Operandi gefunden, das Land Thüringen stabil zu halten.

Die offene Flanke Kemmerichs aber war, dass er nicht damit gerechnet hatte, überhaupt gewählt zu werden. Das war naiv, und so nahm dieser Mittwoch eine eigene Dynamik an, die nicht mehr einzufangen war. Niemand hatte in dieser Situation ernsthaft noch daran gedacht, dass FDP und CDU eine Minderheitsregierung auf die Beine stellen. Die Stimmung war aufgeheizt. Schnell kamen auch die Reaktionen aus ganz Deutschland und prasselten auf uns ein. Es traf ein, worauf Mohring hingewiesen hatte: »Es könnte ein Sturm über Thüringen und uns hereinbrechen!«

So war es auch. Denn nicht nur Kemmerich wurde vorgeworfen, dass er sich mit der AfD eingelassen habe. Auch der CDU wurde zu Unrecht unterstellt, sie habe sich mit der Partei abgesprochen.

Ich fuhr am Abend in der Straßenbahn durch Erfurt. Die Stadt war in Aufruhr. Es war das erste Mal, dass ich wirklich Angst in meinem Leben hatte. Seit Mittag setzten sich Menschen von überall in Deutschland in Bewegung, um mit dem Zug, mit dem Bus oder mit dem Auto in die Landeshauptstadt »des Schreckens« zu fahren. Es waren zu großen Teilen gewaltbereite Per-

sonen der rechts- und der linksextremistischen Szene. Hass war in den Gesichtern.
Ich wollte nach Hause fahren. Die Straßenbahn kam nur stockend voran. In der Innenstadt war alles voller Menschen, sie liefen zur Staatskanzlei. Vor dem Gebäude ist ein großer Platz, der Hirschgarten. Dort versammelten sich immer mehr Demonstranten. Irgendwo flogen rote Böller in die Luft. Es war schon den ganzen Tag eine ungemütliche Stimmung, irgendwie gefährlich. Auf einmal erschrak ich. Ich hatte an meiner Jacke heruntergeschaut. Dort hing noch ein kleines Namensschild mit CDU-Logo darauf. Ich hatte es als Zugangsberechtigung zum Landtag bekommen. Ich riss es sofort ab und versteckte es in meiner Tasche. »Hatte das jemand gesehen?«, fragte ich mich selbst. Ich hatte ein mulmiges und unsicheres Gefühl wegen eines CDU-Logos!
Am nächsten Tag wurde es noch schlimmer. Von der Bundesebene schalteten sich Merkel und Lindner ein. Christian Lindner, FDP-Bundesvorsitzender, überredete Kemmerich zum Rücktritt. Bundeskanzlerin Angela Merkel – seinerzeit nicht mehr CDU-Vorsitzende – ließ verkünden, die Wahl solle rückgängig gemacht werden. Eine demokratische Wahl rückgängig machen? Sagt die Bundeskanzlerin? Zu diesem Zeitpunkt war klar, dass es keinen Weg in eine selbstbewusste Minderheitsregierung aus FDP und CDU geben konnte, sondern nur eine rasche Beendigung dieser Misere infrage kam.
Die denkwürdige Sitzung der Thüringer CDU-Gremien am 6. Februar 2020, in der die damalige Bundesvorsitzende Annegret Kramp-Karrenbauer ebenfalls anwesend war, stellte den krönenden Abschluss einer Woche dar, die alle Emotionen, von Freude bis Entsetzen, Taktik und Kalkül, Risikobereitschaft und Scheitern in sich vereinte. Nach dieser Woche war ich eine Zeit lang hin- und hergerissen, ob die Politik wirklich so ein erstrebenswertes Betätigungsfeld ist. Nicht wegen der Wahl von Thomas Kemmerich. Die war demokratisch. Ich wäre gern Zeitzeugin des FDP-CDU-Minderheitenexperiments geworden. Bodo Ramelow

wäre abgesetzt, das Wahlversprechen damit eingelöst worden und man hätte in dieser Situation sein Bestes für Thüringen versuchen können. Was an diesem Donnerstag als Botschaft nahezu verloren ging, war die Abwahl von Rot-Rot-Grün. Die Mehrheit der Menschen in Thüringen wollte diese Regierung nicht mehr.
Wie existenziell die Stimmung für einige tatsächlich war, wurde mir bewusst, als ich im Landtag ankam. An diesem Tag trafen sich wieder der Landesvorstand der CDU Thüringen sowie die Landtagsfraktion gemeinsam. Ich war nun schon den vierten Abend in Folge in den Süden der Stadt gefahren, hoch zum Landtag. Die Stimmungslage war unruhig. Mike Mohring sei noch in einem Gespräch, ließ er durch einen Mitarbeiter verkünden. Schenkt man der Recherche des CDU-Kenners und Hauptstadtjournalisten Robin Alexander Glauben, so traf sich Mohring in diesem Moment noch mit Kramp-Karrenbauer auf einem Autobahnrastplatz. In seinem Buch »Machtverfall« stellt Alexander die Abläufe dieses 6. Februars treffend dar.
Die Sitzung begann also noch nicht. Zuerst sollte der Landesvorstand alleine tagen, dann sollte der Raum gewechselt werden, um gemeinsam mit der Fraktion im Bernhard-Vogel-Saal zusammenzukommen. Erst vor Ort vernahm ich, dass auch die CDU-Bundesvorsitzende später anwesend sein würde. »Die traut sich was«, sagten einige um mich herum. Ja, so sah ich das auch. Ich nahm diese Woche aus zwei Perspektiven wahr: Sowohl als involviertes CDU-Mitglied als auch als Beobachterin. Aus beiden Perspektiven, subjektiv wie objektiv, fand ich es schwach, dass aus Berlin nur Vorgaben kamen, die eine ernsthafte und lösungsorientierte Befassung mit dem Gordischen Knoten, den die Thüringer CDU hätte zerschlagen müssen, vermissen ließen.
Wir saßen immer noch wartend in einem Nebenraum, da fing plötzlich ein Landtagsabgeordneter neben mir an zu weinen. Ein Mann mit Familie. Er schluchzte, beruhigte sich alsdann wieder. In der Sitzung wird er mit Blick auf die heftigen Reaktionen später berichten, er habe nicht gewusst, dass es so schlimm kommen

würde. Er habe viele Nachrichten von Freunden und Verwandten bekommen, die fassungslos über die Wahl Kemmerichs und den Anteil der CDU daran seien – und damit auch fassungslos über seinen Anteil daran.
Von nichts gewusst haben wollen, das traf auch auf andere Personen der großen Runde zu. Als Mohring dann irgendwann kam, setzten sich nach einer kurzen Vorstandssitzung beide Gremien zusammen. Kemmerich sei drauf und dran, zurückzutreten, verkündete Mohring. »Hast du denn mit ihm gesprochen, Mike?«, fragte einer. Mohring wich der Antwort aus. Nein, er hatte nicht mit der FDP gesprochen, jedenfalls nicht so, dass aus den Gesprächen klare Äußerungen oder Pläne hervorgegangen wären. Das war von Beginn an das Problem, welches ihm nun auf die Füße fiel.
Denn jetzt hatten seine innerparteilichen Gegner einen wunden Punkt getroffen: »Du hast uns aufgrund falscher Tatsachen in diese Situation hineinmanövriert. Wir konnten nicht wissen, wie es enden würde!«
Von nichts gewusst? So ein Unsinn. Sogar mir war bewusst, dass es im Desaster enden könnte. Der »Sturm über Thüringen« hatte sich seit Dienstagabend in meinem Kopf eingebrannt. Ich hatte mich noch gewundert, wieso Mohring jeden Einzelnen und auch mich fragte, ob ich für Kemmerich stimmen würde. Nun begriff ich es: Er ahnte, dass, wenn der Sturm hereinbrechen würde, sich niemand mehr an sein Votum erinnern mögen würde. Dem wollte er durch die explizite Befragung jedes Einzelnen vorbeugen. Auch der schluchzende Landtagsabgeordnete neben mir hatte am Dienstag noch voller Tatendrang gesagt: »Ja, ich stimme für Kemmerich!«
Irgendwann kam dann Kramp-Karrenbauer dazu. Sie hatte in einem Büro gewartet – offenbar zwei Stunden lang. Sie sprach ein paar Sätze, wirkte aber angeschlagen und war sich ihrer defensiven Position bewusst. Sie räumte ein, dass auch seitens der Bundes-CDU nicht alles optimal gelaufen sei in den letzten Ta-

gen und Wochen. Immerhin. Alle im Raum waren frustriert. Die CDU-Bundesvorsitzende hörte sich daraufhin mehrere Stunden an, was die Thüringer zu sagen hatten. Viele waren enttäuscht und müde.

Auch ich sprach Klartext. Annegret Kramp-Karrenbauer und der CDU-Zentrale warf ich vor, die Probleme nur auf Thüringen abzuwälzen, genüge nicht. In Richtung des Plenums zeigte ich mich irritiert darüber, wie man binnen zwei Tagen eine solche Kehrtwende hinlegen könne und von seinem Wort nichts mehr wissen wolle. Ich erinnerte einige der Abgeordneten daran, dass sie noch am Dienstag motiviert zugestimmt hatten, Kemmerich zu wählen. Obwohl das Risiko eines Scheiterns allen klar gewesen sein musste. Als letzten Punkt riet ich, man solle heute Nacht keine Umstürze mehr planen, sondern wenigstens ein paar Wochen abwarten.

Mit meinem letzten Satz schloss ich an vorangegangene Wortbeiträger an, die die Vertrauensfrage in der Fraktion stellen wollten, um Mohring zu stürzen. Auch das missfiel mir. Mir ging es nicht um Personen oder Lager. Das hatte mich immer schon genervt. Wenn mich jemand fragte, in welchem Lager ich sei, sagte ich: »In keinem, ich bin im Team CDU, und das solltest du auch sein.« Jetzt aber den Fraktionsvorsitzenden abzusetzen, käme einem Fehlereingeständnis gleich, das die CDU nicht wollen kann.

So echt wie absurd

So schnell, wie die neue Einheit innerhalb der CDU in Thüringen erwachsen war, war sie binnen weniger Tage auch schon wieder vorbei. Die CDU-Bundesvorsitzende ging, die Sitzung dauerte bis in die Nacht. Die Presse, die vor dem Sitzungssaal viele Stunden ausgeharrt hatte, war bereits gegangen. Es war in den ersten Morgenstunden, als der Landesvorstand nach Hause ging und die Abgeordneten noch blieben, um die Vertrauensfrage zu stellen. Annegret Kramp-Karrenbauer war nach dieser Sitzung und dieser Woche in Thüringen politisch so geschwächt, dass sie am 10. Februar im Präsidium der CDU ihren Verzicht auf eine Kanzlerkandidatur und den Rücktritt vom Parteivorsitz ankündigte.

Auf meinem Heimweg an diesem Donnerstag traf ich wieder Carsten an der Haltestelle beim Landtag. Wir waren beide niedergeschlagen. Das war eine eindrucksvolle Woche. So real wie absurd – und wir hatten das Geschehen hautnah miterlebt.

Ebenfalls am 6. Februar erklärte Ramelow, dass er weiterhin vorhabe, erneut Ministerpräsident zu werden. Am 8. Februar erklärte Kemmerich schriftlich seinen Rücktritt mit sofortiger Wirkung. Am 4. März 2020 wurde Bodo Ramelow mit der erforderlichen Mehrheit zu Kemmerichs Nachfolger gewählt. Der war bis zu dieser Wahl geschäftsführender Ministerpräsident. Die Kemmerich-Wahl am 5. Februar löste eine Regierungskrise in Thüringen aus, an deren Ende schließlich eine rot-rot-grüne Minderheitsregierung stand.

Am Ende dieser Woche hatte ich einen zwiespältigen Blick auf die Politik. Einerseits hatte ich sie beinahe satt, denn wie sehr sich jeder selbst der Nächste war, missfiel mir. Auch wenn es eine Ausnahmesituation war, die sicherlich nicht alle Tage eintritt. Andererseits: Politik ist nicht einfach. Und für eine gute Politik braucht es gut vorbereitete Entscheidungen, auch wenn sie schwierig und manchmal riskant erscheinen.

Diese Februarwoche prägte trotz aller Zweifel meine Sichtweise. Ich wollte entscheiden und weiter in die Politik eintauchen. Was wohl noch kommen wird?

Nachwort: Zuhause

Drei Jahre lang war ich dann in der Bundeshauptstadt unterwegs, pendelte zwischen den Hochschulstädten Deutschlands und lebte die Studentenpolitik.

Ich kehrte auf den Campus zurück, um meinen Masterabschluss der Staatswissenschaften zu machen. Ich traf Kommilitonen wieder und knüpfte neue Freundschaften.

Auch ein bisschen Hochschulpolitik durfte in meinem letzten Jahr an der Universität nicht fehlen: Gemeinsam mit anderen habe ich das Masterreferat des Fachschaftsrats Staatwissenschaften wiederbelebt. Der RCDS ist in Erfurt nun mit fünf Sitzen im StuRa vertreten. Jetzt sind die Jungen an der Reihe, die christdemokratische, liberal-konservative Studentenpolitik auf dem Campus voranzubringen.

Aber doch sind viele Dinge gleich geblieben. An den Toilettenwänden hängen Flyer und Zettel. Ein Aufruf zu einem Aktionstag im Mai 2023 mit einer Kundgebung auf dem Erfurter Anger forderte die Abschaffung des Asylbewerberleistungsgesetzes. Das Gesetz sei gegenüber Flüchtlingen diskriminierend, die Sozialleistungen würden kaum zum Leben reichen, stand in der Beschreibung. Kaum oder tatsächlich nicht? Ein anderer Zettel kündigte eine Demonstration im Juli 2023 an. »Keine Kompromisse beim Asylrecht! Stoppt die GEAS-Reform!«, lautete die Aufforderung. Das Gemeinsame Europäische Asylsystem (GEAS) gibt EU-weit geltende Mindeststandards für die Behandlung aller Asylsuchender und die Bearbeitung aller Asylanträge vor. »Die GEAS-Reform würde die ohnehin schon rassistische und tödliche Politik der EU verstärken«, wurde im weiteren Text der Ankündigung behauptet.

Es war also alles beim Alten geblieben. Zu Beginn meines Studiums im Jahr 2016 trieb uns Studenten die Flüchtlingskrise um. Als die Coronapandemie für beendet erklärt worden war, wurde sie nach einer kurzen Verschnaufpause durch die Migrationskrise ersetzt. Dafür aber war eine Gruppe neu: Die »Letzte Generation« verteilte wochenlang ihre Flyer überall auf dem Erfurter Campus. Immer wieder klebte ein neuer Zettel an der Außentür des Damen-WCs. Er wurde abgerissen, und wenige Stunden später hing dort ein neuer Flyer. Über ein paar Wochen dauerte dieses kleine Spiel von Unbekannten an, sie battelten sich regelrecht. Ich fand es erheiternd, eine willkommene Abwechslung für triste Tage in der Bibliothek.

Weiterhin trieben mich die Vorgänge in den ASten um. Der Hashtag #Lützibleibt verunstaltete als Aufschrift mit rotem Permanentmarker geschrieben nicht nur die WC-Wände in Erfurt. Unter diesem Motto organisierte Anfang Januar 2023 der AStA der Universität Siegen innerhalb eines Aktionsbündnisses Busfahrten nach Lützerath zur Großdemo im rheinischen Braunkohlerevier. Zur selben Zeit findet sich in einem Protokoll des AStA-Plenums der Universität Kassel der Satz: »Bezuschussung Demo/Bus Lützerath, bis zu 200€ aus Stud. Initiativen.« Es hatte sich also auch hier nichts geändert. Vorgänge wie Hamburg 2017 und die Veruntreuung studentischer Gelder zum Zwecke linksradikaler Proteste war nach wie vor gängige Praxis.

Gedanklich zurückversetzt nach Hamburg oder Göttingen, wo sich vermummte Linksextreme mit wehender Antifa-Fahne und einem Hammer ablichten ließen, fühlte ich mich zwangsläufig beim Durchscrollen meiner Instagram-Timeline: Auf dem offiziellen Instagram-Account des Deutschen Bundestages, der unter der Verantwortung der SPD-Bundestagspräsidentin Bärbel Bas läuft, wurde am 1. September 2023 ein Beitrag mit acht Bildern abgesetzt. Anlässlich der Konstituierung des Parlamentarischen Rates – ein historischer Moment der deutschen Demokratiegeschichte – 75 Jahre zuvor wurde in Bonn eine Jubiläumsveranstaltung begangen. Anwesend war unter anderem auch der Bundeskanzler.

Am Tag zuvor fand ein gemeinsamer Jugendworkshop von Bundestag, Bundesrat und dem Bonner Museum »Stiftung Haus der Geschichte« zum Thema »Die Freiheit, ich zu sein! Was das Grundgesetz mit mir zu tun hat« im ehemaligen Plenarsaal des Bundesrates statt. Von beiden Veranstaltungen wurden Fotos hochgeladen. Nichts ahnend wischte ich nach rechts, um alle Bilder zu sehen. Das letzte verstimmte mich: Es zeigt junge Erwachsene mit Bundestagsvizepräsidentin Petra Pau und Bundesratspräsident Peter Tschentscher bei einer Diskussionsrunde. Ein junger Mann mit türkis gefärbten Haaren spricht gerade in das Mikrofon. Alle auf dem Podium sehen interessiert zu ihm hinüber. Nicht die Haare ließen mich stocken, sondern sein Pulli: »Antifaschistische Aktion« stand darauf. Es war das Antifa-Logo, das in Übergröße auf das Oberteil gedruckt war.

Muss das sein? Muss dieses Foto mit dieser aussagekräftigen Bildsprache auf der offiziellen Instagram-Seite des wichtigsten Organs der Legislative veröffentlicht werden? Einzelpersonen und Ortsgruppen, die sich der Antifa zurechnen, werden vom Verfassungsschutz beobachtet. Anlässlich 75 Jahre Freiheit, Demokratie und demokratischer Verfassung ist dieser Beitrag nicht nur das falsche Signal, er kratzt zuvorderst an unserer freiheitlichen Grundordnung.

Auf dem Campus gelernt, in der Regierung umgesetzt: Das gilt auch für die »Postenaffäre« in Thüringen. Ein Gutachten von August 2023 belegt die Vetternwirtschaft der rot-rot-grünen Landesregierung. Darin werden gravierende Pflichtverletzungen bei der Einstellung von Spitzenbeamten in mindestens sechs Fällen identifiziert. Weniger die Leistung als vielmehr ihre politische Haltung sollen ausschlaggebend für die Beförderung gewesen sein. Dem Freistaat Thüringen ist dadurch ein Vermögensschaden entstanden: Geschadet wurde aber nicht den Entscheidungsträgern, sondern dem Steuerzahler. Wieder eine Parallele zur studentischen Selbstverwaltung. Intransparent werden die eigenen Verbündeten und favorisierten Projekte Weniger unterstützt: Durch die Semesterbeiträge aller Studenten.

Im Sommer 2023 half ich in einem Café in der Erfurter Innenstadt aus. Ein paar Gäste saßen draußen in der warmen Sonne an diesem frühen Nachmittag im August. Zwei Männer, kultiviert gekleidet, zahlten bei meiner Kollegin und gingen. Auf dem Tisch blieben die beiden leeren Kaffeetassen, ein voller Aschenbecher und eine Zeitung zurück. Ich räumte ab. »Die Zeitung hätten sie ruhig selbst wegschmeißen können«, dachte ich mir. Beim Reingehen merkte ich, dass das zusammengefaltete Blatt dünner war als normale Tageszeitungen. Ich schlug sie auf: *Die Rote Fahne*.

Die ursprüngliche Zeitung *Die Rote Fahne* wurde am 9. November 1918 in Berlin gegründet, seit dem 1. Januar 1919 war sie bis 1945 das »Zentralorgan« der Kommunistischen Partei Deutschlands (KPD). Die ersten Schriftleiter waren keine Geringeren als Karl Liebknecht und Rosa Luxemburg: Das Symbol der revolutionär-sozialistischen Arbeiterbewegung war die rote Fahne.

Nach dem Zweiten Weltkrieg gab es keine Zeitung unter diesem Namen mehr. In der Sowjetischen Besatzungszone wurde das Blatt nach der Zwangsvereinigung von SPD und KPD zur Tageszeitung Neues Deutschland und zum Zentralorgan der SED. Mit dem Verbot der KPD im Jahr 1956 in Westdeutschland hatten sich Neuauflagen dort erübrigt. Mit der 1968er-Bewegung entstanden in der Bundesrepublik jedoch mehrere ideologisch verschiedenartige, gegeneinander konkurrierende kommunistische Kleinparteien, die sogenannten K-Gruppen.

Daraus entwickelten sich wiederum verschiedene Zeitungsprojekte mit dem Titel Rote Fahne. Neben einer im Auftrag der »KPD Initiative« herausgegebenen Zeitung, die seit 2000 als antizionistische, geschichtsrevisionistische und verschwörungsideologische Nachrichtenseite nur noch im Internet erscheint, nennt auch die 1990 in der DDR gegründete KPD ihre Zeitung *Die Rote Fahne*:

Sie sei die offizielle Fortführung der von Liebknecht und Luxemburg begründeten ursprünglichen Zeitung.
Ich hielt also die achte Ausgabe des 105. Jahrgangs des »Zentralorgans der Kommunistischen Partei Deutschlands« in der Hand, die seit 1990 in der DDR wieder herausgegeben wird. »In der DDR« deshalb, weil alle Seiten in dieser mageren Zeitung ihrem Leser suggerieren, er befände sich in der damaligen DDR-Diktatur. Die wenigen Porträtskizzen stellen heroisch anmutende Männer – keine einzige Frau ist zu sehen – dar, Hammer und Sichel schmücken die Titelseite. In der Sparte »Agrar- und Wirtschaftsinformation« geht es um die »Macht des Kapitals im Agrar- und Lebensmittelsektor«, beinahe alle Artikel beginnen mit einem Zitat von Marx oder Lenin. Walter Ulbricht, ehemals erster Sekretär des sogenannten Zentralkomitees der SED, wird anlässlich seines 50. Todestages ausführlich gedacht. Ein Bericht mit dem Titel »Die DDR im Spiegel ihrer Kombinate« ist bewusst so formuliert, dass er aus zwei Perspektiven gelesen werden könnte: Aus der realen Sichtweise des wiedervereinigten Deutschlands und aus dem Blickwinkel des weiterhin anhaltenden Klassenkampfes der DDR gegen die Demokratie im Westen. Ein Jugendcamp samt Ablaufplan zum Schwerpunktthema »Faschismus« wird beworben, ebenso wird zur Teilnahme am »antifaschistischen Riesengebirgstreffen« am Fuße der Schneekoppe aufgerufen. Es könnte ein ideologisch verquastes Nischenblatt sein, wären nicht die vielen Mitinitiatoren der »deutschen Initiativgruppe«, die dieses Riesengebirgstreffen unterstützen: Es sind unter anderem das Kuratorium »Gedenkstätte-Ernst-Thälmann«, ein auf dem Hamburger Stadtportal ausgewiesenes Museum, der eingetragene Verein »Friedensglockengesellschaft« Berlin, ein sächsischer Kreisverband sowie der Landesverband Sachsen der Partei Die Linke.
Das, was dort stand und suggeriert wurde, waren alles andere als eine missglückte Vergangenheitsbewältigung oder vergebliche Reanimationsversuche überwundenen Gedankengutes. Gerade wenn

Museen und Vereine sowie Parteien, die – jedenfalls in Thüringen – vorgeben wollen, eine nicht verfassungsfeindliche Organisation zu sein, womöglich wissentlich und willentlich in Verbindung mit solchen sozialistischen und radikalen »Zentralorganzeitungen« stehen, erscheint mir das sehr problematisch.
Wider Erwarten und rein zufällig landete dieses radikale Blatt in meinen Händen. Es lässt sich als Spitze des Eisbergs all meiner bisherigen Erfahrungen der letzten sieben Jahre bezeichnen.

Wie es weitergehen wird? Ich bin Optimistin. Ich träume von einer stärkeren Rückbesinnung auf demokratische Werte und einer Debattenkultur, die auf sachlichen Argumenten fußt – allen voran auf dem Campus. Wenn ich die Medien und die Diskussionen in meiner Partei verfolge, wird das eine große Aufgabe werden. Nicht die Verunglimpfung einzelner Personen, ihr fehlerhafter Charakter oder vermeintlich diskriminierende oder »unsagbare« Äußerungen dürfen Inhalt der politischen Auseinandersetzung sein. Vielmehr sollte von der interessierten Öffentlichkeit bewertet werden (können), welche Ziele gesetzt und auch umgesetzt werden. Das ist Politik, die sich nicht auf X/Twitter abspielt und schon gar nicht davon abhängt, welche Aussagen am Vorabend bei Markus Lanz in der Sendung geäußert werden. Kompromiss statt Konsens, und standhafte Haltung – das wünsche ich mir.
Dasselbe gilt für den Campus. Es braucht mehr Interesse an der studentischen Selbstverwaltung, eine höhere Wahlbeteiligung und eine gelebte Vielfalt politischer Meinungen. Nur so können heute vielfach zu Worthülsen verkommene Kategorien wie Toleranz und Meinungspluralismus wieder mit Substanz und Inhalten gefüllt werden. Nur so werden die Führungskräfte von morgen die Gesellschaft nachhaltig im demokratischen Sinne ausgestalten.

Meine Vision:
»***Black Box*** Uni«: Ein Ort, der in Zukunft mehr Aufmerksamkeit bekommen und in den Blickpunkt der Öffentlichkeit gerückt werden wird. Ein Raum, dessen Strukturen für jeden nachvollziehbar sind und dessen bisherige Undurchdringlichkeit durch Transparenz ersetzt wird.
»Black Box ***Uni***«: Ein Ort, der in Zukunft wieder seinen ursprünglichen Sinn entfaltet. Hier werden sachliche Debatten geführt und Meinungs- und Wissenschaftsfreiheit verteidigt. Ein Raum, dessen demokratische Strukturen belebt werden.
»***Black Box Uni***«: Eine Hommage an die Hochschulpolitik. Trotz allem: Sie war für mich ein Zuhause!